本书由

国家社科基金一般项目（2013BKS076）

河南省高校科技创新人才（人文社科类）支持计划项目（2016-CX-005）

资助

IDEOLOGICAL
AND POLITICAL
EDUCATION

"微"视角下
思想政治教育
沟通机制创新研究

张浩 著

中国社会科学出版社

图书在版编目（CIP）数据

"微"视角下思想政治教育沟通机制创新研究／张浩著 . —北京：中国
社会科学出版社，2020. 11
ISBN 978 - 7 - 5203 - 7344 - 9

Ⅰ. ①微⋯　Ⅱ. ①张⋯　Ⅲ. ①高等学校—思想政治教育—研究—中国
Ⅳ. ①G641

中国版本图书馆 CIP 数据核字（2020）第 191857 号

出 版 人	赵剑英
责任编辑	王莎莎
责任校对	张爱华
责任印制	张雪娇

出　　版	中国社会科学出版社
社　　址	北京鼓楼西大街甲 158 号
邮　　编	100720
网　　址	http://www.csspw.cn
发 行 部	010 - 84083685
门 市 部	010 - 84029450
经　　销	新华书店及其他书店

印刷装订	环球东方(北京)印务有限公司
版　　次	2020 年 11 月第 1 版
印　　次	2020 年 11 月第 1 次印刷

开　　本	710×1000　1/16
印　　张	23. 75
插　　页	2
字　　数	329 千字
定　　价	138. 00 元

凡购买中国社会科学出版社图书，如有质量问题请与本社营销中心联系调换
电话：010 - 84083683

目　　录

第一章　绪论

思想政治教育旨在提高人的政治思想素质和养成人的规范道德行为，具有很强的目的性，即通过这一特殊的实践活动过程，培育或塑造与一定社会、阶级需要相符合的社会成员，使之按照其所接受的思想道德规范行事。新中国成立以来，我国经济社会经历了一个波澜壮阔的发展历程，在每一个社会发展阶段上，思想政治教育都发挥了十分重要的作用。总体来看，自新中国成立以来，我国思想政治教育工作几十年的发展与经济社会的发展基本同步，围绕着服务经济社会发展的总体目标，大致可以分为两个阶段：一是 1949 年至 1978 年，这一时期的思想政治教育工作着力于培养符合社会主义建设目标所需人才，从理论教育和实践教育两个层面上，探索和总结了一系列行之有效的教育教学方法，如理论讲授法、社会实践等。后 40 年，即 1979年至今，思想政治教育工作步入正轨并取得长足发展，思想政治教育学科体系逐步完善，日益科学化、规范化。进入 21 世纪后，中国特色社会主义现代化建设进入到了一个高速发展时期，各种社会思潮汹涌而至，各种社会矛盾逐渐凸显，对思想政治教育工作提出了越来越多的挑战，尤其是互联网、自媒体等，把思想政治教育工作推到了一个前所未有的复杂境地。

进入 21 世纪以来，互联网、自媒体等技术平台飞速发展，先是腾讯 QQ、MSN、博客、BBS，后是微博、微信、微视频、微访谈等，仿佛空气一样，入侵到高校校园生活的方方面面，笼罩着高校的每一个角落。由上述新型媒体构成的网络媒介，从根本上变革着思想信息产生、传播、反馈的渠道和方式。思想信息沟通方式的巨变，不仅极大地影响了大学生的思想和生活，而且把高校思想政治教育工作也推到了风口浪尖之上。当然，任何事物都具有两面性，新型媒介的普及，也为改革和创新思想政治教育工作开创了崭新的局面，其在信息产生、传播方式上的革命性变革，挑动着每一位思想政治教育者的神经。如何正面直视而不是回避、如何积极应对而不是消极处理这一具有时代特色的巨变，成为当下思想政治教育工作者每时每刻都必须思索的时代命题。

一　研究意义

马克思主义认为，内因是推动事物发展的根本，外因是条件。本书的研究，围绕着"如何提升思想政治教育实效"这一根本问题，实现了研究视阈的转换——由宏观描述到微观机制，即借助于微博、微信等新媒体所具有的"微"特征——主体建构性、即时交互性、自主适应性等，深入探讨思想信息在思想政治教育主体（教师与学生或者教育者与受教育者）之间传递的内在机制。这种由内而外、知微见著的研究策略，对于揭示思想政治教育沟通的内在规律和活动过程，提升思想政治教育沟通效果，具有十分重要的理论和现实意义。

（一）理论意义

1. 有利于引导思想政治教育研究由宏观走向微观

思想政治教育的实质，在于教育者把符合一定社会或阶级要求的教育内容转化为思想信息，并把思想信息有效传递给受教育者的过程。本书以新媒体时代思想政治教育实践过程为研究对象，在宏观分析思想政治教育发展变化整体趋向的基础上，重在分析思想信息的生成、建构、传递、接受等内在机制与过程，进而揭示思想信息在思想政治教育主体间相互传递的本质和规律。因此，本研究深入思想政治教育实践过程的内部，旨在微观层面上，探求实现思想信息有效传递的机制和办法，从而达到提升思想政治教育实效的目的。

2. 有利于推动思想政治教育学科体系健全和完善

任何特定事物都具有层次性，需要从整体和局部两个层面加以分析和认识，思想政治教育亦不例外。以往的研究，过多地注重思想政治教育与社会发展、时代变化的相关性、过多地注重教育目的、教育内容、教育方法、教育过程、教育评价等环节的连续性，对处于微观、局部的思想信息沟通机制问题关注不够，即使有所注意，也往往赋之以心理学的意义和价值。本书正是立足于"微"媒体时代下思想政治教育主体间的交互性、思想信息的生成性等特征，探究思想政治教育沟通机制之"微"，与以往宏观分析之间，互为补充，相得益彰。从而，不断地把思想政治教育学科建设推向科学化、规范化。

3. 有利于探究思想政治教育内在规律和运行机制

在"微"视角下，思想信息从教师到学生的传播，经历了信息编码、传播和解码等内在过程，弥补了传统思想政治教育强调沟通环节的整体——主体、客体、环境等——而对更低层次信息传播途径关注不够的问题。思想政治教育的主体、客体及环境的每一个要素，都被赋予全新的内涵。本书以理论分析和实证调研为基础，拟以"思想信息场"的建构为统领，在"微"视角下，从沟通主体的参与性、沟通客体（内容）的建构性、沟通环境的渗透性等方面，探讨思想政治教育沟通新机制——"思想信息场"的建构及内在规律，为增进思想信息在思想政治教育主体间的交互传递，提高沟通效果，完成教育教学目标奠定理论基础和逻辑前提。

（二）现实意义

1. 有利于彰显人才培养目标的个体导向

思想政治教育教学目标主要体现为社会目标与个体目标的统一。

改革开放以前，我国思想政治教育工作重点围绕社会发展需要，强调个体成员的社会归属和服务经济社会发展的价值导向。随着社会主义市场经济的日渐完善，个人发展和个体发展的价值导向日益彰显，而且，这一发展趋向在新媒体时代表现得越来越明显。个体价值、自我实现等人才目标，伴随着当代大学生主体意识觉醒和主体地位确立，成为当代思想政治教育人才培养的基本趋向。随着"微"媒体时代的到来，这种趋向不仅没有缓解，而且愈来愈成为一种潮流，涤荡着传统思想政治教育的基本理念。一种重视个体、尊重个体、平等互动、理解沟通式的，以彰显个体自我实现为导向的人才培养观念，与社会导向一起成为高校人才培养的基本导向。

2. 有利于构筑思想政治教育的多元体系

唐代诗人岑参诗云"忽如一夜春风来，千树万树梨花开"，寓示着春风到来之"突然"，以及春风到来所引发的"千万树梨花盛开"。在互联网时代，"微"媒体的到来，就像一股"春风"，以一种"润物细无声"的方式，深刻地影响着高校思想政治教育工作。传统封闭的、保守的教育理论和方法，显然无法有效应对由之带来的挑战和冲击，因而，必须更新思想政治教育的基本理念，以"微"时代下的思维方式来应对"微"媒体的挑战。这种以开放、互动、平等为特征的信息沟通、传递模式，不仅打破了传统思想政治教育的理念、方式，而且超越了传统思想政治教育的时间和空间。一种多元、全方位思想政治教育体系的建立，不仅成为一种需求，在"微"媒体平台支撑下，也成为一种可能和现实。

3. 有利于创新思想政治教育教学的方式方法

"微"视角下，思想政治教育主体的适应性、客体的建构性和环境的参与性，成为重新认识思想政治教育实践活动基本角度。新媒体时代下，学生主体地位的确立、学生主体作用的发挥，成为影响高校思想政治教育工作进程和教育教学实效的关键因素。作为沟通客体的思想信息的建构，内容与形式的创新，沟通环境的构成和变化等，都对创新思想政治教育方式方法提出了新要求。只有根据新媒体时代下思想政治教育主体、客体和环境等要素的新特点、新变化，适时推动教育教学方法和渠道的创新，才能不断化解思想政治教育实效性不高的困境。

二 研究现状及述评

（一）研究现状

改革开放以来急剧变迁着的社会环境、生产方式、消费方式，再加上进入 21 世纪之后以自媒体为主的新媒体网络技术和平台的推广，都对高校青年学生的成长、生活和学习产生了深刻的影响。对此，无论是高等教育的管理者，还是从事教育教学工作的教师，都对这一变化给予了极大的关注，纷纷从各自专业领域、工作需求出发，对之提出有针对性的举措和办法，其中不乏真知灼见者，在不同类型高校中得以实践，已经取得了相当大的成绩。这些成绩的取得，为本书奠定了厚实的理论和实践基础。

1. 传播学视角下思想政治教育研究

传播学与思想政治教育有着诸多相通之处，都是信息在不同社会主体之间的传播，其差别在于双方传播的渠道、途径以及信息传播的目的等。在传播学视阈内，思想信息从教师到学生，或者从学生到教师，总之，表现为不同主体之间"思想、政治、道德等信息的双向交流和情感互动过程"①。得出这个结论，通常是基于两个基本的逻辑前提——思想政治教育是一个传播过程，与思想政治教育的实效与沟通（传播）效果成正比。首先，正是前一个逻辑前提，才使得借鉴传播学理论创新思想政治教育的研究具有了"合法性"，才能站得住脚。之所以能够得出这样一个逻辑前提，原因在于思想政治教育的沟

---

① 杨艳茹、石晶：《施拉姆沟通模型下思想政治教育沟通的有效性研究》，《吉林省教育学院学报》2011 年第 7 期。

通过程与传播学的信息传递过程在要素和构成上具有类同性，"至少包括信息发出者（教育者）、信息接收者（教育对象）、沟通通道（载体）、编码、译码、噪音、信息、环境等复杂因素"①。另外，正是后一个逻辑前提，才使得传播学视角下开展思想政治教育的研究具有了意义。因此，基于传播学的理论和方法，通过不断创新思想政治教育主体间信息传播的方式方法，持续增进沟通双方在"认识上的认同，情感上的共鸣，思想上的升华"②，从而达到提高双方沟通共识和契合度的目的。

在上述两个基本逻辑前提的支撑下，运用传播学的理论观念和方法对思想政治教育展开一系列的创新，学者们顺理成章地开出了各自的应对思想政治教育"实效性不高"的良方。有学者把斯蒂芬森的"游戏论"引介入思想政治教育中，认为造成思想信息沟通不畅的原因主要是沟通过程过于呆板和机械，不能激起受教育者的情感共鸣，因此"适当应用'游戏性的传播'，减少'工作性的传播'"③，是我们解决思想政治教育沟通实效的重要途径。还有学者把思想政治教育沟通效果不佳的原因归于教师队伍整体素质的不高，沟通过程的各个要素、各个环节的复杂多样等，因此，我们应当采取"各个击破"的方法，对思想政治教育沟通的每一个构成部分、每一个环节逐一进行优化，才能真正解决这一现实问题。解决问题，教师应从"树立传播者权威""优化传播信息""改善传播环境""开拓传播途径"④ 等方面着手。还有学者基于思想政治教育与传播学之间具有的"可通约性"，认为受教育者与传播理论中的受众有着相似的"选择心理"

---

① 贾举：《传播学视野下思想政治教育沟通路径研究》，《今传媒》2013 年第 10 期。

② 杨艳茹、石晶：《施拉姆沟通模型下思想政治教育沟通的有效性研究》，《吉林省教育学院学报》2011 年第 7 期。

③ 王晓丽：《基于传播学理论模式的高校思想政治教育渠道研究》，《国家教育行政学院学报》2014 年第 9 期。

④ 李璇：《传播学理论视角下高校思想政治教育的有效性》，《南都学坛》2011 年第 2 期。

"逆反心理"和"从众心理"。因而，教师必须从传播学、心理学的角度，强化教师的心理学知识储备和心理学方法训练，对学生"要研究受教育者的需求心理，尊重其主体地位，增强受教育者的参与度"①，从而达到增进师生共识，提高沟通效果的目标。

客观地说，思想政治教育是一个庞大的、复杂的社会实践过程，简单地把它类同于思想信息的传播过程，有化繁为简、以偏概全之嫌。只能说，在思想政治教育的特定情境中，教育者与受教育者之间思想信息的交流互动过程，类同于传播学信息传递的过程。同时，以"信息"类比"教育内容"的说法，也不恰当，教育内容也应当转化为特定的符号，如语言、手势、图画等信息后，才能与传播学的信息相类同。当然，借鉴传播学理论和方法创新思想政治教育的做法，毋庸置疑，是十分宝贵且有益的，对于已经取得的理论成果，理应批判地加以借鉴和吸收，尤其是关于信息传播机制和规律的揭示，对于创新思想政治教育沟通机制来说，是至关重要的。

2. 交往理论视角下思想政治教育研究

思想政治教育活动是教师与学生、学生与学生之间基于特定社会需要的互动交往过程。这一过程以物质、信息为载体，以情感、价值为媒介，以思想信息互动、沟通为途径，以提高思想政治认识水平、养成良好德行为目标。因此，人际交往理论无论是在宏观层面上的理论建构，还是微观层面上的实践探索，都为深入探究思想政治教育沟通问题提供一个理论阐释和行动策略的新思路、新角度。

第一，哈贝马斯交往行动理论的启示。长期以来，教师一直占据着思想政治教育领域的主体位置，掌控着教育教学活动的每一个环节；学生作为受教育者则处于被教育、被管理的位置上，一直扮演着被动改造客体的角色。一种严格管控、机械操作的，远离生活、抛弃意义的教育理念和方法得到认同，教育者与受教育者之间的关系相当

① 王贤卿：《论传播学受众理论与思想政治教育创新》，《思想理论教育导刊》2009年第11期。

紧张，教育教学目标难以达成。而哈贝马斯则基于社会主体间的相互理解，强调"一种双主体即主体间性理论"①。借鉴哈贝马斯的交往理论，重新审视我国思想政治教育的实践过程，在教师与学生之间，建构起一种基于相互理解的"主体间性"，对于消解传统思想政治教育对学生主体性认识不足问题，具有特别的意义和价值。在新的理论视阈下，主体与主体之间，通过实践的磨合，相互适应、相互影响，从而达成某一层面、某一程度上的理解与认同。

第二，借鉴哈贝马斯交往行为理论是创新思想政治教育的有效举措。基于人际交往行为理论的基本内涵和行为要求，探索"以合作为目标""以冲突为手段""暗示、模仿、感染的运用"② 等为策略，不断提高思想政治教育效果的举措，在一定范围内得到认可。这种观点认为，在"合作"的基础上，主体之间通过深入沟通，在思想、情感、价值观念等方面相互理解，达成共识；认为通过"冲突"，在思想和行为两个方面，建构起思想政治教育主体之间相互沟通的桥梁；认为"暗示、模仿、感染的运用将人们心理活动的特点、规律和沟通的激励凝聚有效结合起来，通过'隐性教育'的形式来提升沟通的激励水平"③。还有学者从理论和实践两个维度探索提升高校思想政治教育实效的可行路径，在理论维度上，突出强调"由主体改造客体的教育工具化范式转变为交往行为范式""由灌输模式转变为对话模式"；在实践维度上，突出强调应"情感沟通""非智力因素开发""教育反思"等因素的合理运用。④

第三，马克思交往理论对思想政治教育的启示。在马克思主义的

---

① 刘隽：《哈贝马斯的交往行为理论对思想政治教育的启示》，《理论与改革》2013年第1期。

② 向军、徐建军：《群体人际互动理论视角下思想政治教育沟通功能拓展》，《湖南科技大学学报》2012年第5期。

③ 同上。

④ 查雪珍：《基于交往理论的高校思想政治教育实效提升路径探索》，《大学教育》2013年第24期。

视阈内，思想政治教育与其他社会实践活动有所区别，不能简单地用"改造与被改造关系"界定，只能从思想政治教育主体间以"对话、理解、共生"为主要形式的交往关系出发，来看待这一实践过程的特殊性。"在马克思交往理论视野中，思想政治教育则是一种'教育性交往'，是在人与人的交往中展开和实现的。"①

借鉴马克思的交往理论，创新思想政治教育教学方法，学界取得了诸多成果。有学者认为，创新思想政治教育形式与内容，应当遵循"主体间性原则、交往理性原则、生活世界原则和互动共赢原则"②，"实行生活化、隐性化和虚拟化思想政治教育实践形态变革"③。最终在具体的、现实的高校思想政治教育工作实践中，这些原则和观点可以转化为可操作性的方法和途径，即"以实施'平等对话'为策略，以选择'生活世界'为载体，以优化'互相理解'为方式，以确立'共同发展'为目标"④。

3. 关于思想政治教育沟通方面的研究

从宏观层面上看，思想政治教育是在教育者与受教育者全方位交往、互动过程中实现的，可以通过外部特征的定性描述和定量分析进行考察、记录、监督和管理，毫无疑问，这是长期以来思想政治教育研究的重要内容。

（1）思想政治教育的关键在于沟通。站在沟通的角度来看，思想政治教育实践活动就是教育者与受教育者之间通过知识、信息交流提高受教育者思想政治素质，培养受教育者思想道德行为的过程。因此，除了教育教学过程，如教学过程组织、教学方法选择、教学过程监控、教学效果评价等环节之外，更重要的取决于教育者和受教育者

①　史宏波：《简论马克思交往理论与思想政治教育》，《理论月刊》2013 年第 10 期。

②　闫艳：《交往视域下思想政治教育原则新探》，《求实》2013 年第 1 期。

③　赵志鸿：《马克思主义交往观对思想政治教育现代变革的启示》，《东岳论丛》2012 年第 7 期。

④　黄发友：《交往理论视阈下思想政治教育模式转换研究》，《思想教育研究》2012 年第 9 期。

的主体素质和能力，尤其是教育者的专业素质。在以往的思想政治教育工作中，虽然教育者主体素质、受教育者自身素质等也受到一定程度的关注，但是，远没有受到足够的重视。究其原因，在于传统思想政治教育理念上的"科学主义"倾向——以泰勒科学管理理论为基础的教育教学理念，视教育教学过程为严格预设的过程，一切活动都是按照预先设定的"程式"，按部就班地展开，像工厂一样，生产出一批又一批符合标准化规范的"产品"（即学生）。

随着时代的发展，越来越多的学者开始聚焦思想政治教育理论研究和实践探索的问题和领域，从"宏观叙事"转向"微观描述"，把眼光聚焦在思想政治教育主体之间（即教师与学生、学生与学生）的互动交流关系上，他们普遍认为重新确立学生在思想政治教育沟通实践中的主体地位，发挥其主体作用，实现教师与学生之间的平等对话，"应当更加人性化地实施思想政治教育，更好地把握大学生主体性的发挥；应当跳出过去单一的对学生进行灌输和学生被动接受的教育模式；应当促进与学生之间的心理沟通"①，沟通理应成为实施思想政治教育的出发点和落脚点。作为教育教学实践活动的组织者和实施者，教师应当调动一切积极因素，创造一切条件，尤其应当借助于新媒体网络平台的支撑，优化师生之间的平等互动和思想交流，从而达到提升思想政治教育沟通实效的目的。

（2）关于影响因素方面。影响思想政治教育沟通的因素方面，以往的研究大多集中于外部环境和自身要素两个方面：在外部环境方面，大家普遍认为社会大环境影响着思想政治教育沟通的效果，认为当前思想政治教育教学效果不尽人意的主要问题不在教学本身，而是由于教学内容与社会生活之间存在巨大落差，正是这一落差的存在，导致学生对课堂上所学内容的可信度一落千丈，有专家认为，社会环境对思想政治教育的影响不仅仅表现在效果的弱化上，甚至走向教学

---

① 刘玄：《大学生思想政治教育的心理沟通支持研究》，硕士学位论文，湖南师范大学，2012年。

意愿的反面，流落为学生口头调侃、饭后谈笑的材料。"由于环境是一个复杂的系统，在实际思想政治教育沟通过程中，环境的变化会直接影响到思想政治教育沟通。"① 因此，围绕社会环境对思想政治教育教学影响这一问题，可以从两个维度来考量：一是通过政府、社会和高校的协同努力，为思想政治教育工作营造一个良好的社会氛围，以持续强化教育教学的正面效果；二是通过高校思想政治理论课教学改革，借助新媒体网络平台，不断加大社会环境因素与课堂教学之间的"对话"，逐步缩小思想政治教育内容与经济社会发展现实状况之间的差距。社会环境是一个包含政治、经济、文化等在内的复杂统一体，它与思想政治教育过程之间，始终保持着物质、能量和信息的互动交流。譬如社会政治环境，由于近年来社会上的腐败现象、暴力事件频频出现，尤其是个别党员干部身上表现出来的道德败坏、以权谋私等问题，就如严冬里一股股刺骨寒风，通过现代网络媒体入侵到大学生的生活之中，严重影响着教师课堂教学的效果。当然，社会环境对思想政治教育负面影响的极端情形只发生在个案上，客观来看，其对思想政治教育的正面促进作用是主要的，占据主流地位。因此，学界应当在正确认识社会环境及其与思想政治教育关系的基础上，创新环境建设思路、优化社会道德氛围，发挥其弃"恶"扬"善"的作用。"思想政治教育者要把握时机、场合、效率三个关键因素做到顺势而为，充分发挥沟通的最佳效果。"②

对现有研究成果进行分析，关于思想政治教育沟通影响因素的研究，主要聚焦于思想政治教育系统自身构成要素和环节上，意图通过某一要素的优化或某一环节的创新，达到提高思想政治教育教学实效之目的。有学者认为，在沟通要素方面，沟通主体的差异性、沟通内

---

① 蔡小玲：《高校思想政治教育过程中师生沟通问题研究》，硕士学位论文，南京师范大学，2013 年。

② 刘刊：《沟通理论视阈下思想政治教育沟通优化策略研究》，硕士学位论文，华中师范大学，2013 年。

容的科学性、沟通媒介的适用性、沟通情境的随意性；在沟通环节方面，沟通程序无原则、沟通方法无选择、信息传输不通畅、反馈评价不真实等①，构成了影响思想政治教育沟通效果的现实问题。还有学者把它更加简洁地归结为教育主体、教育客体、教育内容和教育方法等。存在的问题，既是阻碍思想政治教育沟通过程的一道道"藩篱"，又是优化沟通过程、提升沟通水平的"关键点"之所在。尽管表述不同、着重点不同，但是相关学者的观点基本上达成共识。由此可见，从思想政治教育的理念更新、内容重构、方法选择、过程优化、结果反馈、评价多元等方面，探讨提升沟通效果的现实路径，成为近些年来思想政治教育沟通研究的主要内容，其中不乏深入、细致的理论探析，更有具体、翔实的个案实践。这些研究成果的取得，不仅深化了思想政治教育沟通机制研究的层次，而且拓宽了相关研究的领域，加强了思想政治教育与教育学、心理学、传播学等学科在理论和方法上的借鉴与交叉。

（3）关于沟通策略方面。基于社会环境与思想政治教育系统两个方面的分析，学者从不同研究视角，提出了一系列卓有成效的沟通策略，主要集中在以下几个方面：一是搭建多种沟通渠道。有学者认为，在教育者与受教育者之间存在着多元复杂的沟通渠道，可以分为正式和非正式两大类，只有充分发挥两类沟通渠道的优势，才能达到提高思想政治教育沟通效果的目的。② 二是重构沟通话语体系。有学者认为，思想政治教育目的的实现，有赖于教育者与受教育者之间在话语体系上的"共识"——"可通约性"③或"视角融合"④ 的达成。因此，为了实现思想政治教育沟通主体之间的"可通约性"，既需要

---

① 蔡小玲：《高校思想政治教育过程中师生沟通问题研究》，硕士学位论文，南京师范大学，2013 年。

② 徐文：《沟通在学校思想政治教育中的有效运用》，《内蒙古师范大学学报》（教育科学版）2009 年第 4 期。

③ 洪波：《话语与思想政治教育的有效沟通》，《教育评论》2011 年第 1 期。

④ 谷佳媚：《论思想政治教育沟通关系的本真》，《河南社会科学》2011 年第 5 期。

对教育者、受教育者的知识背景、生活经历、价值态度等进行充分了解，又需要根据教育目标创设沟通的特殊情境——包括话语内容、表述方式、心理关注、环境渗透等，对特定沟通的话语体系进行重构。三是促进沟通的制度安排和运行机制。有学者认为，传统思想政治教育沟通效果不佳的一个重要原因在于，高校普遍缺乏促进沟通的保障机制。只有"建立领导参与沟通的制度、实行信息反馈制度、建立沟通监督制度和沟通效果定期评价制度"①，才能调动教育主体参与沟通的主动性和积极性。尤其在沟通效果的反馈评价机制方面，需要多种反馈机制的综合运用，"正负反馈相补结合、直接反馈与间接反馈相补充、前置反馈与延时反馈相照应"②，从而发挥各种反馈形式的合力效应，以确保沟通过程的顺畅和高效。

（二）研究评述

随着互联网时代的到来，尤其以微信、微博等为代表的新媒体技术极大地变革了现代人的生存方式、信息传播和人际沟通渠道。这一变化，直接影响着高校思想政治教育工作，影响着青年大学生的学习和成长。目前，这一问题已经成为高校思想政治教育工作必须面对和解决的重要现实问题。坚持"回到事实本身"的原则，从思想政治教育实践本体、本质再认识，从教育教学内容建构，从课堂组织形式创新，从教师与学生关系，从教学效果评价方式，从教学技术手段更新，从教育教学环境培育等方面着眼，通过整体系统的梳理，或者局部环节的创新，意图找到新媒体时代下提高思想政治教育实效的捷径，取得了一系列卓有成效的成果，包括专著、论文、研究报告等形式。这些成果既是对高校思想政治教育现实问题的积极应对，也是对

---

① 石立美：《论大学生思想政治教育沟通及其优化策略》，硕士学位论文，西南大学，2008 年。

② 蔡小玲：《高校思想政治教育过程中师生沟通问题研究》，硕士学位论文，南京师范大学，2013 年。

思想政治教育本质和规律的再思考、再认识。从理论和实践两个层面上，奠定了本书研究的前提和基础。然而，新媒体毕竟是一个新生事物，软硬件技术上的革新和完善从来没有停止过，对它的定位和未来发展趋势还有待于进一步观察；另外，新媒体技术产生之后，它对现实生活尤其是青年大学生的现实生活的影响还未能全方位展现，要想从中厘清思路、探索规律还存在着诸多障碍。总之一句话，一切都还在路上，需要当下和未来进一步地去洞察、去体验、去梳理。就已经取得的研究成果来看，可以从以下几个方面作进一步的思考和研究。

第一，已有相关研究成果以"微媒体""新媒体""自媒体"等核心概念的梳理为主，大多从新型人际沟通方式的角度，探究其对高校思想政治教育工作的深度介入和现实影响。总的来看，已有研究成果表现为内容相对宽泛，表述相对笼统。本书的研究，遵循抽象与具体的辩证思维方法，意图在纷繁复杂的"微媒体""微论坛""微商"等现象的背后，归纳出新媒体时代下人际沟通的本质和规律，并以此重新认识和指导高校思想政治教育工作。

第二，已有相关研究成果的研究视角比较全面，既有全局性整体视野的研究，也有局部性微观视野的研究，但在整体与局部之间相互规制关系的研究显得不足。本书的研究意图通过新媒体时代下主体地位的彰显、个体影响力增强的非线性作用、个体与群体间的互动、群体对个体的影响等方面的梳理，揭示新媒体时代下高校思想政治教育整体演进与局部变革之间的内在逻辑。

第三，已有相关研究成果中有不少涉及了思想政治教育环境问题，初步梳理了社会大环境、校园（家庭）小环境等对学生思想道德素质和行为养成产生的积极或者消极的作用。本书意图在已有研究成果的基础上，重点探究新媒体时代下社会大环境、校园（家庭）小环境与高校思想政治教育之间互促共生的新型机制问题，促使思想政治教育工作贴近时代、更接地气、更具活力。

三 研究内容及逻辑结构

（一）基本概念

1. 微媒体

微媒体也即新媒体，主要指以微博和微信等社交软件为代表的新型现代媒体。可以由微博、微信延伸到微小说、微电影、微访谈、微论坛、微商等，诸如此类以"微"冠名的新媒体。新媒体快速流行并在各个领域内进行延展，主要取决于它在满足人们生活、学习和工作时的便捷性，人们借助新媒体可以随时随地地开展娱乐、沟通和工作。新媒体就像一个 24 小时永不停歇的服务器，随着处于待机状态，满足人们多样化的需求。新媒体在内容上的短小精悍、形式上的不拘一格、传播渠道上的迅速便捷、交流上的即时交互、发布上的自主独立等特点，及其在节约、整合时间上功效的发挥，进一步激发了新媒体的活力和影响力。

正如怀特海（Witehead，Alfred North）所说："在每个明显过渡的时代，人们都在无声而被动地实践着一套正在过时的习惯和感情模式。与此同时，一整套新的习惯正在形成。"[1] 在这个由新媒体所带来急剧变革的时代下，新的生活方式、生存方式及生产方式与时代特征、社会发展之间的高度契合，促使人们自觉不自觉地改变、调适与创新，并在这一过程中，由被动适应的客体转变为自觉融入的主体，并根据自身状况，提出个体化、体验式需求。问题的关键恰恰在于这种在以往任何时代下被忽视或者说无暇顾及的、与人的生存发展切身相关的需求，在新媒体时代下得到了密切关注、回应，甚至得到了一定程度的满足。因此，与其说新媒体改变了这个时代，毋宁说人们自己选择并亲身变革了自己的生活方式和生存方式，新媒体与它的使用者之间越

---

[1] ［英］阿·怀特海：《观念的冒险》，周邦宪译，译林出版社 2012 年版，第 7 页。

来越趋于一体化。而且,很显然,这一趋势愈来愈得到强化。

"人类文明走向现代,从某种意义上,体现为小群落走向大社会,区域联系走向社会联系。"① 在这一社会进程中,表现为社会个体在社会整体中的自我体验及社会整体对社会个体的关注度,而这一目标的实现,取决于信息传播的方式及信息传播的速度。因此,可以说人类文明的发展过程,就是人际沟通信息传播渠道方式发展的进程。在这一过程中并发的一个重要问题是,信息传播的效度问题。在传统社会中,虽然可供传播的信息总量较少(相比于新媒体时代),但由于渠道稳定,信息传播的效度得以保证。在新媒体时代,由于信息内容、信息形式、信息数量、信息渠道、接收方式等影响信息传播效度因素的产生,使得"海量、不确定、不稳定、选择性"等成为标识信息传播特点的词汇。新媒体的出现,使得信息流动的快捷与信息泡沫的制造并行不悖,冗余信息和垃圾信息成为影响信息传播效度的主要障碍。在网络上,由于社会个体自身素质参差不齐,对于信息的认知和辨识能力差异很大。这一客观差异,实际上造成了一种"看客文化"——具有较高认知和辨识能力的人往往充当看客,不会轻易发表观点和看法;与之相反,缺乏基本认知和辨识能力的人往往成了主动回应、回复的主体,使得超越法律与道德底线的、所谓的"言论自由"泛滥,事实真相在论争真相的过程中被层层掩盖。

综上所述,正确对待新媒体、理性思考新媒体、合理应用新媒体,发挥其在信息传播、人际沟通方面的优势,抑制其不足,是每一个生活在当下的人都应当持有的态度。以更加积极主动的姿态、更加慎重理性的方式融入新的传媒格局,借助新媒体来实现人与人之间的有效沟通,从而促成社会整体的和谐发展,是当代人的义务和责任。

2. 微视角

"意识在任何时候都只能是被意识到了的存在,而人们的存在就

---

① 陆小华:《新媒体观:信息化生存时代的思维方式》,清华大学出版社 2008 年版,第 20 页。

是他们的现实生活过程。"① 新媒体的普及对于社会的冲击，通过人的思想、观念和行为得以展现。现实生活中的点点滴滴，包括政治上、经济上、文化上的新变化，都会不同程度地投射到当代人思想观念和意识形态中，进而影响人们思考问题、解决问题的方式。随着新媒体在社会生活中广泛的应用和渗透，生活在其中的人们，无论在生活习惯还是思维方式上，都会对由之引发的新变化做出适当调整。这种具有新媒体特性的思维方式，即"微视角"。现代汉语词典对"微"的解释包括动词、形容词两个词性，其中，动词的"微"主要指"隐秘地走""衰落"等含意；形容词的"微"主要指"细、小、精深、隐蔽"等含意。"微视角"不同于"微观视角"，可从下述方面进行认识。

首先，哲学本体论意义上的"微"是指构成客观世界的微观粒子。从唯物主义哲学发展历程来看，不同时期人们对于物质的认识与科学技术发展水平密切相关。古代时期，由于科技发展还处于经验摸索阶段，人们只能借助于身体感观来了解和认识客观物质世界，因而形成了古代朴素的物质观——古希腊的"水""气"说、中国古代的"五行说""元气说"等，把宏观可见、可感的事物看成世界的本体、本原。进入近代以后，随着现代天文学、经验物理学和化学等学科的发展，尤其是望远镜、显微镜等工具的发明和使用，使得人类对客观世界的认识像剥洋葱一样，层层深入，最终停留在"最小的、不可再分的物质颗粒——原子"上，从而形成了近代机械唯物主义的物质观。进入 19 世纪之后，事物之间联系和发展特性在物理、化学、生物等学科内先后被发现，取得了诸如"细胞学说""能量守恒与转化定律""生物进化论"等成果，尤其是随着 20 世纪量子力学及原子结构理论的突破，揭示了"宇宙最小之砖的原子"可以被继续分解为更小的物质颗粒，"物质具有无限可分性"在科学领域内得到印证。至此，从微观视角探寻宇宙最基本物质构成单元的设想最终落空

---

① 《马克思恩格斯选集》第 1 卷，人民出版社 2012 年版，第 152 页。

了,"最小微粒"是不存在的。

其次,哲学认识论意义上的"微",是随着对本体之"微"的认识日趋完善。本体之"微"越是深入越是没有底气,认识之"微"越是深入越是清晰,越是对客观世界的本质及规律越明晰。这一问题直到 1927 年被德国物理学家海森堡发现,并被称为"测不准原理"——在微观层面上,要想测定一个量子的精确位置,就需要用波长尽量短、频率尽量高的波,而这样的波在测定量子时,会产生极大的扰动而使得量子自身状态无法确定;要想测定一个量子的运动速度和方向,就需要运用波长尽量长、频率尽量低的波,而这样的波很难精确测定量子的位置。量子运动状态测量过程中产生的这一"矛盾",对如何正确认识微观世界粒子运动状态和规律,提出了新的分析思路。同时,发轫于 19 世纪初期,以运动、发展为特征的唯物辩证法思想,在 20 世纪 60 年代末得到进一步升华,即一般系统论到复杂性科学的发展,促使人们对复杂事物认识方法的根本性变革——由共时性系统分析方法到历时性系统分析方法的转变,到复杂系统演化发展的动力机制、演化路径等方面,即"复杂性科学的核心问题是:涌现和自组织行为是如何产生的"①。

最后,哲学方法论意义上的"微",既是对哲学本体论、认识论意义"微"的延续,又是对新媒体时代下人们分析问题、解决问题思维方法的升华。以微信为例,朋友圈、微信群、微信公众平台为家人、亲戚、同学、朋友等进行即时沟通提供了极大便利,但是,正如任何事物的产生都具有两面性一样,微信在为人际沟通带来便捷的同时,也带来了诸多问题,尤其是网络谣言的传播。如"汇一分钱整倒骗子""吃小龙虾身体会长虫""缺维生素 B2 会致癌"等网络谣言的传播,引起了诸多社会恐惧和影响。如何透过这类信息广泛传播的个案,揭示新媒体时代信息发布、信息传播、信息反馈等环节的内在机

---

① [美]梅拉妮·米歇尔:《复杂》,唐璐译,湖南科学技术出版社 2011 年版,第 15 页。

制和运行规律，是积极应对新媒体挑战、主动适应新媒体时代生活应有的态度。"对于这个问题目前有些现成的标准答案，但是事实上它们并没有解开这个谜。"①

3. 思想政治教育

什么是思想政治教育？这个问题在学界经过几十年的理论研究和实践探索，尽管学人之间在观点上还存在着这样那样的争端和分歧，但在基本认识上越来越清晰，为如何更好地开展思想政治教育工作、提高思想政治教育效果奠定了良好的基础。"思想政治教育是指一定的阶级、政党、社会群体遵循人们思想品德形成发展规律，用一定的思想观念、政治观点、道德规范，对其成员施加有目的、有计划、有组织的影响，使他们形成符合一定社会、一定阶级所需要的思想品德的社会实践活动。"② 基于这一概念的理解，我们可以引申出如下观点：思想政治教育既然是社会实践活动，就需要遵循两大基本原则，即规律性原则和目的性原则。从规律性原则来看，思想政治教育须遵循两大规律，一是人们思想品德形成发展规律；二是教育教学的一般规律。从目的性原则来看，表现为服务经济社会发展和社会个体成员成长两个相辅相成、相互关联目标的统一。从对立统一规律的角度来看，思想政治教育就是化解主体与主体、主体与客体之间既统一又对立关系的活动。它通过特定的教育教学活动化解社会个体（受教育者）与一定社会间存在的矛盾，这一矛盾表现在思想政治素质和道德行为两个方面。

综上所述，思想政治教育可以归结为化解个体与社会在思想与行为上矛盾的活动过程。个体与社会之间存在什么矛盾，如何才能化解矛盾的问题，就构成了思想政治教育的核心和本质。同时，这一矛盾不仅仅表现为个体向社会需求的趋近，而且表现为个体通过教育实践活动而拥有社会所要求的思想政治素质和道德规范行为的过程。基于

---

① ［美］约翰·H. 霍兰：《隐秩序：适应性造就复杂性》，周晓牧等译，上海科技教育出版社 2011 年版，第 2 页。

② 张耀灿、郑永廷等：《现代思想政治教育学》，人民出版社 2006 年版，第 50 页。

这一认识，从受教育者自身发展的角度来看，思想政治教育还表现为受教育者的自我实现。"从本质上说是人的客观需要和人的生命活动的一种特殊表现形式，也是现实的人探索、认识、肯定和发展自己的一种重要方式。"① 因此，以政治思想、道德规范和行为准则为主要内容的知识传授和以道德行为养成为主要内容的行为训练，以及两者之间的互动关系等，构成了理解思想政治教育本质的基本维度。

4. 沟通机制

从微观视角来看，思想政治教育就是一个受教育者接收、内化思想信息的过程。围绕着思想信息的选择、建构、传递、接受等环节，在教育者与受教育者之间形成了一整套作用机制，即沟通机制。思想政治教育沟通是否顺畅，沟通效果是否满意，都是评价沟通机制和沟通效果的主要指标。在外部联系保持相对稳定的状况下，思想政治教育实践系统内部要素之间的互动及其效果决定着思想政治教育的实际效果。具体说来，思想政治教育成效如何，从受教育者对思想信息的接受情况、内化情况表现出来。其中，沟通效果决定着受教育者的接受程度，内化效果又依赖于沟通过程中接收的内容及其形式，内化程度又在一定程度上决定着受教育者的言语表达和行为举止等。因此，这一复杂关系可以用下图来表示。

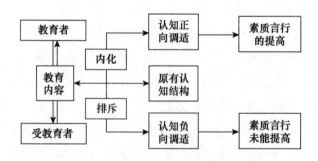

图 1 - 1　思想政治教育沟通机制示意图

---

① 段建斌：《思想政治教育的本体维度——基于人的存在与发展》，社会科学文献出版社 2013 年版，第 66—67 页。

从上图来看，思想政治教育是否有效，受教育者的素质和行为是否能够得到改善和提高，直接取决于受教育者从教育教学过程中接受的教育内容与其原有认知结构之间的契合度。然后，从根本上看，教育内容是否能够被受教育者所接收进而通过调适，内化为受教育者自身的认知结构，取决于思想政治教育教学过程中教育内容及其形式，取决于教育者自身素质及其对受教育者心理成长、知识结构等方面的认识和准确把握。总而言之，思想政治教育的实际效果如何，不仅取决于教育教学过程中教育者与受教育者的直接沟通，而且取决于"备课环节"中教育者与受教育者的间接"互动"。直接沟通也好，间接"互动"也罢，本质上都表现为教育者与受教育者之间思想信息交流。

新媒体时代倡导一种主体之间平等交流与沟通的形式，与高校思想政治教育理念更新相一致。在思想政治教育沟通实践过程中，教育者与受教育者之间只有平等互动、相互理解、相互认同，才能真正实现双向互动的有效沟通，促使沟通主体双方"双向理解、反思、生成、共识与提升"[①]。具体来说，思想政治教育的沟通实践，体现为教育者与受教育者之间的沟通过程，沟通内容、沟通方式、沟通环境、沟通媒介等都直接或间接地影响着沟通效果，进而促进或阻碍受教育者的内化和德性行为的养成。

（二）基本观点

"微"视角下，思想政治教育沟通就是沟通主体之间平等、互动式的双向交流。借助现代网络媒体平台的支持，思想信息以多元生成、便捷传输的方式，把沟通主体联结成为一个以实现思想信息有效沟通为目的的共同体，即"思想政治教育沟通场"。

---

① 谷佳媚：《思想政治教育沟通的理论反思与建构》，人民出版社 2014 年版，第 29—30 页。

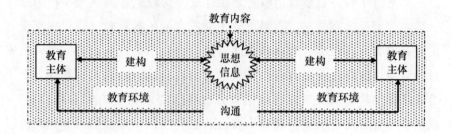

图1-2 思想政治教育沟通场示意图

第一，思想政治教育是一个发生在教育者与受教育者之间，以教育内容为客体的沟通过程，尽管涉及内、外因素众多，但就教育目标的实现而言，受教育者政治思想、道德规范的掌握，道德行为的养成都取决于思想政治教育的沟通效果。

第二，建立在微博、微信等技术平台之上的人际沟通新形式，包含了不同个体之间、个体与群体之间有效沟通的新方法、新途径——沟通主体的素质、沟通内容的建构、沟通方式的选择等，都为创新思想政治教育沟通机制提供了现实社会实践和可供分析的个案样本。

第三，作为哲学意义上的"微"视角，不仅是对新媒体时代下，人际互动交往方式的经验总结，而且体现为现代哲学对新媒体问题的反思。因此，运用"微"视角重新审视思想政治教育的沟通过程，不仅需要从教育目的、教育内容、教育方法、教育过程、教育环境、教育评价等局部环节提出优化思想政治教育沟通过程、提高沟通效果的策略，而且需要从思想政治教育实践活动的系统整体角度进行审视，从教育理念、教学设计、教学组织等方面进行反思，进而提出开展有效沟通的途径和办法。

第四，微视角下创新思想政治教育沟通机制的方法研究，不仅仅停留在理论层面上，揭示思想政治教育沟通的内在机制和规律，而且具有很强的现实可操作性。微视角下思想政治教育沟通机制的实践方式，以"1+1"专题式教学模式来实现。

（三）逻辑结构

本书研究具体内在逻辑框架结构，可以简化为如下图所示。具体表现为：

第一，提出问题，即根据文献资料的梳理和思想政治教育教学实践经验的反思，提出"沟通是思想政治教育的核心环节"和"优化沟通机制、提高沟通效果可以提高思想政治教育的实际效果"的观点。

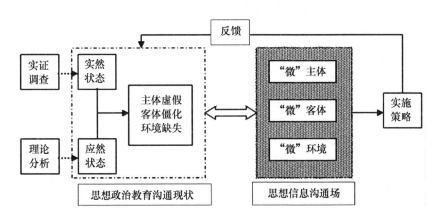

图 1-3 本书逻辑结构示意图

第二，借鉴马克思主义、新闻传播学等人际沟通理论和新媒体时代人际沟通实践的理性抽象，提出微视角的思维和方法。

第三，运用微视角重新审视并反思思想政治教育，从理论和实践两个层面上，归纳思想政治教育的实然状态和应然状态，进而提出由实然走向应然的可行路径——"思想政治教育沟通场"的建构。

第四，结合当前高校思想政治教育的现状，探索微视角下思想政治教育有效沟通的现实路径和操作办法——"1＋1"专题式教学模式的创立和实践。

四 研究方法及创新

(一) 研究方法

第一,理论分析法。结合"教社政〔2004〕16号文件"和《关于全面提高高等教育质量的若干意见》的相关精神,在大量阅读和分析现有文献资料的基础上,厘清思想政治教育沟通机制的应然状态。

第二,实证调研法。通过问卷调查、个别访谈等方法,分析思想政治教育沟通机制的实然状态。

第三,理性抽象法。通过对微博、微信等新媒体所具有共同特征的抽取、归结,形成一整套彰显主体以"自觉、参与、互动"等为特征的分析方法和实施策略。

(二) 研究创新

第一,视角创新。以"新媒体时代"下思想信息的传递、接收和反馈规律为主线,以新媒体时代思想政治教育现实为研究背景,将思想信息的沟通机制问题置于"微"视角下进行解读,凸显其"主体地位和作用""信息传递、反馈的即时性、交互性""信息内容的生成性、建构性"等微特征。

第二,观点创新。本书拟在"微"视角下,探讨沟通主体、沟通客体(内容)、沟通环境的微特征,并在此基础上,以物理学中"场"的概念和理论,建构思想政治教育沟通新机制——思想政治教育沟通场及实施策略。

第二章 "微"视角下思想政治教育沟通现状考察

思想政治教育的目标在于培养符合一定阶级、一定社会需要的、全面发展的人。为了实现这一目标，教育者需通过言传身教的途径，把政治理念、意识形态及道德规范等思想信息传递给受教育者，帮助受教育者不断提高自身思想政治素质，规范自身德性言行。至于沟通效果如何，主要通过受教育者的内在思想和外在表现来体现。沟通效果好，意味着受教育者理解并接受了教育教学的内容，为进一步促使受教育者思想政治的内化和语言行为的德性养成奠定基础；反之，沟通效果差，受教育者对教育者所传授的内容不理解、不接受，培养符合社会需要人才的目标就会落空。由此，为了提高思想政治教育的实效，首先需要提升思想政治教育者与受教育者之间的沟通质量和水平。

以微博、微信等为代表的新媒体，为人与人之间信息互动交流，带来了一种全新的沟通模式。借助于新媒体平台，平等、互动、民主的沟通方式极大地鼓舞着网民参与其中、享受其中。普通网民由原来信息传递的沟通末端，一跃成为信息建构、发布的肇事者。由此而带来的新变化、新趋向，可以用"微视角""微方法"等加以描述。本章着重从本体论、认识论和方法论等角度，全方位地阐释"微"及"微视角"的内涵和外延，旨在形成相对稳定的思想政治教育沟通新机制。

一 "微"视角及其方法论意义

随着人们对客观世界认识的不断深入，隐藏在纷繁复杂、纵横交错表面现象背后的事物构成及运行机理越来越清晰地呈现出来，并被赋予全新的理论内涵。要实现这一目的，既需要遵循理论发展的自身逻辑——演绎路径，又必须观照现实生活的自然逻辑——归纳路径。"微"视角的提出，正是沿袭了理论发展的这一逻辑，在演绎与归纳的互动中形成，并在进一步理论研究和社会实践过程中得以检验和发展。这也许就是康德名言"没有科学史的科学哲学是空洞的，没有科学哲学的科学史是盲目的"的类比性解读。

（一）从"微粒"到微视角

"微"的本意是"微粒"，即 particulates，包含了人类对物质世界认识的广度与深度。站在认识论的角度，人类对客观物质世界的认识经历了一个由宏观到微观、由具体到抽象的过程。这一认识过程的发生和发展，不仅取决于人类认识世界的能力水平、认识工具的改造创新，而且也取决于客观世界自身的运动和变化，只有处于运动变化过程之中的事物，才有可能得到更加准确的认识和表述。基于这一哲学分析，沿着这一思维逻辑脉络，唯物主义哲学关于物质的观念随着人类认识历史的发展过程而逐渐深入。

1. 古代唯物主义物质观的直观呈现

人类自认识世界之始，客观世界的复杂多样、变动不居而难以把握的现实，迫使人们从两个截然相反的路径付诸实践：一是认为世界的产生和变化，都超出了人类自身的认识能力，其隐藏在背后的主宰，就像一只"看不见的手"在"翻手为云覆手为雨"。因此，要想认识和把握其中的奥秘，除了求助于那些具有无上神力的大罗神仙外，只能用诗意的、夸张的语句进行描述。"统治世界的神祇不可能真的化身为依赖于它的被造物的面貌，它自身就是完全的。……同样义愤填膺的预言家也否认上帝具有任何可描画的形状，或是从虚无中产生。"① 二是基于人类自身感觉器官的体验，对物质世界产生的直观、具体的印象。它否认世界是神或某种神秘力量创造的观点，把世界的本原归究为某种或某几种具体的物质形态。如古希腊哲学家泰利斯认为，万物产生于水，并经过各种变化之后又复归于水；中国古代的五行说认为，水、火、木、金、土五种物质是世界的本原等。

2. 近代唯物主义物质观的层层析离

唯物主义对世界的认知过程，正如人之成长过程，从婴儿到儿童、少年、青年、中年……从最初对感性思维的绝对依赖到对理性思维的充分信任，这一过程的复杂性、艰巨性"正是表象与实在之间的艰苦斗争才是一条充满希望的主线，引导我们持之以恒地探寻过去"②。正是基于人类认知客观世界的这一逻辑，唯物主义者对世界本原的认知经历了一个由"具体事物"到德谟克利特的"原子"（即原初物质），再到近代以来的"分子""原子"等的过程。世界是由最小的、不可再分的物质微粒组成的，不同类型的具体事物，是由形状各异、大小不一的原子所构成。唯物主义者在追寻世界本原的道路上，借助于近代物理学、化学等学科发展而得以层层分离，并取得了近代唯物论者的普遍认同。

3. 现代唯物主义物质观的辩证生成

进入19世纪以后，自然科学在细胞学说、能量守恒与转化定律、生物进化论等领域内一次次进展，把一个相互联系、相互交织、动态发展的世界图景展现在唯物论者的眼前。19世纪自然科学的另一个突破发生在电磁学领域，法拉第、麦克斯韦等人的工作，使得"场"（即电磁场）作为一种物质存在的新型形态为学界所接受。电磁场是

---

① ［英］安东尼·肯尼：《牛津西方哲学史》，韩东晖译，中国人民大学出版社2006年版，第12—13页。

② 同上书，第11页。

由变速运动的带电粒子产生的能量场，呈现出连续不断、绵延不绝的形态。这一形态，与近代唯物论者的"粒子""原子"等看法大相径庭。20 世纪初，一个非常著名的物理学实验，即由物理学家卢瑟福所做的"α粒子散射实验"，为我们揭开了"原子"这一"宇宙之砖"的内部构成。这一经典实验的意义除了进一步揭示原子内部结构、揭开现代物理学发展序幕之外，在哲学意义上还冲破了"原子不可再分"的"魔咒"，从而为物质无限可分奠定了科学基础。

人类对于客观世界的认识过程，就是一个由宏观到微观、由具体事物到基本粒子的过程。这种以分析思维为主导的认识方法，在把人类的视野引入全新微观世界的同时，也把从见"微"知"著"的思维引入到世界认识之中。在后一方面，对于微观粒子存在或运动状态的描述，海森堡认为"在同一态上的 A、B 两量，两者同时确知或同时测准都不可能"①，这就是著名的"不确定关系或测不准关系"。玻尔则从另一个侧面来解释微观粒子存在的"波""粒"二象性的矛盾，认为"在不同类型的实验安排条件下，同一原子客体所引起的各个量子现象呈现一个新的互补性关系"②，即著名的"互补原理"。由此可见，在哥本哈根学派的论域中，微观粒子的存在状态与旧唯物论的看法是不一致的，其关于粒子运动、测不准、互补等特性赋予了其更高的哲学意义。这一点恰恰被发轫于 20 世纪 60 年代，兴起于 80 年代的复杂性科学所发展，尤其是复杂性科学的美国学派创立的理论体系——复杂适应系统理论（简称 CAS 理论）。CAS 理论认为，处于复杂适应系统中的各种事物，不仅仅是微观粒子，都是造就系统复杂性的原因和始基，即系统的适应性主体，主体具有"学习""成长"的特性。

"然而，自从真正的哲学出现之日起，就罕有对这些骇人听闻的东西的窃窃私语了……事物的过程以其自身的途径平静地发展着，这

---

① 卢鹤绂：《哥本哈根学派量子论考释》，复旦大学出版社 1984 年版，第 104 页。
② 同上书，第 114 页。

途径就是自然的原因和结果。"① 肇始于古代朴素唯物论关于世界本原的探究工作，经过近现代自然科学的持续推进，尤其是量子力学的发展，为哲学层面上探究微观粒子的运动特性，进而像复杂性科学那样推而广之，形成认知客观世界的"微"视角或"微"思维，为我们分析包括思想政治教育在内一切的复杂系统问题提供了一种全新的理论视角和研究方法。

（二）从"新媒体"到微视角

以"微"贯名的媒体，是包括微博、微信、微访谈、微视频、微平台等在内的，依托互联网技术平台的所有新型媒体的统称。新媒体一经产生，就与传统媒体井然有别，在传播文本、传播渠道、传播速度等方面，呈现出大众化、平民化的显著特征，具体表现为"传播文本碎片化、扁平化，传播内容去中心化，传播渠道多元化，传播速度瞬时化，受众草根化，传受双方地位平等化"② 等特点，也正是由于这些显著特点的存在，使得新媒体呈现出传统媒体所不具有的整合性、亲和性和融合性，以"随风潜入夜，润物细无声"的方式，悄然变革着人们，尤其是青年一代的生存方式、生活惯习。为此，具有哲学方法论特征的"微"视角，必须对之加以关注，并在描绘刻画新媒体时代下人们生活生存状态的基础上，凝炼出具有时代特色、指导时代生活的思维和方法。

1. 新媒体的自主特性

所谓自主特性，是指在新媒体传播过程中，信息的产生具有自主性，表现在信息的自主生成、自主选择、自主建构以及自主发布等方面。其中，信息的自主生成是新媒体与传统媒体之间最主要的区别之

① ［英］安东尼·肯尼：《牛津西方哲学史》，韩东晖译，中国人民大学出版社 2006 年版，第 9 页。

② 王海兰：《论微媒体对传统传播学理论的影响》，《北京联合大学学报》2014 年第 2 期。

一，它体现为处于一定网络空间中的每一个个体，都可以根据自己的境遇、感悟、心境等，依据自己的知识结构和背景，借助手机、平板电脑等移动媒体自主编辑、合成信息。信息的自主选择体现为主体编辑信息过程中，对信息素材的选择、剪裁，信息呈现形式（文本、音频、视频或综合）等，都取决于主体的自主选择。信息的自主建构是指在信息的原始素材，经过主体自主筛选之后，进行处理、合成并按照一定逻辑关系加以建构，最终以一种完整结构的文本或综合的形式呈现出来。在这一过程中，主体的知识结构、文化背景等，发挥了重要的作用。信息的发布是通过微博、微信、QQ 或者其他微媒介，取决于信息发布者的个人喜好、使用习惯，具有强烈的自主特性。2009年 2 月 9 日 20 时 27 分，位于北京京广桥附近的央视新大楼北配楼发生火灾。一位叫"加盐的手磨咖啡"的网民用手机拍摄了事故现场照片，并以"央视配楼失火"为标题，于 2 月 9 日 21 时 04 分将照片上传到微博网站。[①] 在这一案例中，手机、"央视配楼失火"、照片、微博等充分体现了新媒体信息的自主性特点。

2. 新媒体的交互特性

所谓交互特性，是指新媒体信息流动过程中，信息不仅从发布者流向接受者，而且接受者也会反馈信息给发布者。这一特点，使得新媒体信息流动过程与传统媒体信息单维流向相区别，呈现出双向、互动等特性。新媒体较低的准入门槛、便携的搭载平台为信息的双向流动创造了条件。处于新媒体网络中的任何个体，都可以随时随地地借助微博、微信、QQ 等媒介发送或接受信息，并可以在个体之间形成点对点的交流。因此，"信息发送者和接受者之间的信息交流是双向的；参与个体在信息交流过程中都拥有控制权"[②]。在网络平台上，往往会因为一个突发事件而引发不同参与主体之间的即时互动。当苹

---

① 参见 http: //news. qq. com/zt/2009/cctvfire/。
② 王虹、刘智：《新媒体时代高校思想政治教育创新研究》，中国社会科学出版社 2012 年版，第 7 页。

果公司创始人史蒂夫·乔布斯去世的时候，SOHO 中国董事长潘石屹在微博上发布信息称，苹果公司应大量生成一千元人民币以下"iPhone 手机""iPad"，让越来越多的人能够购买得起这些产品，以纪念乔布斯。这则消息一经发布，就引起了网友们的连锁反应，"每平方米千元房子""潘币"等。对此，SOHO 公司的反应非常快，顺水推舟地在其影响巨大的新浪微博上正式推出了"潘币"征求意见版的正反面，并借以推广其新商业楼盘。①

图 2-1 网友设计的潘币（图片来自网络）

图 2-2 SOHO 公司设计的潘币（图片来自网络）

---

① 朱海松：《微博的碎片化传播：网络传播的蝴蝶效应与路径依赖》，广东经济出版社 2013 年版，第 91 页。

信息的发布者与信息的接受者之间发生的生动一幕，在新媒体的时空里展现。在潘氏案例中，SOHO 公司与网友之间良好的信息互动，使得新媒体时代信息传播方式的交互特性得以完美呈现。

3. 新媒体的生成特性

所谓生成特性，是指新媒体平台上，信息在传递过程中持续变化的特性。对同一信息来说，每一个处于网络空间中的个体都既是信息的接受者又是信息的发布者，当接受者接收信息过程结束以后，他（她）会按照自己的理解或想法，或重新编辑信息，或在原有信息上追加信息，从而赋予原来信息所不具有的新内容。信息在网络空间里，随着每一次的传播、流动，都有可能会被接受者重新编辑或追加信息后，再一次回到媒体平台上；后来的信息接受者又会根据自己的理解重新编辑和发布。新媒体时代下，信息正是在一次又一次的编辑或追加的过程中不断丰富、完善，这就是信息生成特性的内在机制和过程。

4. 新媒体的开放特性

所谓开放特性，是指新媒体时代下信息的"把关权"是开放的。在传统媒体时代，"信息表达，需要经过'把关人'的审核，受众要获得信息必须依赖'信息采编中心'"[①]。事实上，传统媒体无论在信息内容的把控还是传播媒介、传播途径，乃至于受众等环节，都受到有关机构的严格"把关"，而且，受众对接收到的信息所产生的反馈，也只能通过传播渠道的逆向流动，一级一级层层上报来实现，不仅效率低下，而且往往由于种种主客观因素的制约而"烟消云散"于传播过程之中。在新媒体的网络时空中，任何一个个体都可以成为信息发布者，并通过微博、博客、播客、微信等媒介，自由地将自己编辑的文章、图片、视频或综合信息传送到网络上。信息的接受者也没有被限定于某一特定范围，理论上讲，只要拥有一个网络工具，具

---

① 王虹、刘智：《新媒体时代高校思想政治教育创新研究》，中国社会科学出版社2012 年版，第 8 页。

有一定的网络知识和运用网络能力的人，都可以获取网络上公开发布的任何一条信息。因此，新媒体时代信息的开放性，还可以隐喻为"草根性""平民化"等。"在新媒体中，每个人都可以建立自己的空间，发布个人的观点。人人都可以是记者、是编辑。"①

2015 年 10 月 21 日，《人民日报》以"别让微博干了政府该干的事"为题发表评论文章，以"青岛大虾事件"为案例，分析类似事件的处理程序和方法。编者认为，之所以会出现此类事件，是由于一些行政部门在管理、监督职能上的缺位造成的，但此次事件并未能通过政府部门职能改善加以解决，而是以当事人在网络媒体上的直播以及广大网民的舆论参与倒逼的方式来实现的。虽然这是一件值得各级政府职能部门认真反思的事，但同时，也体现了新媒体时代信息的开放性特性。正是由于信息具有了开放性，才使得类似于网民意愿、网络舆论倒逼的解决方法成为可能。

（三）"微"的释义

从物质世界的"微粒"之"微"到"新媒体"所具特征之"微"，体现着从世界"本体之微"向"方法之微"的转变，是人们对复杂社会现象解读方式上的变革，这一点反映在当代科学最新进展上，则体现为 20 世纪 80 年代以来复杂性科学的兴起。无论是美国学派、欧洲学派还是中国学派，都认为复杂系统问题的研究应当在复杂系统内部而不是外部去寻找原因。思想政治教育实践活动是一项特殊的复杂系统，这是本书立论的前提和基础。正是基于这一点，在复杂性科学理论的宏观视阈下，探究并揭示"微"及其动态生成机制，有助于从内部、微观的角度，细致地描述并阐释思想政治教育主体之间相互沟通的生动过程，为提高教育教学效果、创新理论和实践研究提供有益尝试。

---

① 王虹、刘智：《新媒体时代高校思想政治教育创新研究》，中国社会科学出版社 2012 年版，第 9 页。

1. "微"是构成整体的单元

正像近代自然科学对物质世界探究的过程一样,把整体分成部分或要素的分析方法,是人们认识世界的基本途径。因此,"微"之首先的意义便是微粒、要素等,它是构成事物整体的结构单元。任何事物都是由诸多结构单元,通过一定方式相互联结而构成的一个相互交织、相互影响的整体。这一观点,超越了牛顿机械世界观的基本看法,认为世界不再是一个具体物质或事物的集合体,无论无机界还是有机界,都是由一个个结构单元构成的有机的整体,部分与部分之间、部分与整体之间由于某种关系的存在而相互作用、相互影响,从而形成了一种新的世界观,即唯物主义的辩证法。马克思主义的这一观点,以结构单元与结构单元之间的相互联系为基础,以事物发展为特征,强调事物发展演变的过程性,生生死死,死死生生。"整个自然界,从最小的东西到最大的东西,从沙粒到太阳,从原生生物到人,都处于永恒的产生和消逝中,处于不断的流动中,处于不息的运动和变化中。"① 基于马克思主义对物质的理解,本书拟在本体论和方法论两个维度内,来分析和阐述马克思主义的物质观。结合最新科学研究的理论成果,其实质为辩证唯物主义在当代的具体表述和呈现。在微视角下,任何事物都处于发展的过程之中,有生有死;任何事物都不是孤立分离的个体,相互联系、相互制约;任何事物都处于一个系统之内,成为构成系统整体的结构单元;任何事物又都是由多个子结构单元结合而成的系统整体。

2. "微"是自主选择的个体

现代科学研究发现,在微观量子层面上,微观粒子的运动与宏观物质的机械运动极不相同,容易受到外界因素的干扰,以调整和改变粒子本身的运动方向、速度。一方面表现为对微观个体的运行轨迹的观察和记录越来越困难,因为任何观察、测量的手段都会干扰微观个

---

① 《马克思恩格斯选集》第3卷,人民出版社2012年版,第856页。

体的行为，呈现出"测不准原则"的基本特征；另一方面，微观个体在受到外界影响的时候，会结合自身的结构和性能特点，做出适当的调整和适应，即学习和成长。发生这一过程的最根本的基础，取决于微观个体自身的构成要素和结构体系，即"内部模型"，它决定着微观个体一切的运动行为和状态。因此，任何微观个体运动状态的改变，都取决于个体自身的内部结构与外部环境刺激的互动适应，事物适应环境并在环境中做出一定的适应性改变，以更好地融入更大事物整体运动演化进程。同时，个体在适应环境的过程中，环境也因之而发生改变。处于一定社会关系中的个体，即社会中的微观个体，"出于融入周遭世界的本能的种种行为，制造了真实的历史事件，并反过来影响我们，把我们推向另一个方向，造成了好的或坏的社会结果。我们被拽入社会的洪流中，与此同时，这股洪流的力量也变得越来越强大，越来越有诱惑力"①。由此可见，微观个体，尤其是处于人类社会实践活动中的个体，是一个具有自主选择和适应性的个体，他或她总是在与由其他人所构成的社会环境的互动刺激下，进行选择、学习和成长。

3. "微"是事物成长的动力

从近代科学到现代科学发展的进程中，科学研究的思维和方法也实现了一次转型升级，即从对越来越微观、越来越细致的观察向对事物整体的研究，表现为贝塔朗菲一般系统理论的创立。他把系统或整体看作是一个有机统一体，而不是简单的要素"拼合物"。其后，随着现代科学的进一步发展，恩格斯关于世界是"过程集合体"的论断被越来越多的实验所证实。进入 20 世纪 60 年代以后，一种不同于一般系统论的"新"系统论在不同领域内得以发展，耗散结构理论、协同学、突变论、混沌理论、分形学说等竞相出现，对复杂系统的演化动力和内在机制等问题进行了系统描述——复杂性事物（系统）的

---

① ［美］马克·布坎南：《隐藏的逻辑——揭露人类群体行为之谜》，李晰皆译，天津教育出版社 2009 年版，第 10 页。

成长问题。

在复杂性科学的视阈下，思想政治教育的沟通实践是一个学生思想成长、道德养成的复杂系统过程。作为个体的人，不管教育者还是受教育者，都是构成思想政治教育复杂系统的基本结构单元，而且更是一个个有思想、有活力、有主见的主体，他们的适应性活动——通过与其他个体之间的相互作用而实现自我学习和成长，即个体内部机制的调适、优化和重组等。这一点恰恰是生活于新媒体时代下个体所具备的基本特征。正是由于处于思想政治教育沟通实践过程中的教师或学生，都是具有"学习"和"成长"的主体，而不是一般意义上的部分或要素，因而他们的一举一动都会影响着思想政治教育系统的结构和功能。因此，"微"之适应性就成为理解复杂系统演化动力机制的突破口。

4. "微"是互动共生的潜因

新媒体时代下，每一个自媒体终端都是一个产生和发布信息的个体，不同个体之间的交互作用，是信息发布、传播和互动的内在根据。在思想政治教育实践活动系统中，"微"既指参与活动的每一个个体，又指个体与个体之间相互联系、相互沟通的机制。在思想政治教育沟通过程中，思想信息的传播不是一个由教师到学生单向传递过程，而是在不同参与主体之间交互的、交错的、立体的信息传递沟通的复杂过程，沟通效果如何直接关系到思想政治教育工作的实效，而这一切的一切，都始发于个体的内部模型。"一个刺激要引起某一特定反应，主体及其机体就必须有反应刺激的能力。"[①] 皮亚杰把这种"能耐"界定为"感受性"，即事物接受外部刺激时，由于内部模型与刺激之间的耦合而发生相应的变化的内部依据。"所以这个公式不应当写作 S↔R 而应当写作 S↔R，说得更确切一些，应写作 S（A）R，其中 A 是刺激向某个反应格局的同化，而同化才是引起反应的根源。"[②] 同化即为事物在接受刺激（S）之后，其内部模型所做出的局

---

① ［瑞士］皮亚杰：《认识发生论原理》，王宪钿等译，商务印书馆 1996 年版，第 60 页。
② 同上书，第 61 页。

部的或整体的调整,以"适应"刺激的作用,其新的变化以反应(R)的形式呈现出来,由此可见,微的内部模型决定着事物"有"与"无",即事物存在哪些方面的需求、事物具有哪些方面的资源,从而为不同的"微"之间建立互动共生关系提供内在依据,不同事物之间遵循互通有无、互补共生或互相竞争、互相激励的原则共同发展。基于这一原则,思想政治教育的不同主体及其相互关系构建起来,为信息沟通和交流创造条件。

5. "微"是理解一切复杂系统问题的钥匙

自从人类诞生以下,便在简化、便捷的思维主导下,开始了复杂世界的认识和改造之旅。在简单性思维的论域内,简单是一切事物存在和发展的基本原则。删繁就简,即去除一切不必要的、多余的因素干扰,是认识世界的基本方法,其工具就是"奥卡姆的剃刀"。对此,牛顿曾给以十分清晰的表述,"自然不做徒劳的事"①。爱因斯坦也在思维方式上延续了牛顿的简单性思维,认为简单性就是世界的本质,而复杂性则是表象。基于此种思维上的认识,爱因斯坦穷其一生,探究复杂世界背后的简单动因。

进入 20 世纪以后,包括自然科学、社会科学和人文学科在内的所有学科领域的最新进展,都在向人们展示着同一个现象——复杂现象,像经济学领域中的"报酬递增"、控制论中的"正反馈"、昆虫学家发现的"集体智能"、生理学家发现人体白细胞的"集体行为"等,当我们沿袭惯例,使用简单性思维和分析方法来认知它们的时候,它们就成了一个个疑难杂症,一个个难以开解之谜,以至于有学者把研究这类复杂系统问题归结为"不能用简单方法解决的问题"。很显然,人是一个复杂系统问题,由人所构成的社会实践活动系统也是一个复杂系统问题,思想政治教育更是一个具有特别实践目的、手段和方法的复杂系统问题。60 年代后,"耗散结构理论""协同学"

---

① [英]牛顿:《自然哲学之数学原理》,王克迪译,陕西人民出版社 2005 年版,第447 页。

"突变论""混沌理论""分形学说"等理论分别从不同侧面来揭示复杂系统演化的内在机制和发展的内部动力,为探究不同学科、不同领域内复杂系统问题提供了不同的理论和方法。本书中关于"微"的自主选择、适应成长等特点,既是对霍兰"适应性造就复杂性"理论观点的借鉴和参考,又是对新媒体所具有自主、互动、生成等特点的综合,是我们理解思想政治教育这一复杂系统行为、构建教育者与受教育者之间良好沟通渠道、增进有效沟通、提升沟通效果,进而不断改进思想政治教育效果的基本途径。

二 沟通现状调查的实施

当前,高校思想政治教育工作都面临着网络带来的极大挑战,这是一个共性问题,是大多数高校普遍存在的、影响教育教学效果的现实难题。具体到高校思想政治教育工作实际来看,不同地域、不同层次以及不同来源的学校,在这些方面存在着一些小的差异。为了保证研究的普适性和现实性,课题组基于新媒体时代背景下高校思想政治教育沟通中存在的共同问题,主要选择了国内3所高校为调研对象,对处于不同年级、不同学科背景下的学生进行问卷调查、个别访谈或集体访谈,以获取相对客观真实的信息和资料,至于不同学校、不同学生背景等差异性因素,暂时不列入研究范围。

(一)调查样本的选取

为了对大学生在思想政治教育过程中的状态、地位和作用等有一个尽可能客观的把握,在调查样本的选取上,必须兼顾"点、线、面"的有机统一,具体表现为:

第一,尽可能广泛的面。对任何问题的把握,不能失之于偏,不能以偏概全。就大学生思想政治教育现状的调查来说,需要尽可能广泛的覆盖面,既要涵盖不同地区的高校、不同地区的生源,又要涵盖不同年级、不同专业背景的学生。

第二，问题导向下的线。在尽可能做到全面的基础上，又不能"眉毛胡子一把抓"，必须遵循问题导向，围绕着影响大学生思想政治教育沟通的相关因素展开，遵循教育教学的基本规律和大学生心理成长、道德养成的基本规律，设计调查问题。

第三，较强代表性的点。除了把握全面、整体的观点之外，还应做到"好钢用在刀刃上"，选择具有代表性的学生群体进行调研，如"女性""文科""理科"等。力争做好特殊或重点学生的调查和访谈工作，在整体与局部、普遍与重点的相互补充、相互印证上下功夫。

（二）调查问卷的设计

在上述调查样本选取原则的基础上，本书围绕着沟通主体、沟通客体、沟通环境等内容，分别编制了调查问卷和访谈提纲（见附录）。

（三）调查过程的实施

1. 调查情况安排

按照每所高校3000份调查问卷（包括主体、客体和环境各1000份）进行分配。每类1000份调查问卷中，大致按照文科类、理工科类和体音美类等专业学生平均的份额进行调查。

2. 问卷回收情况

在3所高校中，由于每个学校组织和学校学生班级的差异，发放问卷数量也有尽相同，下面就总体情况进行归纳。具体情况见下表：

表2-1　　　　　**调查问卷发放、回收情况统计**　　　　单位：份

	高校1		高校2		高校3		总计	
	发放	回收	发放	回收	发放	回收	发放	回收
主体类	1102	967	1200	1184	980	948	3282	3099
客体类	1050	1024	1200	1165	900	838	3150	3027
环境类	1000	921	1200	1180	980	972	3180	3073

（四）调查数据的分析

本书对调查收集到的数据进行梳理、整合，根据调查内容、调查对象的特点，有时采用饼状图，有时采用柱状图来呈现；有时单独分析学生或教师数据，有时把学生和教师数据综合处理。问卷调查的相关数据分析，与相关章节内容融合在一起。这里，仅就部分数据处理结构列举如下：

1. 教师与学生沟通时，通常是什么状态？

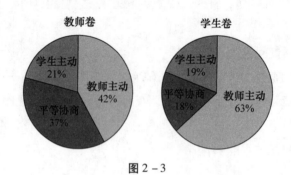

图 2 - 3

2. 在与教师沟通时，你会感到拘束吗？

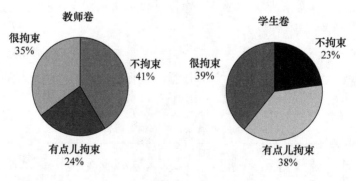

图 2 - 4

3. 你愿意与思想政治教育者（或学生）进行沟通吗？

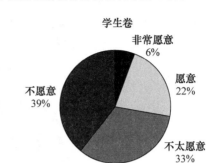

图 2 - 5

4. 你经常参加学校组织的活动或社团活动吗？

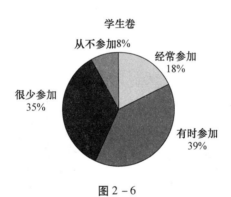

图 2 - 6

5. 如果有沟通方面的专题培训或讲座，你愿意参加吗？

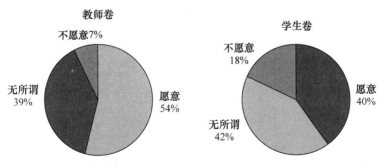

图 2 - 7

6. 在思想政治理论课课堂上，你会？

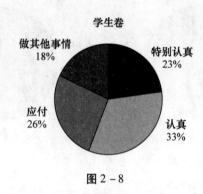

图 2 - 8

7. 你与思想政治教育者（教师和辅导员）经常沟通吗或者你与学生经常沟通吗？

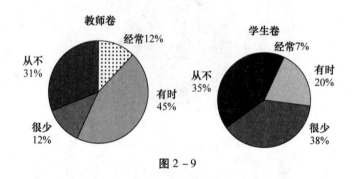

图 2 - 9

8. 你在微信上转发思想政治类信息时，是否求证过信息的真实性？

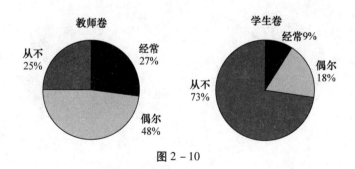

图 2 - 10

9. 你最愿意通过哪种方式与思想政治教育者交流?(多选题)

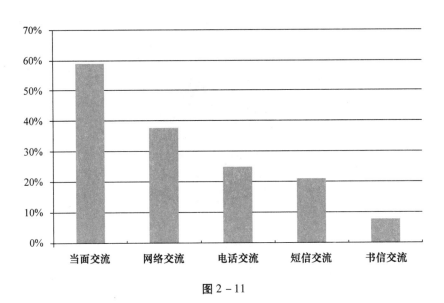

图 2 - 11

10. 师生沟通时,你喜欢哪一种交流方式?

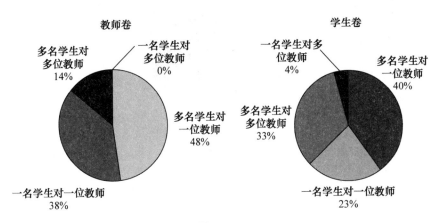

图 2 - 12

11. 在学习和生活中遇到思想政治教育相关问题时，你会及时跟教师交流吗？

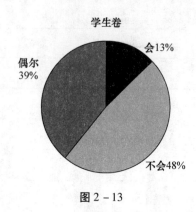

图 2 - 13

12. 如果在课堂上遇到学生方面的问题，你会及时与学生沟通吗？

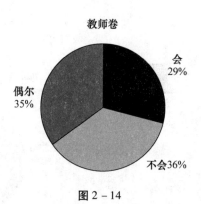

图 2 - 14

13. 以下列出大学生或教师的五类需要，请你选出自己认为最重要的三类，并按照重要性排序。

教师卷

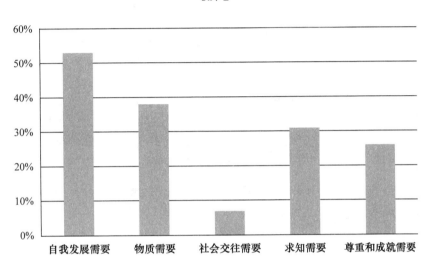

学生卷

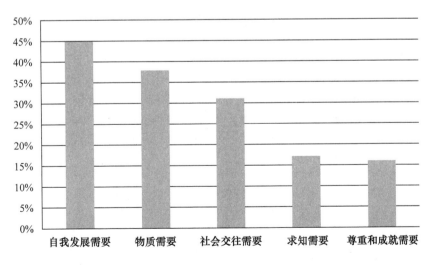

图 2－15

14. 以下五类需求中,哪些需求是您尚未得到满足的需求,请选出三类,并根据其重要程度依次排序。

教师卷

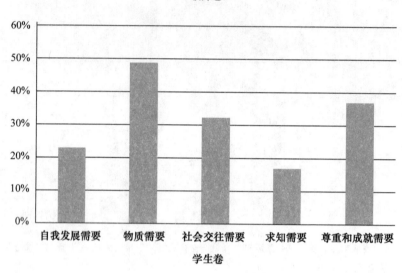

学生卷

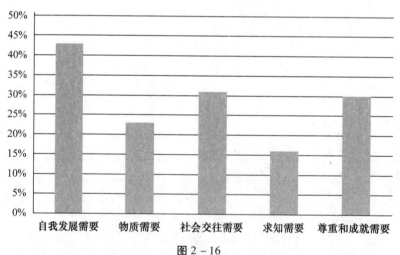

图 2-16

15. 你认为有必要设思想政治理论课吗?

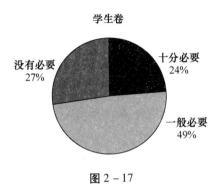

图 2 - 17

16. 你(教师)认为自己有必要进一步学习本专业知识吗?

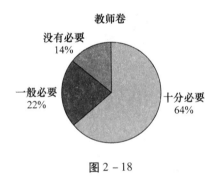

图 2 - 18

17. 你希望教师或学生像朋友一样对待你吗?

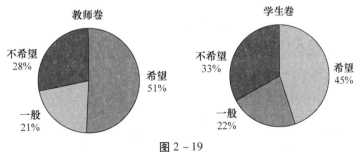

图 2 - 19

18. 你需要更多的沟通技巧吗？

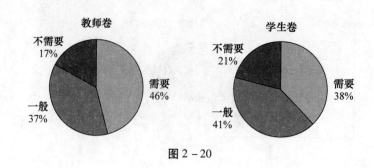

图 2 - 20

19. 你希望赢得思想政治理论课教师的注意和欣赏吗？

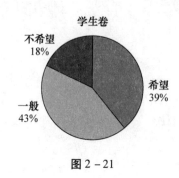

图 2 - 21

20. 你希望赢得同事和领导的注意和欣赏吗？

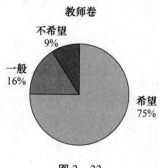

图 2 - 22

21. 你希望能够评上（副）教授吗？

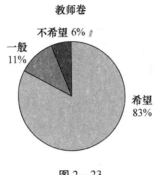

图 2 – 23

22. 你希望自己为班级（院系）和学校做更多的贡献吗？

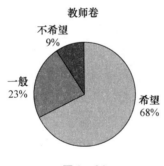

图 2 – 24

23. 你希望能够帮助需要帮助的人吗？

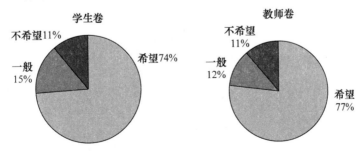

图 2 – 25

24. 你希望加入中国共产党吗？

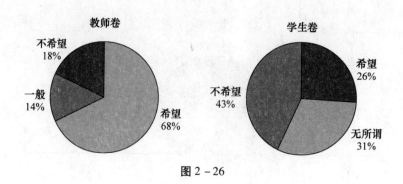

图 2 - 26

25. 你经常观看时政新闻吗？

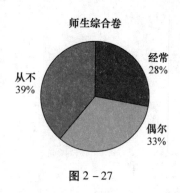

图 2 - 27

26. 上完课后，你会带走垃圾并丢进垃圾桶吗？

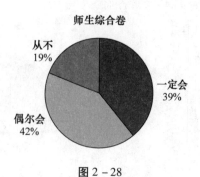

图 2 - 28

27. 你喜欢上哪类课程?

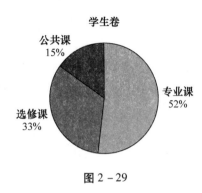

图 2 - 29

28. 你希望进一步学习哪方面的知识?

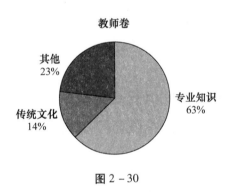

图 2 - 30

29. 你能够运用所学的专业知识解决实际问题吗?

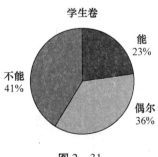

图 2 - 31

30. 你每年都能完成学校规定的科研任务吗？

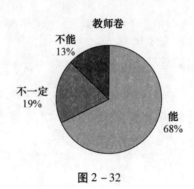

图 2 - 32

31. 你自己或身边的同学出现过以下情况吗（最多选三项）？

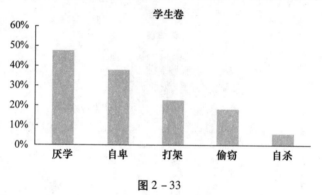

图 2 - 33

32. 你有信心解决你在工作中遇到的突发状况吗？

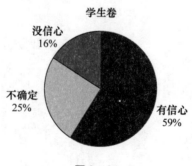

图 2 - 34

33. 你能熟练使用 Powerpoint 吗？

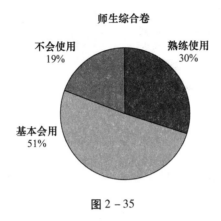

图 2 - 35

34. 你上网时是否发生过以下行为（可多选）？

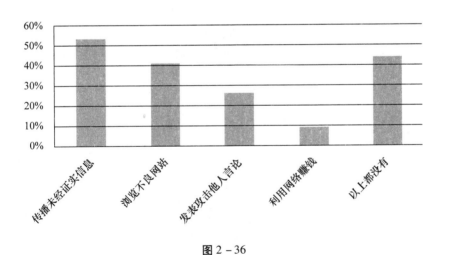

图 2 - 36

35. 你经常怀疑思想政治教育者讲过的观点吗？

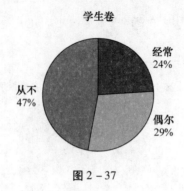

图 2 - 37

36. 你会怀疑领导的某种观点吗？

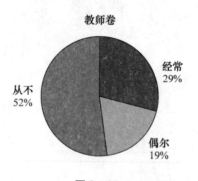

图 2 - 38

37. 你能单独和思想政治教育者聊天超过 10 分钟吗？

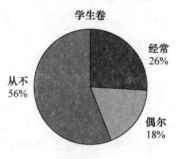

图 2 - 39

38. 当你处于一个陌生环境中时，你会？

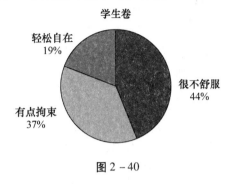

图 2 - 40

39. 你在课堂上经常使用"我想静静""城会玩""然并卵"等网络用语吗？

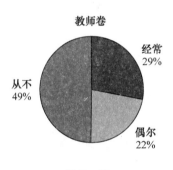

图 2 - 41

40. 你在教学中主要采用哪类教学方法？

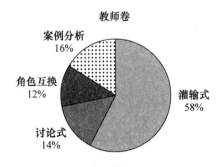

图 2 - 42

41. 你认为影响你不愿意与思想政治理论课教师沟通的原因是？

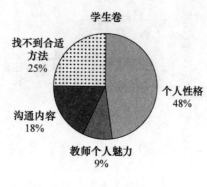

图 2-43

42. 你对思想政治理论课的态度是？

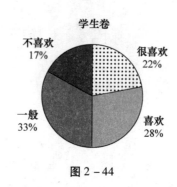

图 2-44

43. 你对下列哪个方面的内容最感兴趣？

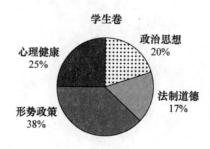

图 2-45

44. 老师在课堂教学中最常用的教学方式是?

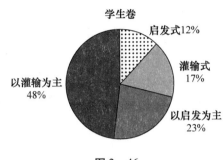

图 2 - 46

45. 你对教师的课堂教学方式满意吗?

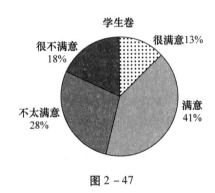

图 2 - 47

46. 你获取思想政治教育内容最主要的途径是?

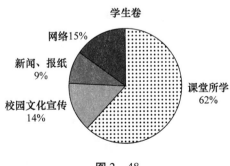

图 2 - 48

47. 你认为同学们对思想政治理论课内容的接受情况如何？

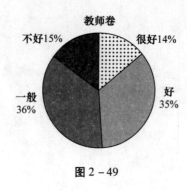

图 2 - 49

48. 你会在课后对思想政治理论课课堂所学内容进行思考吗？

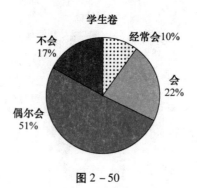

图 2 - 50

49. 课外，在对思政类信息选择时，你遇到的最大问题是什么？

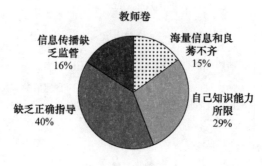

图 2 - 51

50. 对于网络上的思政信息内容，你最喜欢哪种传播形式？

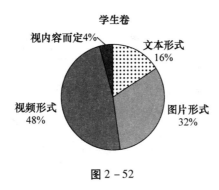

图 2 - 52

51. 课外，哪类思政信息更能吸引你的关注？

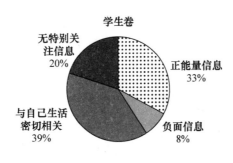

图 2 - 53

52. 当你面对某些社会热点焦点问题时，你会？

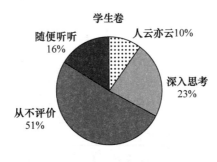

图 2 - 54

53. 你认为课堂上影响学生接受思政内容的原因是?

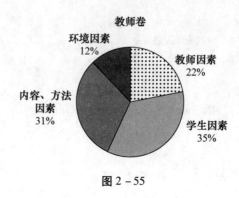

图 2 – 55

54. 你认为环境对思想政治教育实效性的关系是?

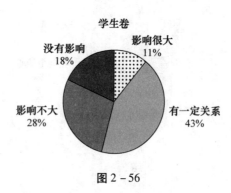

图 2 – 56

55. 你所在学校周围社会治安状况如何?

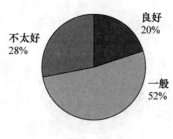

图 2 – 57

56. 你所在学校周边都有哪些设施机构？

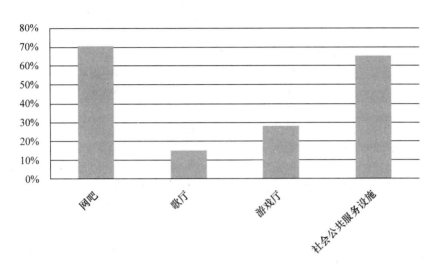

图 2 – 58

57. 你认为下列影响高校思想政治教育效果的因素中哪个是最主要的（限选三项）？

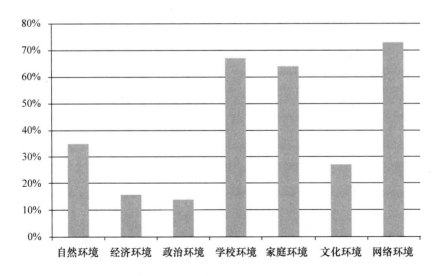

图 2 – 59

58. 你认为学校影响大学生思想政治教育实效性的积极因素有哪些（限选三项）？

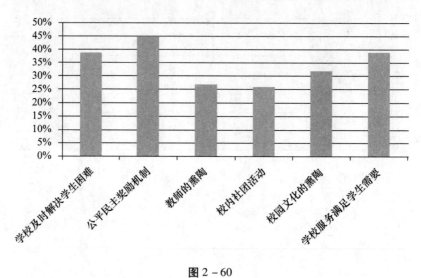

图 2-60

59. 你认为学校影响大学生思想政治教育实效性的消极因素有哪些（限选三项）？

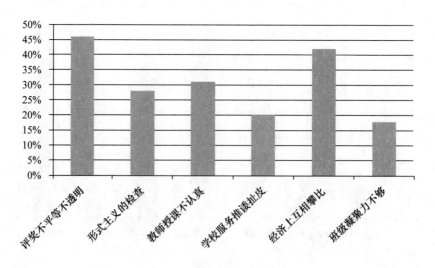

图 2-61

60. 你所在学校经常运用哪些教育载体开展思想政治教育工作（多选）？

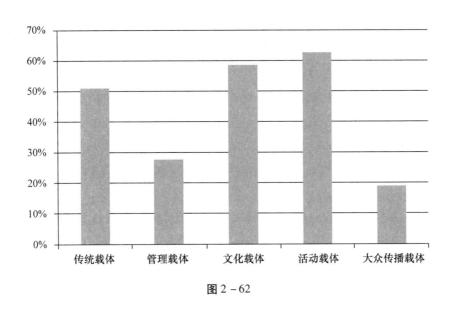

图 2-62

61. 你认为当前思想政治教育在教育载体方面主要存在哪些问题？

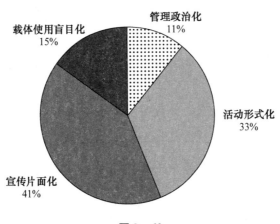

图 2-63

62. 在社会环境方面, 你认为影响高校思想政治教育实效性的主要因素是 (限选五项)?

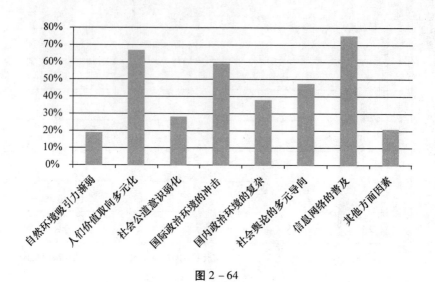

图 2 - 64

63. 你认为影响大学生思想政治教育的社会消极因素有 (限选三项)?

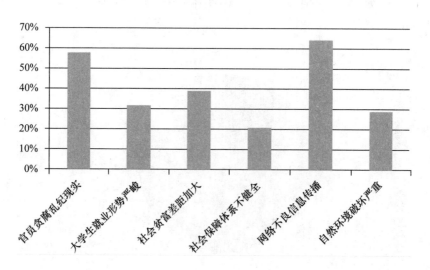

图 2 - 65

第三章 "微"视角下思想政治教育沟通的主体维度

马克思主义把实践看作是主体有预期地改造客观世界的活动。人们在改造客观对象的同时，也改造了人们自身，也就是说，处于特定社会实践过程中的主体与客体之间构成了相互作用、相互影响的对象性关系。马克思主义的这一观点，恰如其分地描述了高校思想政治教育工作的基本过程，思想政治教育沟通实践体现为不同主体之间的互动交流。因此，思想政治教育主体构成了教育实践活动的最核心、最关键的因素，是理解沟通机制、改进沟通效果的基本途径。

一 思想政治教育沟通的主体及主体性

（一）主体及主体性

对于"主体"的理解，大致有四种。其一指古代帝王、君主；其二指事物构成的主要部分；其三指社会实践活动的组织者和承担者；其四指法律意义上的行为实施者或责任义务承担者。思想政治教育是人类社会实践活动的特殊形式，其关于"主体"及"主体性"的理解，主要基于第三种含义即实践意义上的"主体"，对于思想政治教育来说，所有参与教育实践活动的人都是主体，包括教育者和受教育者。

1. 主体及主体性问题的提出。主体一词伴随着人类对世界认知的不断深入而提出，是人类在认识并改造客观世界过程中自我觉醒、自我认知的体现。从西方哲学史来看，主体一词的字根源出两个拉丁语词"subjiccre"与"subjectum"字根的合拼，最初意指"实体""始基"等。亚里士多德最早运用了"主体"的概念，认为主体是一切性质变化或状况的载体，主体和实体实际上是同一个对象，是无客体的主体，甚至严格来说只能称之为"本体"。亚里士多德认为："实体，就其最真正的、第一性的，最确切的意义而言，乃是既不可以用来述说一个主体又不存在于一个主体里面的东西……"① 在这里，主体无非是无生命的、有生命的种种客观事物所呈现出来的多样性形式和状态的统称，在这种意义上，主体既包括各种事物共性，又包括构成客观世界的根本两层含义。由此可见，主体在亚里士多德这里，被明确地表述为："各种属性的承载者——主体承载的是实体——主体自身的各种属性。"在他那里，主体就是实体，就是本体。英国哲学家霍布斯对于"主体"一词的观点与亚里士多德一致，认为"世界是在运动中的物质世界，除去物体以外，没有无形体的实体或精灵"② 。这一时期哲学家们口中的"主体"只不过是一种本体论上的主体，是一种实体。人只是自然界的一部分，是自然界的构成部分和要素，人与自然之间不存在绝对的"差异"，人消融于自然之中，服从于自然，毫无主体性可言。现代意义上的"主体""主体性"等问题的提出，则是在欧洲文艺复兴过程中慢慢觉醒，并随着现代自然科学、社会科学的发展而在各个领域内兴起，进而成为现代哲学研究和社会实践活动的核心问题，在马克思主义哲学中得以完整地、准确地描述。"从前的一切唯物主义（包括费尔巴哈的唯物主义）的主要缺点是：对对象、现实、感性，只是从客体的或者直观的形式去理解，而不是把它们当做感性的人的活动，当做实践去理解，不是从主体方

---

① ［古希腊］亚里士多德：《范畴篇》，上海三联书店2011年版，第13—14页。
② ［美］弗兰克·梯利：《西方哲学史》，商务印书馆2001年版，第299页。

面去理解。"① 辩证唯物主义把现实的个体视为社会存在的第一个前提，正是有了人的活动，人与自然界才相区别而存在，人的主体地位才逐渐确立，人的主体性才得以彰显。这一点，随着人类社会的发展进步而不断得以丰富和明确。

2. 认识论视阈下的主体及主体性。在认识论视阈下，"主体"是由法国哲学家笛卡尔提出的。笛卡尔在批判经院哲学的基础上，开启了一个新的思想时代和哲学时代——人的时代和认识的时代，认为主体就是精神本体。笛卡尔指出，"主体就是指自我、意识或者心灵，它们的本质是思想和精神"，他认为主体的自我意识优于外在的客观世界，并通过主体的意识或精神来达到对客观世界的认识，并把这一观点，看作是一切正确知识的起点。由此，"'我思故我在'是主体主义哲学的阿基米德点"②，成为认识论视阈下主体问题研究的关键和支点。德国哲学家康德在此基础上，从先验的角度提出了主体的概念，认为主体并非是人与自然互动过程中的经验结果，而是先天存在着的，即"先验主体"，这一点与笛卡尔的观点一脉相承。黑格尔提出"实体就是主体"的论断，"一切问题的关键在于：不仅把真实的东西或真理理解和表述为实体，而且同样理解和表述为主体"③。主体即是"绝对精神"或"绝对理念"，与主体相对应的客体，即康德称为"自在之物"的则是主体的主观创造，因此，主体与客体之间具有相通性，它们之间的"鸿沟"并不存在。他的"主体—客体"理论带有神秘主义的辩证性质，将近代哲学的主体性思想发挥到了极致。在这一阶段，哲学家们提出的关于主体及主体性的论断，基本上都是将两者等同起来，注重自我意识和自我精神的认识功能，认为一切

---

① 《马克思恩格斯选集》第 1 卷，人民出版社 2012 年版，第 133 页。
② 高秉江：《胡塞尔与西方主体主义哲学》，武汉大学出版社 2005 年版，第 30 页。
③ ［德］黑格尔：《精神现象学》上卷，贺麟、王玖兴译，商务印书馆 1979 年版，第 12 页。

事物都可以通过自我意识或自我精神来加以认识，陷入了唯心论的泥淖。

3. 后现代哲学视阈下的主体和主体性。进入 20 世纪以后，人的因素在科学技术发展和经济社会发展中的作用越来越突出，反映在哲学层面上，就是后现代哲学对主体的推崇和重视。现象学代表性人物胡塞尔认为，"单纯注重事实的科学，造就单纯注重事实的人"①，这种单纯的或自在的个体，不能成为主体。"这种真正的存在并不总是他已经具有的，并不是已经以'我在'这种自明性所具有的，只有通过为自己的真理而斗争的形式，为使自己成为真实的而斗争的形式，他才能具有真正的存在。"② 主体决定客体，而客体是要被认识和改造的对象，是消极和被动的。胡塞尔还提出了交互性主体理论，意图使自己的主体性哲学区别于唯我论，但实际上，这种理论"是一种构造交互主体性理论，并非是关于具体的世间社会性或特定的我—你关系的琐碎考察"③，因而并未摆脱唯我论的范畴。哈贝马斯则认为，此前关于主体及主体性的探讨都是"意识哲学"，是自我意识意义上的主体，是从自我意识的角度看待事物和认识世界。他从语言学出发，用语言的共同性和交互性来论证主体性，认为"人类可以通过语言进行交往，达致本我与他我的互相沟通、互相影响，生成主体间性"。

4. 马克思主义视野下的主体和主体性。马克思主义关于主体和主体性的探讨，是对以往相关理论和观点的继承和发展，尤其是自笛卡尔以来的哲学观点。笛卡尔以"我思故我在"的经典命题颠覆了中古时期的神权，高扬起"主体性"的大旗，但这种意义上的"主体性"一开始就处于一种与自然、与社会剥离的状态，他把"自我"

---

① ［德］胡塞尔：《欧洲科学的危机与超越论的现象学》，王炳文译，商务印书馆2001 年版，第 16 页。
② 同上书，第 23 页。
③ ［丹麦］ D. 扎哈维：《胡塞尔先验哲学的交互主体性转折》，臧佩洪译，《哲学译丛》2001 年第 4 期。

作为主体，把"我思"的对象看作客体。费尔巴哈则认为，主体就是具有思维属性的抽象的人。他说："理性的主体只是人，是人在思想。"① 费尔巴哈觉得人的主体性体现在他的精神和意识上，是精神和意识的外在呈现，只有拥有了"自我"精神和意识的人，才是一个"实在的和完整的人"，才具有了主体所应具备的真正的内涵；同时，与主体相对的是客体，客体就是自然界。主体与客体之间的关系在费尔巴哈这里并未得到科学、系统的梳理，主体也仅仅被视为生物性的、孤立的个体，客体也仅仅是作为主体认识的对象时，才具有意义。他没有看到实践在主体和客体关系中的作用和主体对客体的能动作用，这是包括费尔巴哈在内所有旧唯物主义者在主体问题上存在的共性问题和特征。

马克思、恩格斯在批判地继承前人观点的基础上指出："人不是抽象的蛰居于世界之外的存在物。人就是人的世界，就是国家，社会。"② 作为主体的人与动物或自然界之间存在着质的区别，主体通过自己的实践活动改造着客观对象，并在改造客观世界的过程中，使得自己的主体性得到丰富和完善。"人不仅像在意识中那样在精神上使自己二重化，而且能动地、现实地使自己二重化，从而在他所创造的世界中直观自身。"③ 马克思主义对主体及主体性的认识和剖析，总是置之于客观实践过程之中，体现为改造客观世界过程中的自觉呈现。马克思主义认为，只有在具体的而非抽象的实践活动过程中，主客体关系才能建立并具有意义，主体也只能是客体的主体，而客体也只能是特定主体的客体，农民作为主体、庄稼作为客体，只能是在具体的农业劳动实践中才得以确立，反之，如果农民没有参与具体的农业生产实践，就不能成为农业生产实践的主体。因此，离开了具体生动地社会实践活动，主体就会失去其真正地本质，从而在宗教、神学

---

① 《费尔巴哈哲学著作选集》上卷，商务印书馆1984年版，第180页。
② 《马克思恩格斯选集》第1卷，人民出版社2012年版，第1页。
③ 同上书，第57页。

或者抽象的理论那里找到存身之所，"宗教是人的本质在幻想中的实现，因为人的本质不具有真正的现实性"①。

（二）思想政治教育沟通的主体及其主体性

1. 主体性思想政治教育的基本观点

马克思从哲学的角度对主体和客体做出界定：在人类改造自然的实践活动中，主体是人，客体是自然。思想政治教育沟通是一种社会实践活动，它通过主体、客体、中介等实践构成要素之间的相互作用建构起来，是在"人"的能动活动基础上的社会实践活动。在思想政治教育实践活动中，关于"谁是主体"问题的探讨，始终贯穿于思想政治教育工作的全过程。近些年来，经过学界学人的归纳和总结，主要有如下几种观点：

（1）单一主体论。单一主体，顾名思义，只有一个主体，也就是说，在思想政治教育实践过程中，唯有教师或学生中的一个成为教育教学活动的主体。教师主体论者认为教师是教育教学实践的唯一主体，学生是被教育被改造的对象，是客体。教师在整个教育教学过程中，占据绝对优势和话语权；学生则是被教育的对象，是教育教学实践活动的客体，在整个教育教学过程中，处于从属的、被动的地位。由此而衍生出学生"知识袋""知识容器"等说法和观点来。后者则截然相反，认为思想政治教育教学实践活动的主体是学生，教师虽然是组织者、实施者，但在教学实践中，教是前提和基础，学才是关键环节，学才是实践目标实现的核心，正所谓"师傅领进门，修行在个人"。从总体上看，无论教师主体说还是学生主体说，都未能真正揭示思想政治教育实践的实质，即教师与学生之间的"对象性关系"。

（2）双主体论。改革开放以来，随着社会主义市场经济的不断建立，思想政治教育工作也面临着越来越多的新问题新挑战，大学生思

---

① 《马克思恩格斯选集》第1卷，人民出版社2012年版，第2页。

想政治教育教学效果越来越遭遇到理论和现实的双重困境。面对这些挑战，高校和广大学者做得远远不够，"探索、遵循大学生思想政治教育规律做得不够，感性用事比较多，理性思考比较少。总结提炼大学生思想政治教育模式不够，较多地使用'头痛医头、脚痛医脚'、'摸着石头过河'的原生态、低层次的工作方法"①。由此，思想政治教育效果的改进办法和策略难以奏效。在进一步的研究和调研中，学界开始将视线转向思想政治教育实践系统的内部诸要素的优化提升上，尤其是对单一主体论的质疑和深入剖析。在现代教育理论的启示下，双主体论作为化解单一主体论困境的钥匙，受到学界的普遍重视。"双主体论"的支持者们普遍认为，教师和学生在思想政治教育教学实践中均扮演主体角色，只是在"教"与"学"的环节中，实现了主体与客体的"换位"。随后，由于教育者和受教育者在具体的思想政治教育过程中所拥有的地位和作用不同，又有学者提出了一个修正版的"双主体论"，即教师主导的双主体论。

（3）三主体论。思想政治教育作为特殊的社会实践活动，必然遵循社会实践的基本原则和规律。在马克思主义实践观的论域内，社会实践是由实践主体按照自己的目的意图而组织实施改造实践客体的活动过程，任何实践包括思想政治教育在内，都是人类社会实践的一部分，其主体必然是由于人际交往所形成的多种主体形式：个人主体、社会（集体）主体及人类主体。因此，从组织者、实施者以及服务对象等角度来看，思想政治教育实践活动的主体不仅包括国家各级层面的政府机构，也包括具体实践活动过程中的教育者和参与并接受教育的受教育者。因此，三主体论是在遵循人类社会实践本质、社会实践内在机制的基础上提出来的，三个层次层层递进，三个主体在思想政治教育教学实践中分别承担着各自的责任和角色，发挥着各自的作用。"三主体论"认为，我们不应当局限于具体的教育教学实践的小

---

① 乔万敏、邢亮：《大学生思想政治教育质量提升模式研究》，人民出版社 2013 年版，第 2 页。

环境，只谈论教师主体和学生主体，而应当突出国家（社会）在思想政治教育中的重要作用，这是对"双主体论"的重要补充，这一观点得到了学界相关专家的认同，认为思想政治教育效果不佳的主要原因不在于教育教学的实践过程，而在于社会（环境）的影响和作用。

（4）多元主体论。高校思想政治教育工作是一个复杂系统工程，需要多主体、全方位的共同参与，从政策、管理、教学、评价和服务等角度入手，探讨思想政治教育的主体问题，成为"全员育人""全方位育人"等理念在思想政治教育工作上的具体体现。基于这一理念，思想政治教育主体可以延展到最广泛的领域和层面上，从宏观层面、中观层面到微观层面，如国家层面、省市层面、学校层面、教学院系层面、教研室层面、教师个人层面及学生层面等，层层递进，层层相关。在每一个层面上，又存在着个体、群体等不同主体，从而在纵、横两个维度上，构筑起思想政治教育的立体式主体构架，并围绕着思想政治教育目标的实现、思想政治教育效果的改进等开展工作。

综合以上几种观点，笔者认为，教师单一主体的弊端很明显，学生单一主体也同样是不完备的，因此，"单一主体论"很快就被学界扬弃。当然，单一主体论并非一无是处，至少学生的主体地位和作用的发挥问题，成为学界关注的核心问题和指导思想政治教育实践的基本遵循。"双主体论"成为当下主体性思想政治教育的主要理论和方法，从简单的教师主体、学生主体论说到交互主体说，再到主体间性的探讨等，从理论到实践，成为改进思想政治教育教学机制，提升教学效果的核心观念。"三主体论""多元主体论"则具有相类似的一面，都是基于教师主体、学生主体基础上，提出来的一种全社会共同参与的"大思政"模型和实践，是对"双主体说"的补充和丰富。本书的研究，主要基于"双主体论"的基本观点和看法，又不同于传统"双主体论"的内生互动机制，把思想政治教育实践看作一个完整复杂系统，在高度重视主体及其适应性的基础上，探讨思想政治教育系统内部不同主体之间相互沟通的内在机制。

2. 思想政治教育沟通的主体

思想信息的沟通过程是完成思想政治教育教学目标的关键环节，这一过程既包括以"言传"为主的显性过程，也包括以"身教"为主的隐性过程，无论是显性教育还是隐性教育，都仅仅发生在参与思想政治教育实践活动的主体之间，即教师与学生、学生与学生之间的信息沟通和交流。主体之间沟通效果的好与坏，决定着思想政治教育的实际效果。教育者主体构成主要以思想政治理论课教师和政治辅导员为主，其中，思想政治理论课教师普遍具有扎实的专业知识和丰富的教学经验，通过思想政治理论课的组织、实施和管理，能够深刻把握大学生的思想动态，是思想政治教育者主体的骨干和中坚力量。辅导员具有十分丰富的与大学生交往经验，能够深入了解和把握大学生的思想状况，为思想政治教育沟通奠定良好基础。在沟通预备阶段，思想政治教育者要进行充分准备，在了解学生特点的基础上，充分把握沟通的目的和内容，选择合适的沟通渠道和方法、手段，并进行沟通活动的全盘设计。在沟通实施阶段，思想政治教育的教育者主体要充分整合各种沟通信息和资源，通过适当的沟通方式将信息传递给学生，组织学生参与到沟通活动中，调动其积极性，发掘其能动性，促使其对沟通内容进行有效内化，对沟通效果进行积极反馈，以顺利完成沟通目标。在沟通反思阶段，思想教育者主体要主动收集学生反馈信息，整理和发现沟通中存在的问题，对沟通过程进行梳理和反思，为开展下一轮沟通活动、实现更好的沟通效果奠定基础。

处于思想政治教育实践活动中信息沟通另一极的学生，则充当着思想政治教育沟通活动的参与者、反馈者等角色。每一个学生都因其不同的成长环境、不同的知识背景、不同的思维方式等因素，从而形成了各自不同的、独具特色的参与主体。不同学生由于其自身"资源"的差异化，直接导致其在思想政治教育沟通过程中参与程度、参与方式的不同，其主体地位和主体作用的发挥也各不相同。因此，

"资源禀赋"的差异化决定了学生在思想政治教育中扮演着差异化的角色。在具体实践中，学生往往被分为积极学生和一般学生、积极学生社团和消极的学生圈子等。通常而言，那些思维活跃、阅历丰富、性格开朗的学生，相较于普通学生来说，在同学中间具有更大的影响力；那些不善交际、性格封闭的一般学生，对集体活动的参与不积极、不主动，也不积极竞选班干部，在同学之间的影响力也比较弱。积极的学生在思想政治教育沟通中往往充当着思想政治教育者和一般学生的中介和桥梁，其作用发挥得当的话，不仅可以营造良好的教育教学氛围，而且可以带动一般学生的参与热情，从而使得思想政治教育沟通达到事半功倍的效果。

思想政治教育过程中最关键的环节，就是教师与学生、学生与学生之间的信息沟通。首先，从思想政治教育沟通的最终目的来看，思想政治教育应当围绕着学生的心理成长和道德素养提升来开展，教育教学效果如何，取决于受教育者主体的自身素质和学习态度。学生自身素质高、学习态度端正，是增进沟通效果、促进教育教学的关键。其次，学生的学习和成长离不开他们生存生活和学习的环境，尤其是由教师和同学所构成的"小生境"，为增进沟通效果创造了条件。因此，学生必须被视为思想政治教育沟通活动的主体，充分发挥其主体性，由此，思想政治教育沟通目的才能顺利实现。最后，从思想政治教育沟通的内在机制来看，沟通效果的好坏取决于"主体—客体—主体"的两次转换，第一次转换称为"编码"，即教育者把教育内容按照特定的规则进行编辑，形成可以进行传递的信息传递给受教育者；第二次转换称为"解码"，即受教育者把接收到的思想信息或被赋予某种特殊意义的符号，解读编译成为自己能够理解的知识，表现为教师按照课程大纲，结合实际需要，向学生传播特定的思想信息。学生不是简单而被动的全盘照收；相反，学生会根据自己原有的知识体系和认知结构，发挥主观能动性对信息进行过滤性选择、加工和内化。同时，学生还会将这些过滤和加工过的信息反馈给思想政治教育者，促使其对自身的沟通活动不断进行调整。在两次转换的过程中，影响沟通效果的另一个重要方面，就是教师与学生，或者学生与学生之间的契合度。通常来说，契合度越高，相互理解和认可度就越高，沟通效果也就越好；反之，契合度越低，沟通效果也就越差。

总而言之，思想政治教育沟通的效果，不仅与思想政治教育者主体选择何种沟通信息（教学内容）和沟通渠道（教学方法和手段）密切相关，而且与学生是否能够对教育者传递的信息和方式进行积极的反应和选择，并有效地进行整合、内化和反馈密不可分。

3. 微视角下思想政治教育沟通中的主体关系

笔者认为，教育者主体与受教育者主体之间的平等性，只体现在政治地位、人格上的平等，在现实的教育教学过程中，却呈现出一种事实上的不平等关系，也称作"序差中的平等"，这样的主体关系在微视角下得以强化。

（1）沟通地位的平等。新媒体时代，信息传播渠道呈现出"主体—平台—主体"的间接性特征，不同主体在这一互动沟通的机制内相互平等，"传播者即受众，受众即传播者"①。可以说，新型媒介的发展推动了社会生活、生存方式、思维方式的巨大嬗变，以往处于信息传播与沟通弱势地位的人们，越来越在网络平台上找到了自己的位置和存在感。新媒体在信息传播上所具有的草根性、即时性、交互性等特点，为信息传播主体地位的确立、主体作用的发挥开创了一个全新领域。在新媒体时代下，思想政治教育的教育者主体借助于新媒体的平台和渠道，可以更加便捷地了解学生的思想状况和动态，受教育者主体也可以借助新媒体平台和渠道，了解更多思想政治教育的内容，以此不断缩小其与教育者之间的差距。新媒体所具有的这种"互播"性特征，为确立思想政治教育不同主体之间的平等地位，发挥双方的主体作用，创造了技术平台和网络空间。

---

① 苏克军、赵彬:《我们即媒体》,《读书》2007 年第 3 期。

（2）主体影响序差结构。高校思想政治教育的客观条件与目标预设，决定着教师与学生在思想信息沟通过程中，不可能保持完全、绝对的平等。恰恰相反，正是由于主体自身素质、能力等"资源禀赋"的差异化，决定了他们在思想政治教育沟通过程中，教师主体和学生主体影响力的大小和方向呈现差异性特征，我们可称之为"主体序差"①。不同主体在思想政治教育沟通实践中的作用大小，基本上不考虑学生与学生之间的差异，学生与学生之间由于年龄、知识背景、生活阅历等方面的趋同，使得他们之间的序差较小，也难以把握。在这里，我们主要分析教师主体与学生主体之间存在的"序差"。一是在课前预备环节，教师主体由于掌握着教育目标、教育内容，负有组织和实施教育教学活动的责任，因而，完全占据这一环节的"主动权"。相对来说，学生在这一环节，尽管可以凭借网络媒体优势，弥补自己在知识上的短板和不足，但仍然处于劣势地位。二是在课堂教学环节，教师主体发挥主导、引导作用，掌握着思想信息沟通的节奏和发展趋向；学生则凭借自身的主动意识和自觉能动性，参与课堂沟通活动过程。正是基于"主体序差"的认识，有不少学者提出了教师主导式"双主体"思想政治教育的观点，因此，只有正视教师与学生在思想政治教育沟通过程中事实上存在的不平等，才能找到增进主体沟通、提高沟通效果的有效途径。

4. 思想政治教育沟通主体的主体性

对思想政治教育来说，确定教育教学实践的主体是第一步，在明确主体的基础上，进一步探讨主体的主体性问题，是深入剖析主体的内部模型及主体沟通互动机制的关键之关键。目前学界就思想政治教育主体性问题的认识上达成如下基本共识。

（1）教师的主体性研究。近些年来，主体性思想政治教育的相关研究工作是在批判传统教师一元主体论的基础上开展起来的，相关的

---

① 杨建义：《大学生思想政治教育路径研究》，社会科学文献出版社2009年版，第15页。

研究工作系统梳理了教师一元主体论的基本特征、基本表现，存在的主要缺陷、相关问题等。在这一方面，学界已经达成基本共识：教师主体、学生客体理论已经不适应新时期思想政治教育工作的实际，需要我们重新给予审视。站在新媒体时代的前沿，反思过去教师主体在思想信息沟通中的表现，可以归结为两个方面：一是独白式教学。过去的思想政治理论课教学，是教师的独幕剧，教师按照自己对教学大纲、教学内容、教学目的的领会和理解，采用适当的教学方法和途径，对学生施以理论上的灌输；而学生则被视为被动接受知识的"容器"。具体表现为：教学设计上以自我为中心而无视学生需要；备课过程中突出自身专业背景而无视学生的知识素养；教学过程中突出教师的"自白"而忽略与学生的互动；实践教学中突出教师的指导而放弃了学生的参与，如此等等。二是存在问题。在教师主体性问题上，以往的研究过多地关注了"问题"，而对教师主体性的科学内涵及其基本特征疏于思考，因而难以在具体的教育教学实践工作中发挥应有的作用。

（2）学生的主体性研究。对学生主体的相关研究，是随着新时期思想政治教育工作的开展而逐步展开的，是对传统思想政治教育中教师一元主体论的批判和反思。首先提出了"学生一元主体论"的主张，突出强调了学生在思想政治教育教学实践中的核心地位和作用，提出教师要围绕着学生的自身素质、专业背景、学习需要等内容设计并开展教育教学工作，"一切为了学生"成为这一理论的体现。这种矫枉过正的做法，很快就被实践印证了。接着，"双主体论"就被提出来，但是如何正确处理教师主体与学生主体的关系问题，一直纠缠在相关领域的研究之中，相继引申出了"教师主导说""交互主体说""主体间性说"等理论观点。应该承认，从"学生单一主体论"到"双主体论"的逐步深入，不仅仅是对学生主体地位在理论和实践上的确认，也在教师与学生主体关系的认识上越来越深刻，越来越清晰。张耀灿、郑永廷等学者就学生的主体性给予了系统的阐述，认为学生的主体性主要表现为"主观能动性""自主选择性"和"开拓创新性",具体到思想政治教育的实践过程中,表现为学生能够主动认识和思考客观世界及其本身,能够自主选择信息、编码信息、解码信息、内化信息等。

（3）主体的交互性研究。思想政治教育实践活动是一个多元主体借助教学内容、教学平台等媒介进行互动沟通、双向交流的过程,单独考察教师主体或学生主体的作用,难免失之于偏,应当在多元主体的互动生成过程中,重新思考和定位不同主体在思想政治教育过程中的地位和作用,才能真正做到现象学学派所追求的"回到事实本身"。在新媒体时代下,信息的生成和传播不再一对一或一对多的点对点式线性传播,而是多点互动生成的立体式网络化传播。新媒体信息传播的这一特点,是对现代思想政治教育沟通研究的重要启示,在于以多元主体之间的互动性角度来重新审视思想政治教育教学过程中的主体关系,可以称之为"主体间性"。在高校思想政治教育沟通实践过程中,围绕着特定教育教学目标的实现,不同主体之间在客观上结成了独特的主体关系。"即对待他人要尊重、同情、设身处地、将心比心,通过相互倾诉和倾听的对话,进入他人的内心世界,同时也把自己呈现给他人。"① 正是与新媒体时代下信息传播的方式之间的类同性,启示我们以多元共生的思维重构思想政治教育沟通机制、途径和方法。

（4）思想政治教育主体性的特征。作为社会实践活动特殊形式的思想政治教育,是由人所组织、实施、参与的活动过程,人构成了思想政治教育实践活动的主体,因此,作为主体的人,必然是亲身参与了思想政治教育教学活动的人,并在其中展现自己主体作用并取得自身发展的人。"人的本质不是单个人所固有的抽象物,在其现实性上,它是一切社会关系的总和。"② 因此,要理解思想政治教育的主体性,

---

① 张耀灿等:《现代思想政治教育学》,人民出版社2006年版,第354页。
② 《马克思恩格斯选集》第1卷,人民出版社2012年版,第135页。

就需要把人置于社会实践之中来认识来把握。具体说来，思想政治教育主体性的基本特征主要表现在：主观能动性、自主选择性、开拓创新性等方面。

一是主观能动性。思想政治教育的主体，是一个具有独立意识和思考的社会个体，主观能动性是人与动物相区别的重要特征和标志，贯穿于思想政治教育沟通的整个过程。就教师主体而言，表现为主体在沟通过程中将信息传递给学生，并根据学生的反馈，发现问题和不足，增强沟通效果。就学生主体来说，表现为学生在思想政治教育沟通中不是被动接受信息的灌输，而是具有能动性。对于教师传递的信息进行积极的选择和吸收，并进一步对所接受到的信息进行加工、内化和反馈，使信息更符合学生自身的特点。

二是自主选择性。自主选择意味着主体不受外界因素的干扰，根据自己思想状况、生理心理发展需求和当时环境等因素做出有利于自己的选择过程。在思想政治教育沟通活动中，围绕着"培养学生正确的世界观、人生观和价值观"这一目标，思想政治教育者主体不是简单被动地接受教学大纲规定，而是根据自己知识背景和理解做出主动的选择和重构，对教育内容进行适度调整，自主选择与沟通对象相符合的沟通信息和沟通方式，并根据学生反馈情况不断更新信息、调适方法。受教育者主体的自主性表现在学生参与思想政治教育沟通时，依据自身的想法进行过滤，有选择的接受信息，对于沟通目标的确定、沟通内容的判断、沟通态度的控制、沟通语言的选择等具有自主权利。

三是开拓创新性。改革开放以来，我国社会主义现代化建设日新月异，人们的思想变化、文化认同、价值态度等方面都随之变化。假如思想政治教育主体的教育理念、教育内容、教育方法、教育评价等都不随之而变，不能做到与时俱进的话，必然导致思想政治教育效果不理想的结果，这一点，在以往思想政治教育工作中已经得到验证。因此，无论是教育者主体还是受教育者主体，都要准确了解和把握新媒体时代的基本特征，准确了解和把握沟通对象的心理和观念的新趋向，从而在参与思想政治教育时做出积极主动、符合实际的选择和决定。也就是说，要提升思想政治教育沟通效果，思想政治教育的主体需选择的沟通信息和沟通途径要符合沟通对象的思想状况。为此，思想政治教育者不能墨守成规，要审时度势，以创新性手段解决问题。而学生主体则在自主选择和能动加工的基础上，做到融会贯通各项信息，对思想政治教育沟通的内容、方法、手段等进行新的探索，提出新的见解，做出积极的应对和反馈。

（三）微视角下思想政治教育沟通主体的功能

作为思想政治教育实践活动的组织者、实施者，教育主体是整个教育教学过程的核心，也是理解和认识思想政治教育规律和过程的关键环节。"思想政治教育沟通的本质是思想政治教育主体（包括教育者和教育对象）在平等基础上的思想互动、理解与自我建构。"[1] 在思想政治教育沟通过程中，主体通过互动，不断建构着思想政治教育的沟通内容，创新着沟通渠道和方式方法，优化着沟通环境。

1. 主体互动是思想政治教育沟通的本质[2]

沟通主体首先是人，是活生生的，具有主动性、适应性的个体。他们通过筛选、重构、传递和接受思想信息而主动融入思想政治教育沟通实践活动之中，并借助彼此间的沟通与交流，不断使自己受到"教育"，提升思想境界，规范自身行为。不是抽象化的思想政治教育实践活动教育了人，而是现实具体的人的活动教育了人自身。因而，离开了"人"及其相互交往活动来理解思想政治教育的沟通问题，必然偏离思想政治教育的本体，在"人为的"和"为人的"实践过程中无视"人"的存在，无视主体间的沟通与交流，必然形成

---

① 王娟：《论思想政治教育沟通的本质》，《湖北社会科学》2008 年第 6 期。
② 张浩：《互动共生：思想政治教育沟通的主体维度》，《学校党建与思想教育》2016年第 3 期。

"人学空场"。

在新媒体时代，思想信息来源的多元化，要求教育者必须秉持一种开放的、兼容并蓄的心态，筛选、接受、转化、重构各种思想信息，通过多元化的沟通渠道，综合运用各种沟通方式，从而达到思想政治教育沟通的目的。在这一过程中，教师不再是传递知识的工具，而是建构知识、转化知识的主体。同时，在新媒体时代下，学生的主体性也得到彰显。他们不再是"白板"或"知识容器"，而是能够在互动交流中提升自我、实现自我的人。教师和学生通过"传递信息——接收信息——内化信息——反馈信息——传递新的信息……"这样的沟通循环，形成一种双向互动关系。因此，教师与学生、学生与学生之间的互动和交流，通过交流达到"教""学"相长的目的，这正是思想政治教育本质的生动再现。思想政治教育沟通过程中主体互动性的彰显，不仅体现了教育者和受教育者的主观能动性，而且在沟通信息、沟通渠道的内容和形式上，打下了主体的"烙迹"，具备了主体的"语码"（伯恩斯坦）逻辑，使进一步提高思想政治教育沟通效率成为可能。

2. 主体建构了思想政治教育沟通内容①

沟通客体（思想政治教育的内容）受沟通主体的影响和制约。在新媒体时代，思想政治教育沟通客体一反传统时代的正统性、预设性，越来越打上了主体的烙印。

一是思想信息形式上具有主体依赖性。与传统思想政治教育沟通不同，在新媒体时代，人人都是思想信息的发布者、传递者。无论教育者还是学生，都会依据自身所具有的"语码"对思想信息的内容进行编码、传递。伯恩斯坦认为，出身不同，接受不同教育经历的人具有不同的语言编码。正是因为编码不同，导致思想政治教育沟通过程中，主体在思想信息的筛选、组织以及传递和接受等环节上呈现出

---

① 张浩：《互动共生：思想政治教育沟通的主体维度》，《学校党建与思想教育》2016年第 3 期。

不同程度的参与或控制，形成思想信息沟通的内在机制，影响着思想信息沟通的效果。

二是思想信息来源上具有主体创造性。在传统思想政治教育的实施过程中，思想信息主要借助于教科书、电视机、广播等"官方"媒介进行传播，对于学生来说，大多数时候只能被动接受。进入新媒体时代以后，思想信息日益呈现出"草根性"。新媒体技术平台在思想信息产生、选择和发布等环节对主体要求比较低，任何一个能够熟练使用网络终端的人，都能通过新媒体平台来发布和传播信息。同时，新媒体的开放性，打破了传统地域界限，无论你在世界的哪一个角落，都能成为"邻居"，就相互共同关注的话题进行交流与沟通。正是思想信息的这种"草根性"，激发了学生在思想政治教育沟通中的主体创造性，激发了主体参与的热情，使得不同主体间真正的"对话"得以自然产生。

三是思想信息内容上具有主体共建性。一定时代的思想政治教育内容，是社会主流意识形态和价值观念的理论化、系统化，它担负着维护统治阶级政治统治和教化民众的重任，是一种柔性权力手段。因而，在以往思想政治教育的过程中，教育内容的"泛政治化"、教育形式的"正统性"，都是这种柔性权力的"化身"，体现为社会对个体成员的外塑性作用。由于这种教育内容和形式的外在性，使得它在社会成员中的威信不高，认同度较低。在"微"视角下，思想信息在内容和形式上都体现着建构性。从内容上来看，"正统"的"观念、观点和规范"在教师和学生共同参与下，与教师和学生的社会实际、生活实际相接轨，以一种开放的、包容的姿态走进生活，使教育主体对思想信息的认同度不断提升。从形式上来看，一种以教育主体自己的语言习惯、思维习惯建构起来的思想信息，即以"先验主体性的意识为原本"[①]，更容易被教育主体理解和接受。

---

① 倪梁康：《胡塞尔现象学概念通释》，生活·读书·新知三联书店 1999 年版，第 87 页。

3. 主体拓展了思想政治教育沟通渠道

思想政治教育主体选择何种信息传递方式和沟通表达方式，对思想政治教育效果具有重要影响。思想政治教育主体之间的沟通，即便是面对面的沟通，也需要借助一定的平台和渠道来实现。在新媒体时代下，无论是教育者主体还是受教育者主体，都需要在相互认同、相互理解的基础上，不断拓展相互沟通的渠道，尤其是借助于微信、QQ、微博等网络平台，以达到提高主体之间有效信息沟通的目的。与此相反，假如选择的沟通渠道陈旧落后或出现偏差，即使投入再多的人力物力财力，也必然会影响思想政治教育的沟通效果，最终使得思想政治教育的目标实现成为空谈。

主体能够自主选择和调整信息传送的方式。信息传送的形式包括语言文字和非语言文字（符号）两种形式。在新媒体时代下，信息传播的新方式新渠道，主要是借助网络化、数字化的技术和平台，通过文字、图片、视频、音频等多种信息形式进行传播和沟通，到底采取哪一种方式或渠道，不仅取决于信息自身的性质和特征，而且取决于信息传播主体的素质、能力、偏好等。处于新媒体时代的思想政治教育主体能够依据自身的情况，自主选择信息传送方式。例如教师在课堂教学中，可根据学生特点和教材内容，综合运用图片、声音、文字等形式来呈现课件，采用正式或非正式语言来进行讲解。学生可以在课堂上，通过 E-mail、QQ、微信等形式进行及时反馈，促使教师及时调整信息传送方式，以增进沟通效果。

主体能采用丰富多样的沟通途径。依据沟通场合的不同，沟通表达方式可分为公开沟通和私下沟通。在思想政治教育过程中，两种沟通表达方式相互支撑、相互补充，共同承担着教育教学的目标和任务。思想政治理论课堂教学是公开沟通的主要方式，教师主体通过课堂教学，向学生施加思想观念、政治素养、价值态度等方面的影响，以达到改进学生言行的目的。然而由于思想问题的复杂性，有时还需要进行私下沟通，以弥补公开沟通之不足。两种沟通途径会产生不同的效果，适用于解决不同的问题。依据沟通媒介的不同，沟通途径可分为面对面沟通、网络沟通和其他媒体沟通，如广播、电视等。主体能够依据目的和问题的不同，分别采用不同的沟通途径来解决问题。如对学生进行批评时，如果其目的是教育大多数，则教师可以采用公开批评，可以面对面进行沟通，也可以通过广播等进行。如果目的是为了给犯错者提供改正机会，则可以选择私下沟通，如面对面沟通或网络沟通等。

4. 主体影响了思想政治教育沟通环境

思想政治教育的主体、客体、中介等构成了实践过程的主体部分，除此之外，还存在着诸多与教育教学实践相关的因素，构成了思想政治教育的沟通环境，包括内环境和外环境两个部分，对思想政治教育教学的实践过程产生积极或消极的影响。环境因素总是"部分直接进入思想政治教育各因素内部（即所谓渗透），部分不直接进入思想政治教育各因素内部，近距离或远距离地影响思想政治教育活动，会积极促进或消极阻碍思想政治教育系统的运行"①。然而，沟通环境并不是从来就存在着的，也不会永远存在下去，在任何一次思想政治教育沟通实践实施过程中，各种环境因素都会随着主体的不同而重新建构，也就是说，主体影响了思想政治教育的沟通环境。

良好的沟通环境，是沟通取得效果的基本条件，主体对于空间环境的选择，主体进行沟通时的氛围如何，都影响着沟通的效果。教师主体与学生主体或学生主体之间在开始沟通之前，都会根据沟通目的、沟通内容等有目的地选取最适合的沟通场所，营造最良好的沟通氛围。在沟通环境建构过程中，不仅包括房屋设计、家具摆设、花草点缀等非生命物体的摆放和组合，而且包括人文因素的设计和组合，如播放适当的背景音乐、悬挂名人名言的书法作品、营造良好的人际关系等等。此外，主体还能够根据教育目的和内容，选择并改善空间

---

① 张浩：《趋向复杂："思政课"教学改革的进路致思》，《周口师范学院学报》2011年第3期。

环境。空间环境是主体进行思想政治教育沟通的物质基础，空间环境主要是指进行沟通的地点或场所及其环境状况，它往往能对沟通效果产生重要影响。正式的思想政治教育沟通应该在正式的较大的空间进行，如教室或者研究室。非正式的思想政治教育沟通最好是在空间小、环境安静、光线柔和的房间进行。

良好沟通效果的实现，除了营造适当的沟通环境外，还需要沟通主体保持良好地心理状态和情绪。沟通主体与沟通环境之间是互促共生的关系，主体在建构、调整、改善沟通环境的同时，环境也在通过直接或间接的途径，影响主体的心理和情绪。一方面，积极的情绪能够使沟通形成融洽的氛围，主体双方在这种氛围中容易进行积极而又富有成效的沟通；另一方面，主体的消极情绪使其不愿沟通或者对沟通具有抵触情绪，阻碍着沟通顺利进行，影响沟通的效果。因此，在思想政治教育沟通中，要及时发现并消解消极和负面情绪，保持在心平气和的氛围中达到有效沟通的目的。

（四）微视角下思想政治教育沟通主体的异化

相较于传统思想政治教育，新媒体时代下的主体及其作用得到更大程度的彰显，如何正确认识教育主体的地位和作用，理顺主体在思想政治教育沟通机制运行中的关系，是思想政治教育工作者理应具有的态度。

1. 主体意识的退隐

思想政治教育主体地位的确立，从某种意义上说，并不取决于外在的环境和因素，而是取决于主体自己，尤其是主体的自觉意识，即主体自我设计、自我发展、自我实现的主动意识、自觉意识。就以往思想政治教育而言，主体意识的退隐主要表现在：

第一，教育者主体"把关人"意识的缺失。把关人"是指在大众传媒中可以决定什么性质的信息可以传播，传播多少以及怎样传播的人或者机构"[①]。在传统媒体为主的时代，把关人在信息发布过程中承担着十分重要的作用，控制着信息传播的方向和趋势。但在新媒体时代下，由于信息数量和种类的海量化，信息传播渠道的多元化，信息获取的便利化，使得"把关"成为越来越难以实现的现实难题。教育者主体在传统教育中"把关人"角色和定位日渐式微，对学生过度放任，让各种负面信息，尤其是国外社会思潮、宗教等信息有机可乘。因此，我们应当立足新媒体特点和规律，重塑新时代下教育者主体的"把关"意识。

第二，受教育者主体意识觉醒的有限性。从"主体间性"的观点来看，受教育者主体虽然在"教"的环节中处于从属、被动的地位，但在"学"的环节中却处于核心、主动的地位上。但在以往的教育教学实践中，受教育者自身对于主体地位和作用的认识上存在着相当大的偏差，这种主体意识觉醒的有限性，束缚了他们在教育教学实践中的言行，难以发挥其主体性的作用。在新媒体时代，学生作为受教育的主体，其主体意识在微博、微信等自媒体上展现得十分明显，与新媒体信息生成、发布、传播等相一致，使得他们在现代网络媒体上如鱼得水，潇洒自如。相反，在现实的思想政治教育工作中，学生的主体意识明显不足。这一事实，使得思想政治教育沟通机制运行不畅，沟通效果难以令人满意。

2. 主体需要的异化

主体需要，尤其是受教育者主体的心理需求、思维需求等，是其参与思想政治教育实践活动的主要动力。正确把握主体需求及其变化趋势，是教育者主体和受教育者主体共同的责任和要求，也是顺利推进教育教学实践活动的基本保障。

第一，主体需求的矛盾冲突。互联网技术的发展，给人类社会开辟了另一个生活空间，创新了信息传播渠道，变革了人们思考问题的

---

① 王学俭、刘强：《新媒体与高校思想政治教育》，人民出版社 2012 年版，第 403 页。

基本思路。新媒体技术时代的到来，进一步加剧和深化了这一发展趋势，让每一位社会成员，尤其是熟练掌握新媒体技术使用方法的青年大学生，自觉并主动进入到"虚拟世界"之中。新媒体时代下学生生活的新变化，把高校思想政治教育工作分割成了"现实"与"虚拟"两个部分，无论是教师还是学生主体的需要，也呈现出现实与虚拟相互冲突的矛盾关系。在现实世界中，教师和学生的需求是具体的、现实的，是建立在自身的学习和工作以及生活基础上的需要，是通过自身努力可以满足的需要，而在虚拟自我中，其需要可能被网络无限放大，无法在现实中得到满足，因而他们沉迷于网络，试图在虚拟世界中满足现实中无法实现的需求。现实需求与虚拟需求的矛盾，影响着思想政治教育工作的正常推进。

第二，主体需求缺乏引导。在市场经济的影响下，思想政治教育主体需求呈现过渡膨胀和多元化发展的趋势，出现了一些与主体自身主观条件和身心发展水平不符的需求，且这些需求即使通过主体的努力也无法得到满足。思想政治教育主体也可能有一些合理的要求，但受客观条件限制，在现时条件下无法满足。这些需求未能引起学校重视，因此很容易引发主体的不满，影响思想政治教育沟通的顺利进行。

第三，主体需求的内部冲突。思想政治教育主体的需求有物质性的，也有精神性的，这些需求往往难以兼顾，满足了物质需求可能无法满足精神需求，同时，应该先满足哪种需求，或者应该重点满足哪种需求，思想政治教育主体往往很难做出判断、分清轻重缓急。另外，面对集体需求和个人需求的矛盾、短期需求和长期需求的矛盾时，思想政治教育主体往往也困惑于如何处理好这些矛盾关系。

3. 主体素质的缺失

在高校思想政治教育教学活动中，素质主要是指主体自身所具有的素养，"包括思想道德素质、业务素质和心理素质"①。思想政治教育实践活动的主体包括教师和学生，在现实思想政治教育实践中，无论是作为教育者的教师还是作为受教育者的学生，都存在着主体素质缺失的问题，影响着思想政治教育的沟通及沟通效果。

第一，教育者主体专业知识欠缺。当下高校思想政治教育主体是思想政治理论课教师。但由于高校教师入职后培养系统不健全，使得教师自身知识体系和结构未能得到及时有效地更新，导致教师从业时间越长、经验越丰富，但其专业知识与学生思想成长现实需求之间的差距越来越大。高校辅导员是从事思想政治教育的另一主要群体，但高校辅导员因缺乏专业发展和职务晋升的完善机制，导致辅导员队伍整体素质参差不齐，人员交替频繁不稳定。除此之外，不论是思想政治理论课教师还是辅导员，由于专业发展路径不完善，入职前后培养培训体制不健全，使得教育者主体的专业素养都存在着不同程度的缺失和不足，影响着思想政治教育沟通实践的顺利开展。

第二，教育者主体专业技能不强。作为教师，仅仅具备丰富的专业知识是不够的，还必须掌握一定的与人沟通的专业技能，才能扮演好自己的角色，最大程度地发挥其在思想政治教育实践中的作用。教师的专业技能"可以分为教育认知能力、教育操作能力和教学监控能力三个方面"②。通俗地说，就是教师以一种恰当的方式把自己掌握的知识传达给学生的能力，有序组织并监控课堂教学过程的能力等。近些年来，由于高校扩招迅速，学生规模不断扩大，再加上高校办学层次的提升等等因素，都促使高校大量引进博士、硕士等高学历人才，他们虽然具备丰富的专业知识，但是，由于相当一部分高学历人员是本、硕、博连读，完全没有从教经历和经验，还有一部分高学历人员虽然具有一些社会工作经验，但是，对复杂多变的思想政治教育工作新形势、新发展、新问题等缺乏全面、准确地认识和把握。上述

① 连榕：《教师专业发展》，高等教育出版社 2007 年版，第 8 页。
② 同上书，第 12 页。

问题的存在，严重地影响着思想政治教育沟通的实际效果。

第三，教育者主体的专业精神不同步。在以往思想政治教育工作中，教师主体的职业培训工作，"往往对教师的知识、技能和态度等层面关注较多，而对更为深层的教师内在情感、认同和自我实现等精神层面没有足够的关注"[①]。结果导致个别教师对本职工作缺乏足够的认识和了解，对教师职业缺乏认同，对学生缺乏耐心。对那些可以获得利益的评先进、捞证书、拿奖金的事比较关注，投入较多的时间和精力，对于没有什么"直接效益"的正常教学工作则得过且过。出现这种情况，一个深层次原因在于教师主体在从事思想政治教育工作中，无论是行政主管部门、高校还是教师自己，都对专业精神重视不够，缺乏培养专业精神的必要措施。

第四，受教育者主体信息选择能力不足。受教育者的主体素质包括其思想道德、认知能力和选择能力等方面，尤其是学生对信息的判断、分析和选择的能力。

在当前的教育体制下，受教育者长期处于被动接受思想信息的地位，缺乏独立思考和积极应变新生事物和现实的主动性，也缺乏相应的实践锻炼。这样的教育导致相当一部分学生成了马尔库塞文中的"单向度的人"[②]。另外，互联网和新型媒体的快速发展，各种良莠不齐的思想信息如潮水般地汹涌而至，图片、文字、视频等极富吸引力的信息形式和符号，冲击着受教育者的视角和听角，"一些占有传播优势的西方国家对发展中国家意识形态的渗透……增加他们（发展中国家的人民）对社会的不满情绪、丧失对本民族文化的信任和认同等"[③]。挑战着他们的是非判断和自主选择能力。

面对思想政治教育主体的异化状态，思想政治教育沟通要想顺利

---

① 刘胡权：《论教师专业发展的"精神"转向》，《当代教育科学》2016 年第 1 期。

② 李桂花、张媛媛：《超越单向度的人：论马尔库塞的科技异化批判理论》，《社会科学战线》2012 年第 7 期.

③ ［美］亨廷顿：《变化社会中的政治秩序》，王冠华、刘为译，生活·读书·新知三联书店 1992 年版，第 141 页。

进行，就必须紧紧把握时代主题，以激发人的主体意识为前提，以满足主体需要为内在动力，以提升主体素质为关键抓手，促进人的发展、培养主体性人格，达到思想政治教育沟通的预期效果。

二 微视角下思想政治教育沟通的主体意识

主体的觉醒与现代科学的发展相伴随，并在笛卡尔这里得到明确表述，以"我思"为起点，遵循严格的逻辑规则推演出"我在"的结论，并由此及彼，以达整个世界的认识。对此，康德把主体及其主体性的发挥归结为"人为自然立法"。随后的科技、社会发展的事实，证明了主体的自觉与现代科技发展相互促进，在极大程度上推进了社会生产力的发展，创造了近代以来最辉煌的工业文明。随着新媒体技术的发展和推广，思想政治教育的主体意识越来越强，越来越成为促进沟通、提高沟通效果的重要因素。

（一）思想政治教育沟通主体的"微"意识

1. 主体意识的内涵

在马克思主义关于实践的理论中，实践主体正是在与客体的对象性互动中才得以形成和显现，并在改造客体的过程中表现出来的"自觉、自主、自控的能力内在地依赖于人的主体意识"①。唯有真正拥有主体意识和主体自觉的人，才能成为社会实践的真正主体。何谓主体意识？尽管学界关于主体意识的界定不一，但也有一些共同因素，如认为主体意识包括关于人对自身的认识和对世界的认识两方面。人的主体意识是其区别于动物的本质特征，也是其认识和改造世界的前提，是其进行各种活动所表现出来的内在能力。具体而言，主体意识包含两个方面：一方面是主体能够自觉意识到自身内在各种需要和能

---

① 陈爱梅、庞玉清：《浅论人的主体意识》，《内蒙古民族大学学报》（社会科学版）2006 年第 3 期。

力等各种人的本质能力，我们不妨将之称为内向主体意识；另一方面则是主体能够自觉认识到人的本质能力只有在外部世界中才能得到展示，如自身在外部世界的地位、功能、角色等，我们可以称之为外向主体意识。总之，主体意识就是社会实践过程中主体对于其在主客体对象性互动关系中所扮演角色的自省、自觉和自悟。只有确立了主体意识，人才能充分发挥自身的主体性，自觉进行自我定位、自我评价，才能不断发掘自身的潜力。人若想发展主体意识，就必须在社会实践活动中自觉认识自我、评价自我、肯定自我、调整自我，最终才能完善自我。

2. 沟通主体的微意识及其内在构成

孙立平指出："在农业社会中，人们总是趋向于按他们的前辈人所习惯的方式发生自己的行为。"[①] 可见，遵循中国这种旧有文化脉络，沿袭传统道德惯习，受之影响的社会主体未能形成独立的自我意识、自强意识。表现在思想政治教育领域内，就是教师和学生的主体意识缺乏，因而表现出从属、被动、消极的思想和行为，自觉能动性、积极创造性明显不足。对思想政治教育的有效沟通来说，如何增强教师和学生的主体意识，是维持思想政治教育良好沟通、改进沟通方法途径、提升沟通效果的基点。随着新媒体对社会生活影响的日益加大，社会成员的主体意识在新型媒介所营造的网络空间内得到强化，自主意识和主体能力日益增强。

在思想政治教育教学实践活动中，沟通主体的微意识就是在微视角下沟通主体应当具备的自觉意识，主要包括个体对自我内在的觉醒和个体对外部环境的认知。新媒体时代下，思想政治教育沟通主体微意识发生的场域和时代都发生了巨大变化，因而具有与以往不同的特征：一是主体地位平等化；二是主体交往的自觉化；三是主体沟通的自主化；四是主体沟通的多元化；五是主体沟通的即时化。因此，微

---

① 孙立平：《社会现代化》，华夏出版社1988年版，第257页。

视角下，思想政治教育沟通的主体意识更明显地表现为平等沟通意识、自觉沟通意识、自主沟通意识、多元沟通意识和即时沟通意识。上述几个方面之间，都具有一条基本线索，即新媒体时代主体的自觉自为和互动，又具有相互影响、相互牵制的关系，也不存在界限分明的"隔离带"。

（1）平等沟通意识。著名政治思想家萨托利曾经指出："一方面，平等表达了相同性概念；另一方面，平等又包含着公正。两个或更多的人或客体，只要在某些或所有方面处于同样的、相同的或相似的状态，那就可以说他（它）们是平等的。"① 据此推断以往思想政治教育沟通实践中的师生关系，很显然是与萨托利的观点相违背的，教师被教育主管部门、学校等机构赋予了制订教育教学目标、选取教学内容、选择教学方法、管控教学过程等诸多"权利"。教师自身也因其掌握知识、素养、技能等方面的优势，从而在与学生沟通中占据绝对主导的地位，并发挥着决定性的作用。与之相反，学生常常被视为"知识容器"，处于被动的、从属的地位，无论是教师还是学生自己，都把自己定位在"他们应当处于的地位"，即处于以往惯习都认为他们理应处在的主导者或从属者的位置上。这种"势差"直接导致的后果，就是思想信息一边倒的趋向——由教师到学生，这种"顺势而为"的现象被社会、教师和学生视为正常现象。但是，正是这种所谓的"正常现象"，却反映出了思想政治教育沟通主体之间不平等的现实。

微博、微信等新媒体向现实社会生活，尤其是向思想政治教育沟通实践中不断渗透，为提高沟通实践过程中的主体意识拓展了前所未有的空间。新媒体信息在传播过程中的网络化、多元化主体关系，使得沟通主体之间的地位平等成为客观事实——教师和学生自然而然地站在了同一条起跑线上。"网众之间的互动关系基本上不受社会地位、

① ［美］萨托利：《民主新论》，冯克利、阎克文译，上海人民出版社 2008 年版，第372 页。

社会角色等社会性特征以及伴随着这类社会性特征的社会规范和社会角色期待的制约。"① 新媒体时代下，参与高校思想政治教育沟通过程的教师、辅导员和学生都既是信息的传播者，也是信息的受众，双方在信息传送中地位平等。在思想政治教育沟通过程中，思想政治教育主体都应具有平等沟通意识，明确自己在思想政治教育沟通过程中的地位，有利于主体在沟通中实现真正的平等和自由，从而为建立和谐主体关系奠定良好的基础。

（2）自觉沟通意识。马克思说："蜘蛛的活动和织工的活动相似，蜜蜂建造蜂房的本领令人间的许多建筑师感到惭愧。但是，最蹩脚的建筑师从一开始就比最灵巧的蜜蜂高明的地方，是他在建造房屋之前，已经在自己的头脑中把它建成了。"② 这说明，人与动物之间最显著的差别就是主体意识，这种意识不仅能够反映客观现实，而且能够创造性地反映客观现实。在思想政治教育沟通实践中，教师主体掌控着沟通实践的每一个环节和节奏，把握着沟通内容的选择和重组，以自己的理解与学生主体进行接触、交换信息，达到传道、授业的目的。因此，思想政治理论课教师主要在课堂上与学生"交流"，而这种"交流"与其说是沟通，不如说是单向灌输来得更为恰当。在课外，教师与学生基本不见面，交流更少。而班级辅导员因为常常要与学生打交道，所以与学生的关系更为密切，交流也更为频繁，但这种交流大多是布置某项任务，而非自觉和学生沟通。从学生方面而言，出于各种心理上的原因，除了上课或者作业咨询之外，也很少因为其他问题与思想政治理论课教师主动交流。从横向沟通来看，思想政治理论课教师之间因为知识结构、角色的类似，相互之间交往和交流较多，同时，学生和学生之间由于同处一室、同在一班、同处一个年龄层、具有相似的兴趣爱好等原因，交往更为频繁，其交流和沟通

---

① ［美］唐·泰普斯科特：《数字化成长：网络时代的崛起》，东北财经大学出版社1999年版，第113页。

② 《马克思恩格斯全集》第23卷，人民出版社2003年版，第202页。

的内容也更为深入，涉及生活和学习的各个方面，横向沟通的自觉性较纵向沟通更强。由此看出，在以往的思想政治教育中，无论是思想政治理论课教师、辅导员或是学生，自觉进行纵向沟通的意识都较为淡薄。

新媒体时代的思想政治教育需要自觉沟通意识。自觉，就是指自己有所认识而主动去做，它是人类通过社会实践活动发展而来的基本属性。自觉沟通意识就是指在沟通活动中自己认识到沟通的必要性，积极主动的进行沟通。高校思想政治教育的"最高目的是促进人的自由全面发展，我国思想政治教育的现实目的是促进和谐的社会主体之生成"①。要实现这一目的，需要教师、辅导员、学生这些活动主体之间的互动，需要他们之间进行某种联系和交流。在这一过程中，自觉沟通意识显得十分重要。自觉沟通意识要求主体在思想政治教育沟通过程中积极参与沟通，主要包括自我沟通、师生沟通、生生沟通等。同时，还对主体的沟通能力提出了具体的要求，"对所接受的信息进行加工、吸收或加以排斥，使新旧知识形成新的组合，从而实现个体认知结构的建构与改造"②。由此可见，思想政治教育主体之间的沟通不仅仅是知识的传输，而且也是主体间"知、情、意"的综合互动，是主体与主体之间全方位、立体式的沟通。新媒体时代下思想信息的生成、传播等呈现出越来越多的新特点，自主性、平等性、多元化、互动性的传播方式广为流传并被教师和学生所接受，主体之间沟通渠道越来越多、方式越来越丰富，态度越来越主动，教师与学生之间、学生与学生之间的沟通越来越自觉、越来越积极。思想政治教育主体沟通的"微意识"越来越成为新媒体时代下，改善主体关系、增进沟通时效的关键。

① 张耀灿、曹清燕：《论马克思主义人学视野中思想政治教育的目的》，《马克思主义与现实》2007 年第 6 期。
② 马湘桃：《论大学生沟通主体意识的培养》，《当代教育理论与实践》2009 年第 3 期。

（3）自主沟通意识。自主沟通意识体现了沟通主体参与思想信息沟通实践的个人意愿和态度。思想政治教育沟通主体是否具有积极、主动的沟通意识，是关系到沟通实践活动顺利开展与否，沟通过程能否达成预期目标的关键。自主沟通意识建立在主体地位明确、主体意识强烈、主体作用明显的基础上，体现为主体对自我身份的认同、对自我权利的自决、对自我发展的自主、对自我实现的自信等方面。罗伯特·莱恩认为："作为一个心理学概念，自主意识即获得'胜任'的愿望和能力，以及认为自己实际上是有能力的信念。"① 简言之，就是要求沟通主体具有自主判断、分析和行使主体能力的意识，无论是个体发展方面还是社会发展方面，都是通过具体现实的社会实践过程表现出来的。很显然，"胜任"而非"勉为其难"，反映出来的是主体的自觉和自为。这也正是未来社会发展的目标——"人终于成为自己的社会结合的主人，从而也就成为自然界的主人，成为自身的主人——自由的人"②。

关于思想政治教育主体的自主沟通意识的讨论，不应当只停留在理论层面上，而应当在现实经济社会发展的进程中去把握。正如马克思在论及社会主义理论发展时所说："同任何新的学说一样，它必须首先从已有的思想材料出发，虽然它的根子深深扎在物质的经济的事实中。"③ 因此，对于思想政治教育主体的自主沟通意识的理解，也应当回到具体的现实社会生活中来。新媒体时代的信息一方面异常丰富；另一方面也鱼龙混杂，对教师和学生的信息判断和选择能力提出了挑战。思想政治教育主体只有树立了自主意识，才会有参与思想政治教育沟通的心理倾向，并产生在沟通活动中承担责任和实现权利的价值追求。可见，思想政治教育主体的自主沟通意识，真正地反映了

---

① ［美］罗伯特·莱恩：《自主意识、幸福感、失落感：市场经济对政治性格特征的影响》，《经济社会体制比较》2007 年第 4 期。
② 《马克思恩格斯选集》第 3 卷，人民出版社 2012 年版，第 817 页。
③ 同上书，第 775 页。

主体的思想、心理和意图，体现了主体的自觉性、主动性和能动性，是推进思想政治教育有效沟通的潜在因素和内生动力，是创新思想政治教育沟通机制必备的内在机制和文化心理。具体而言，思想政治教育主体具有自主意识，也就意味着他们能够认识到自己是思想政治教育沟通过程中积极主动的建构者，而非被动消极的附属者，这一点尤为重要。特别是当思想政治教育主体认识到自己不仅具有独立的人格，而且具有独立自主的能力时，他们就能够勇于直面现实，开拓进取，积极沟通，创新沟通形式和内容。同时，主体的自主意识也能促使主体对自身的行为进行控制，使自己能够坚定原则、站稳立场，具有坚强的意志。另外，当思想政治教育主体意识到自己是自我的主人，就能够不盲从和屈服于任何权威，在思想政治教育沟通中按照自己所理解的方式去思考和行动。

（4）多元沟通意识。多元沟通意识主要有两层含义，一是沟通主体的多元化。对于思想政治教育沟通实践来说，虽然存在着"一对一"的二元沟通，但绝大多数的情形发生在"一对多""多对一"或"多对多"的多元沟通。二是沟通模式的多元化。新媒体时代的到来，为创新多元化的沟通模式、沟通渠道创造了条件。以往思想政治教育沟通模式，主要是单向传递式沟通，师生主要进行面对面的口头交流或者书信的方式来表达自己的想法，虽然这些方式有助于师生间的沟通，但也存在一些问题，如有的学生不敢表达真实想法，造成双方对信息的误解、书信交流的滞后性等。在现实的思想政治教育沟通过程中，除了传统的面对面交流、电话交流之外，更增添了微博、BBS、微信、QQ等现代网络交流沟通的渠道。

新媒体时代下，信息传播方式的革命性变化，促使信息量的爆炸式增长，又开拓了更加便捷、更加多样化的信息浏览的途径和方法。在传统思想政治教育沟通中，教师主体的资源优势一点点地丧失，学生主体的资源劣势却一点儿一点儿地被填充，甚至于在某些方面，超越了教师主体。学生主体能从网络上获得的信息远多于教师能呈现的信息，学生从单纯的信息接受者变成了某种程度上既是传播者又是接受者，以往的单向沟通无法满足时代的要求。如何革新思想政治教育沟通方式和途径，倡导一种多元主体平等、交互的对话型沟通模式，成为高等教育主管部门、高校、思想政治教育工作者共同的时代责任和愿景目标。同时，信息传播方式发生了巨大变化，师生间的信息传递不仅仅可以是面对面的，也可能通过手机和电脑来进行，实现从"人—人"的直接沟通到"人—机—人"的间接沟通方式的转变。只有具备多元沟通意识，才能利用多样化的沟通方式和手段，达成最佳的沟通效果，维持思想政治教育主体之间的良好关系。

（5）即时沟通意识。在信息时代，互联网正在逐渐改变思想政治教育沟通的各个方面，足不出户，全球信息尽收眼底，信息传播的即时性促使思想政治教育的沟通主体必须时刻关注各种思想政治教育的相关信息并及时整理、转化成为教学内容。跟不上时代发展潮流的思想政治教育不是好的思想政治教育，学生也无法对陈旧的思想政治教育内容产生兴趣，也就无法真正将其内化，这有悖于思想政治教育沟通的初衷，也无法真正实现思想政治教育的目标。

思想政治教育沟通实践是一项具有"即时性"特征的过程。沟通的时机是否正确，能够反映出沟通主体当时的心理状况和情感态度，能够体现出沟通环境是否"宜人"，沟通内容是否体现沟通主体的需求，沟通方式是否激起沟通主体的兴趣。总之一句话，思想政治教育的沟通活动也需要"因人而宜""因地制宜""因时而宜"的即时性。沟通的即时性，要求沟通主体在事件发生、环境变迁的同时，能够进行快速、及时的传递和反馈，保证教育教学内容的准确、新颖、完整。在这一方面，最关键的是教师主体的即时沟通意识。以网络沟通为主要形式的新媒体平台，为开展思想政治教育沟通活动创造了即时沟通的条件，教师主体必须对新媒体有相当的了解，掌握其对信息发布、传播、互动等方面的影响，随时随地关注并掌握与思想政治教育相关的新闻动态，尽可能地与学生主体的"信息获取"相同步，提高相互之间的认同和契合。

（二）思想政治教育沟通主体意识的实证分析

立足于新媒体的基本特征和新时代下思想政治教育的新特点，借助微信公众平台、微信、微博等渠道，方便快捷地掌握思想政治教育沟通实践中教师主体和学生主体的状况，是理顺沟通机制，改进沟通效果的基本策略。为了把握思想政治教育者和学生的主体意识，我们设计了调查问卷，以下是对问卷结果的整理和分析。

1. 思想政治教育主体的平等沟通意识分析

新媒体时代改变了思想政治教育主体沟通的各个方面，首先是沟通的观念。师生间可以不受现实规范的制约，在思想政治教育的各个节点上成为交往的主体，每个人都可以是信息的发布者、评论员和反馈者。从这个意义而言，平等沟通应该成为思想政治教育中的常态。对此，我们在问卷中设计了"在与学生（思想政治教育者）沟通时，通常是什么状态？"的问题，来考察师生双方是否能够平等沟通。调查结果显示，63%的学生回答"老师占据主导"，18%的同学认为"大家平等，互相讨论协商"，回答"以学生为中心"的仅占19%。而思想政治教育者的答卷显示，对于这一问题，42%的教师表示自己"占据主导"，37%的回答"大家平等，互相讨论协商"，另有21%的认为"以学生为中心"。另外，对于"您在和思想政治教育者交谈时，感到拘束吗？"学生回答"不拘束"的仅有23%，回答"有点拘束"的占38%，表示"很拘束"的占39%。而思想政治教育者对于"您觉得学生与您沟通时显得拘束吗？"这一问题，表示"不拘束"的占41%，"有点拘束"的占24%，35%的人表示"很拘束"。

这说明关于双方在沟通中的地位问题，教师和学生的感受是不同的，相较于教师来说，学生在平等性的感受程度更低。通过上述调查，很明显地反映出当下思想政治教育沟通实践中，教师主体与学生主体之间存在着不平等的沟通地位，当然，这种"不平等"并非指人格上、政治上的意义，而是指在沟通实践过程中存在着的事实上的不平等。造成这种不平等的原因是多方面的，除了以往思想政治教育沿袭下来的惯习之外，主要是因为教师主体思维方式陈旧、学生主体自我意识的局限。

2. 思想政治教育主体的自觉沟通意识分析

思想政治教育主体的自觉沟通意识要求教师主体和学生主体对于各自在沟通实践中的定位、目标有清晰的认识和了解，对于沟通内容、方法、途径等有准确的把握。然而，在问卷调查中发展，事实并非如此，当下的思想政治教育沟通实践仍存在着这样或那样的问题和不足。

调查显示，当学生被问及"您愿意与思想政治教育者（包括思想政治教师、辅导员）沟通吗?"这一问题时，回答"非常愿意"的仅占6%，"愿意"占22%，"不太愿意"占33%，回答"不愿意"的竟然高达39%。而思想政治教育者在回答"您愿意和学生交流吗?"这一问题时，回答"非常愿意"的只有14%，回答"不愿意"的也高达32%。同时，对于"您经常参加学校组织的活动或社团活动吗?"学生表示"经常参加"的仅占18%，"有时参加"的占39%，"很少参加"的占35%，"从不参加"的占8%。在对"如果有沟通方面的培训或讲座，您愿意参加吗?"这一道题目的回答中，学生回答"无所谓"和"不愿意"的各占42%和18%；教师的情况稍好一些，回答"愿意"的占到54%，超过一半。

从上述调查问卷的结果来看，无论是学生主体还是教师主体，自觉沟通意识都相当缺乏。思想政治教育过程实际上是一个信息传递的过程，而两者都没有充分认识到自觉沟通对于思想政治教育的重要性，主观上没有沟通的愿望，这种"要我沟通"而非"我要沟通"的消极心态，阻碍了沟通的顺利进行，无法达到思想政治教育的效果。

通过调查还发现，有相当一部分学生消极对待沟通信息。学生认为"上思想政治理论课时",自己"特别认真听课"和"认真听课"的仅有56%,"应付"的占26%,"完全干其他事"的占18%。而在对一位教师的访谈中,他认为:"像这种公共课,学生认真听课的能有30%就不错了,大部分同学上课时都在玩手机,发微信。"大学生积极主动地吸收和消化沟通信息是思想政治教育实现有效沟通前提和基础,而当前相当一部分学生对于思想政治教育的内容(信息)提不起兴趣,消极对待沟通信息,或者是完全不听,或者是"只入耳不入脑",临考前突击背诵蒙混过关,无法真正吸收和内化沟通信息。

3. 思想政治教育主体的自主沟通意识分析

在思想政治教育中,无论教师主体还是学生主体,在沟通过程中的自主、自为意识决定了参与沟通的态度,假如他们的自主沟通意识淡漠,参与沟通的主动性积极性不高,就会直接影响到思想政治教育沟通的效果。通过调查发现,思想政治教育主体的主动沟通意识相当薄弱。我们在问卷中设计了"您与思想政治教育者(包括思想政治教师、辅导员)经常沟通吗?"的问题,学生回答"经常"的仅占7%,"有时"和"很少"分别占20%和38%,回答"从不"的竟然高达35%。而思想政治教育者在回答"您与学生经常沟通吗?"这道题目时,回答"经常"的只有12%,回答"从不"的高达31%。

对于"您在微信中转发思想政治教育相关信息时,经常会事先求证该信息的真实性吗?"这一问题,有73%的学生表示"从不",18%表示"偶尔",仅有9%的学生表示"经常"。而思想政治教育者回答"经常"的比例高一些,占27%,"偶尔"的占48%,有25%的思想政治教育者表示"从不",考虑到思想政治教育者作为信息时代思想政治教育"把关人"的角色,25%的比例也是比较高的。总体而言,思想政治教育主体的自主沟通意识还是相当薄弱,特别是学生主体,由于其自身的知识结构和生理周期特点,对于信息的甄别意愿和能力较弱,其责任意识也较为淡薄,自主意识较差。思想政治教育者作为思想政治教育的把关人和守门员,对于信息的甄别有特殊的责任，有义务将健康、真实的信息传递给学生，因此，其自主意识也需要加强。

4. 思想政治教育主体的多元沟通意识分析

多元沟通意识，是新媒体所具有的信息传播的方式和途径，是对传统思想政治教育沟通理念和方式的重大变革，主要体现在沟通主体的多元化和沟通渠道的多元、便捷。借鉴现代自媒体技术和平台，通过更加具有主体个人色彩和特征的语言、文字、图像、符号等，不断提高沟通效果。同时，借助于 QQ、微信、E-mail 等方式进行交流，为思想政治教育沟通创造一个民主自由的氛围。

对于"您最愿意通过哪种方式与思想政治教育者交流？"（多选）这一问题，综合两份问卷结果发现，选择面谈的最多，占 59%；其次是网络，占 38%；再次是电话 25%；短信为 21%；选择"书信"的最少，只有不到 10%。虽然"面谈"这一传统方式在沟通中仍然占据首要位置，但随着网络的普及，教师和学生越来越多地通过网络如 QQ、微信等多元化的手段来进行沟通。

就"您喜欢哪种师生间沟通形式？"这一问题，学生选择"多名学生对一名教师"的最多，达 40%；其次是"多名学生对多名教师"，占 33%；选择"一名学生对一名教师"的占 23%；选"一名学生对多名教师"的最少，只有 4%。面对同样的问题，教师的选择"一名教师对多名学生"（48%），"一名教师对一名学生"（38%），其他两类沟通方式都不被教师所喜爱。这说明，师生间各自最为青睐的沟通形式并不相同，双方都必须强化多元沟通的意识，不断调整自身的状态来适应对方的需要。同时，无论是教师还是学生，都还没有真正掌握新媒体时代人际沟通中，多元主体互动交流的显著特征，也没有从思想到行为上，做出适应新媒体特点的主观努力或者说在这一方面做的努力还不够，大多数时候仅仅停留在浅尝辄止的层面。

5. 思想政治教育主体的即时沟通意识分析

在新媒体时代的思想政治教育中，遇到的问题瞬息万变，如果无法得到及时解决，将可能引发一系列问题。主体之间的即时沟通能够消除思想政治教育沟通中的阻碍，及时解决思想政治教育中出现的问题，提升思想政治教育的时效性。

问卷中设计了"如果在学习和生活中遇到思想政治教育相关问题，您会及时跟老师交流吗？"一题，48%的学生表示"不会"，39%的学生回答"偶尔会"，仅有13%的学生表示"会"。而思想政治教育者面对"如果在课堂上遇到问题，您会及时和学生沟通吗？"的提问，高达36%的人表示"不会"，回答"偶尔会"的占35%，仅有29%的人表示"会"。这说明，无论是教师还是学生，其即时沟通意识均较为薄弱，但前者较后者情况稍好。

思想政治教育初次沟通结束后，沟通主体双方之间经过主动反馈后，再制定新的沟通方案，以更好地进行深入沟通。对于调查问卷中的"与思想政治教育者沟通后，如果问题没有解决，您会立即与他进一步沟通吗？"的问题，学生回答"会"的仅占34%，"不一定"和"不会"的各占19%和47%。而对于教师问卷中的"与学生沟通后，如果问题没有解决，您还会进一步与他沟通吗？"一题，回答"会"的也不到40%。从上述统计数据来看，在当下的思想政治教育实践活动中，教师主体和学生主体的即时沟通和即时反馈的意识都不够强，其结果必然导致沟通信息的相对滞后，进而影响到沟通的时效性。

6. 思想政治教育沟通主体的问卷数据综合分析

从整个问卷统计结果来看，当前思想政治教育沟通主体方面存在以下几个方面的问题：一是尽管互联网技术（包括新媒体在内）发展并应用相当长的时间，但是，具体到思想政治教育领域内，无论教师主体还是学生主体，对于现代信息传播技术的掌握、了解和使用，都还只是停留在浅层次上，并不是说功能使用上的浅层次，而是指思维方式、观念传统等方面。二是无论教师还是学生，参与思想政治教育沟通实践的主动性、积极性远远不够，初步分析其原因，主要体现在沟通理念的相对滞后、沟通信息的不能同步、沟通方法的过时落后、沟通渠道的零散单一等方面。三是思想政治教育沟通主体意识薄弱。无论教师还是学生，都有平等沟通意识，但其程度有待加强。无论是教师，还是学生，都极少意识到自觉沟通的重要性，普遍缺乏自觉沟通意识。在自主沟通意识方面，思想政治教育者的自主性好于学生，这可能与两者不同的经历、知识结构、专业素养、生理周期相关。思想政治教育主体均具有较好的多元沟通意识，这可能和整个时代背景、同辈群体的影响等因素分不开。思想政治教育主体的即时沟通意识较弱，这和他们的自觉沟通意识淡薄是紧密相关的。在人口学特征与主体意识的关系方面，教师比学生更具有主体意识，男性主体意识较女性更高，高年级学生比低年级学生的主体意识更为明确，文科学生较理工科学生更具主体意识，上大学前是城镇户籍的学生比上大学前是农村户籍的学生更有主体意识，班干部的主体意识比一般学生更强。

总体而言，思想政治教育者的主体意识要强于受教育者的主体意识。因此，尤其要重视受教育者主体意识的培育。而在主体微意识的五个构成部分中，思想政治教育主体具有较好的多元沟通意识和平等沟通意识，但即时沟通意识、自觉沟通意识和自主沟通意识较差，亟待加强。

（三）思想政治教育沟通主体意识的积极培育

主体意识的培育是思想政治教育沟通机制创新的首要前提。必须创造条件，培育积极健康的沟通主体意识，为提升个人沟通能力和创新思想政治教育沟通机制奠定良好基础。由于参与思想政治教育沟通的教师和学生的知识结构不同，主体意识强弱程度不同，其侧重点也不尽相同。

1. 营造思想政治教育沟通主体微意识的社会环境

马克思主义认为，人之为人的前提在于人的社会属性。思想政治教育实践作为人为的和为人的特殊社会实践活动，当然也离不开整个社会的影响和参与。思想政治教育实践系统是整个社会大系统中的一个子系统，它的正常运行和发展，离不开社会经济、政治、文化等方面因素的影响和作用。

（1）优化社会环境。社会生活环境是高校思想政治教育工作的大环境，通过经济、政治和文化等方面的渗透，直接影响着思想政治教育工作的每一个方面，包括沟通主体的微意识在内，他们的吃、穿、住、行等一切的思想和行为，都与整个社会生活息息相关。因此，优化思想政治教育的社会环境，对于营造培养思想政治教育沟通主体的微意识来说，具有十分重要的意义。

一是优化社会经济环境。正如马克思所说："一切社会变迁和政治变革的终极原因，不应当到人们的头脑中，到人们对永恒的真理和正义的日益增进的认识中去寻找，而应当到生产方式和交换方式的变更中去寻找；不应当到有关时代的哲学中去寻找，而应当到有关时代的经济中去寻找。"① 无论是教师主体还是学生主体，其政治思想上的变化、德性行为上的养成、自我实现上的追求等方面，都不能脱离开社会经济，尤其是现代科学技术的发展去研究、去分析、去探讨，而应当在现有的、当下的经济社会发展大潮中，去考察人们思想观点、政治立场和理想信念的形成、变化。因此，要培养思想政治教育主体的微意识，首先要做的正是对思想政治教育经济环境的进一步优化和提升。优化经济环境，一是要深化供给侧结构性改革，不断推动经济结构转型升级，培育良好社会经济发展氛围，改进区域经济社会大环境，逐步形成积极向上、健康向好的经济发展良好局面；二是建立健全社会主义市场经济体制，以市场规律来调节人力、资源等在不同部门中的合理配置，形成科学、规范、良好的社会经济发展机制；三是开创"万众创新，大众创业"工作新局面，让创新成为驱动经

---

① 《马克思恩格斯选集》第 3 卷，人民出版社 2012 年版，第 797—798 页。

济社会发展的核心动力。通过经济环境的不断优化，缩小课堂教学内容与经济社会发展现状之间的差距，逐步消除学生从校内到校外的心理落差。

二是优化社会政治环境。由于"人们的观念、观点和概念，一句话，人们的意识，随着人们的生活条件、人们的社会关系、人们的社会存在的改变而改变"①，因此，社会政治生态、政治生活的优化，直接影响着高校思想政治教育工作。一个好的政治环境，有利于增强政治思想的说服力，有利于帮助受教育者养成德性言行，做一个有理想有道德的社会成员具有十分重要的意义，尤其是思想政治教育工作，其在意识形态工作上的重要作用，使得政治环境的优化成为至关重要的因素。当前国内改革正进入深层次改革阶段，各种体制机制尚未健全，利益分化日趋明显，政治民主化进程放缓，这给思想政治教育带来了消极影响。优化政治环境，一是要加强党风党纪建设，坚决打击腐败分子，提升人们对社会主义制度、社会发展道路的信任度；二是营造积极向上的社会舆论氛围，培育以爱国、敬业为主要内容的良好社会文化，倡导社会主义核心价值观为主导的社会道德风尚；三是增强典型案例、模范人物的宣传引导工作，不断引导人们坚守正确理想信念，不断提升社会主义优秀文化的影响力。

三是优化社会文化环境。文化环境对于社会个体成长的意义，总是在不知不觉、潜移默化中发挥作用。一个人的性格、信仰和能力等的形成，是"基于每个人的原初遗传天赋以及一种传统沉淀的过程，即在某个盛行着特定的信仰和习俗的既定环境中，一代代人所经历和继承的传统的沉淀"②。人们思维、心理和行为的成长长期受到其所处社会文化传统的影响，并受其约束和规范。这就是爱德化·希尔斯所说的"神圣的克里斯玛（Charisma）特质"，它对思想政治教育过

---

① 《马克思恩格斯选集》第1卷，人民出版社2012年版，第419—420页。
② ［美］爱德化·希尔斯：《论传统》，傅铿、吕乐译，上海人民出版社2009年版，第51页。

程（包括思想政治教育的内容、方式、价值取向等）产生潜移默化且十分深远的影响。在全球化的过程中，很大一部分国人受到西方享乐主义、个人主义、拜金主义的影响，过分追求物质利益，导致了极端个人主义倾向。外来腐朽价值观念、生活方式等对高校思想政治教育的冲击，通过现代网络平台，直接进入学生的生活和学习领域内，对学生思想成长产生了极大的影响和侵蚀。因此，我们应当优化社会文化的大环境，营造以传统优秀文化为主体的社会文化氛围。

2. 改善思想政治教育沟通主体微意识的家庭环境

苏联教育家马卡连柯认为，作为父母，"你们怎样穿戴，怎样同别人说话，怎样议论别人，怎样读报——这一切都对儿童有重要意义"[①]。以父母为核心所组建起来的家庭，成为每一个社会个体走向社会的第一"场景"。家庭为个体的成长提供了特定的经济、文化条件和基础，成为每个个体逐步社会化的最重要的因素。对于社会成员来说，其人生接触到的第一个教师就是自己父母，所接受的最初的社会规范，也是在家庭生活中养成的，每一个人都"像是一个演员在戏台上都得按指定了的角色照剧本规定的程序进行表演"[②]。同时，每一个人又在参与社会实践的过程中，对家庭、生活等形成新的认识。可见，改善家庭环境对于思想政治教育主体的思想成长和心理发展十分重要。

然而，在当下的家庭教育中，由于市场经济的冲击，家庭作为孩子第一教育场所的作用日益弱化，甚至成为影响个体思想成长和心理成熟的消极因素。一是父母自身教育水平不高、教育观念落后、对孩子盲目溺爱，从而导致孩子养成不好的品质如自私、独立性差、自主性不强等等；二是经济社会变迁和家庭结构的变化，尤其是独生子女、单亲家庭等现象的存在，导致家庭教育上产生了一系列负面作

---

① 《马卡连柯全集》第 4 卷，人民教育出版社 1956 年版，第 400 页。

② 费宗惠、张荣华编：《费孝通论文化自觉》，内蒙古人民出版社 2009 年版，第 277 页。

用，如独生子女导致父母的过分溺爱和期望过高，对网络的沉迷使孩子不愿和父母及同龄人沟通，单亲家庭造成孩子性格叛逆等。还有农村父母外出打工赚钱，无法陪伴孩子造成留守儿童现象，出现了大量隔代教育现象等等。家庭环境的变化，直接影响着学生的心理成长和思想变化，并对高校思想政治教育工作产生或积极或消极的影响。"思想政治教育课本身有严肃性和政治性，一旦脱离学生的日常生活，就会使他们觉得缺乏生命体验，进而产生厌学情绪和排斥心理，造成思想政治教育的认同障碍。"① 因此，作为教师和家长，应当有意识地为学生营造良好的家庭氛围，有效"缩短"思想政治教育内容的科学性、系统性与学生生活实际、生存环境之间的时空差距，需要根据经济社会发展和思想政治教育工作实际，不断改善家庭环境。一是提升父母的素质，形成积极乐观、和睦融洽的家庭氛围。在一个家庭里，父母是其核心，父母自身的教育情况、精神面貌、夫妻关系等因素，都会对孩子产生正面积极的或负面消极的影响，"孩子是父母的一面镜子"。因此，要改善家庭环境，首先就要提高父母的自身素质，为孩子们的成长创造一种温馨、友爱、和谐的氛围。二是树立良好的家风。"家风是一个家庭长期培育所形成的一种文化和道德氛围，具有强大的感染力量，是家庭伦理和美德的集中体现，是一种文化资本。"② 家风一经形成，就会对其家庭成员产生潜移默化的影响，规范并约束家庭成员的言语表达和行为。好的家风令家庭成员精神振奋、积极向上，家风不正则只能培养出卑劣之人。三是家长要改善教育方式。家长的教育方式不同，会培养不同类型的孩子，这就要求家长在教育子女时运用科学的教育方法。家长要在正确认知孩子个性特征的基础上，尊重孩子的个性，树立现代教育观念，注重与孩子进行多元化沟通。

---

① 隋宁：《思想政治教育先在结构研究》，人民出版社 2015 年版，第 127 页。

② 于大水、王景迁、周洪江：《村民素质教育：乡村治理的基石》，人民出版社 2013 年版，第 206 页。

3. 净化思想政治教育沟通主体微意识的网络环境

互联网的出现，对社会生活的各个方面产生了深远的影响，现代传媒手段将地球变成了地球村，人与人之间的交往变得更为密切。构筑高校思想政治教育的网络环境，深入探索网络时代下思想政治教育沟通的新情况新问题，是优化沟通环境，提升沟通效果的重要方面。网络环境下人与人之间的交往与沟通，以其开放性、交互性、即时性和隐匿性等特点区别于传统媒体渠道下人际交往，在创新思想政治教育沟通平台、沟通渠道、沟通方式等方面，开创了一个更加广阔的空间。然而，网络媒体是一把双刃剑，它不仅能够为信息传播提供全新的渠道和方式，同时，也对信息传播留下了诸多可被人利用的漏洞和缺口，尤其是网络虚拟化特点导致思想政治教育主体的情感冷漠，"宅"群体丛生，严重地影响了人与人之间的有效沟通。正因为网络是一柄双刃剑，我们才有必要对网络环境进行净化，以确保思想政治教育沟通的顺利进行。

（1）加强互联网立法，有效监控和管理网络信息。加强网络监控，过滤不良信息的泛滥传播，是净化网络环境的有效措施和重要保证。面对鱼龙混杂的网络信息，政府应使用技术手段，强制检查和过滤有害信息，控制信息源头，净化网络信息空间。对于非法信息、黄色信息、暴力信息和网络谣言的传播，应通过法律和行政手段进行限制和制裁。

（2）搭建思想政治教育专题网络平台。伴随现代互联网技术的发展，学生因其对新生事物比较敏感、掌握和使用新技术比较快等优势，已经成为使用互联网平台、参与互联网交流的主要群体。但是，学生还处于思想成长、心理成熟的过程中，对良莠不齐的网络信息缺少必要的鉴别、批判能力，难免受西方思潮的影响和冲击。因此，我们应当在做好学生网络引导工作的同时，努力搭建思想政治教育的专题网络平台，加强线上与线下教育的有机结合，帮助学生不断提高信息分析和鉴别能力。

（3）随时关注互联网发展动态，未雨绸缪。"互联网应用的模式变化很大，经历了以'人机对话'为主到'人与人对话'为主的蜕变。"① 互联网由技术、平台等物的存在方式和特点，逐步转向以人的生存为核心。这种从物到人，从平台到思想信息的转变，使得互联网发展的意义已经超越了技术本身的意义和价值，成为影响社会成员生存和发展的重要因素。基于此种认识，高校思想政治教育工作必须对互联网的发展给予特别的关注，对于学生在网络时代下思想上、心理上出现的新情况、新现象给予及时应对，采取必要的、有针对性的措施，做到防患于未然。

4. 构筑思想政治教育沟通主体微意识的校园机制

（1）构建培育主体微意识的工作机制。思想政治教育工作是一项需要全员参与、全方位协调的动态过程，伴随着微博、微信等新型媒体的发展和普及，必然需要思想政治教育工作做出相应的调整和适应，从而为培养思想政治教育沟通主体的微意识创造条件。

一是探索民主平等工作机制。对于思想政治教育沟通来说，构建起民主平等的工作机制，是改进沟通方式、增强沟通效果的基本要求。首先是民主管理。民主管理的原则体现在对学生主体地位的确认和尊重上，师生在互相平等的前提下进行对话。"教学活动中，师生之间的地位是平等的，要相互尊重、平等交流，从而启发学生的内在需求，实现学生主体意识、自主能力以及创造才能提升。"② 为了确保思想政治教育沟通过程的顺利推进，学校应从政策制定、方案设计和课堂安排等方面，突出师生平等、互动交流的沟通原则，充分尊重和发挥教师主体和学生主体的特性，使这些规章制度能够真正内化为主体自觉的习惯。其次是民主参与。通过各种座谈会、书面报告、网

---

① 陈志勇：《新媒体时代的大学生思想政治教育》，中国文史出版社 2014 年版，第 10 页。

② 王虹、刘智：《新媒体时代高校思想政治教育创新研究》，中国社会科学出版社 2012 年版，第 82 页。

络留言等形式，征集思想政治工作者对学校和院系的意见和建议。结合教师和学生的特点，举办各种活动，鼓励其踊跃参与，提升其主体意识。最后是民主谈心。民主谈心，需要思想政治教育者利用现代网络技术，创造尽可能多的师生沟通交流的机会，增进双方相互了解和认同。新媒体时代的到来，即时沟通的便捷性为师生交流和民主谈心提供了更加有利的平台和渠道。"即时通信强大的人际交往、群体沟通功能，有效解决了大学生思想有问题难以及时求助教师、老师不能及时了解学生的思想状况等方面的问题。"①

二是完善自我管理体制。新媒体对于信息传播中主体自觉性给予高度重视，因此，在高校思想政治教育工作中，应当构建和理顺管理体制机制，围绕沟通主体自我管理目标的实现开展工作。第一，要重视党组织的作用。要建立健全党内民主制度，定期举行民主生活会，促使思想政治教育者对自己在工作和生活中的表现进行定期反思；要积极引导学生递交入党申请和参加党课学习，培养学生积极分子，发挥其良好的带头作用。第二，要建立健全各种组织。完善各级教师组织，特别要重视教研室的作用，使教研室能够真正成为思想政治教育者进行沟通和提升自己教学科研水平的平台；同时，建立各类思想政治教育者的兴趣小组，由思想政治教育者选举管理者进行自我管理；建立院系和班级学生组织，对学生进行日常管理，通过民主选举产生班干部和院系学生干部，对于班级和院系的重大议题，应该首先由学生干部提出基本解决思路，在征求学生意见的基础上加以确定。第三，要发挥榜样示范作用。发掘思想政治教育者中的中青年骨干，培养其成为教学科研的"领头羊"，激发其他思想政治教育者的主体意识；着力培养能力强的学生干部，增强其影响力，发挥其榜样示范作用，促进学生自我管理能力的提升。

三是健全思想政治教育主体的培育机制。据调查，目前大部分高

---

① 王虹、刘智：《新媒体时代高校思想政治教育创新研究》，中国社会科学出版社2012年版，第169页。

校没有设立专门的主体意识培育机构。从辅导员队伍的主体意识培育来看，其管理工作归属学校人事管理部门和学生工作管理部门负责，但是，在这两个分管部门内，又没有就辅导员的主体意识培育工作进行专门的安排，只是笼统地与辅导员的业务培训混为一体。再加上人事和学生管理部门等行政事务性工作繁多，往往没有精力和时间来关心思想政治教育者主体意识的培养。从思想政治理论课教师队伍主体意识的培育来看，也缺乏相应的体制机制安排。在现行的教育体制下，马克思主义学院具体负责思想政治理论课教师的管理工作，但往往仅限于教师教学和科研素质方面的培养。从学生方面来说，团委、学生处等行政部门往往只重视学生活动的组织和开展，辅导员作为思想政治教育的直接执行人，几乎整天都在忙于来自上级布置的事务性工作。从思想政治理论课教师自我发展的角度来看，他们也无暇顾及主体意识的培养，迫于职称评定的压力，把主要的时间和精神忙于发论文和做课题，自我发展和成长工作被忽视。因此，高校只有建立健全相应的管理机制，突出思想政治教育主体自主意识培育的重要性，思想政治教育者和受教育者主体意识的培养才能切实地开展起来。

优秀的思想政治教育者能够以其自身人格魅力和卓越学识，引导学生汲取精神力量，提升自身的主体意识。因此，高校除了要增设专业的组织机构以外，还应当提高思想政治教育者在教师队伍中的地位，重视高层次思想政治教育者的培养，确保思想政治教育者在学校有发声的权利。同时，应将主体意识教育纳入教师培训课程，对相关的管理人员和思想政治教育者逐步进行主体意识的培训，进而引导学生增强其独立自主的主体意识，创设出"学生在场"的教育环境。

（2）创建良好的校园文化氛围。费孝通先生认为："文化是人为的，但这里只指文化原件的初创阶段，它是依靠被群体中的人们所共同接受才能在群体中维持下去。一群社会人相互学习利用那些人文世界的设施,包括物质的和精神的,或说包括它的硬件和软件进行生活。"① 基于费先生的理解,校园文化是由工作、学习和生活在校园内的师生共同"努力"的结果,这种努力大多数时候是无意识的,共同建构起来的、共享其中的一个校园独具特色的精神或文化事象,表现为校园文化的显性方面和隐性方面的总和。显性校园文化包括校园环境,如建筑、雕塑、图书资料、文化设施、社团组织、各类活动等,隐性校园文化则包括校风、校园舆论等。校园文化是一所高校内在气质的体现,积极的校园文化具有强烈的时代气息和极高的凝聚力,与学校师生的生活工作相互适应、协同发展。校园文化作为隐性思想政治教育的重要组成部分,深刻地影响着教师主体和学生主体的认知态度、工作理念、人生价值和理想信念。因此,创建良好的校园文化氛围,就成为改进思想政治教育沟通效果的重要途径。

一是加强校园文化环境建设。"物质文化环境是校园价值观的直接体现,是校园文化的外层表现。"② 高校应当着眼于思想政治教育工作的实际需要,汲取本土文化、校园文化的实质和精髓,完善或建构校园的物质文化环境。物质文化环境是外显的,对思想政治教育工作起到明显的作用,精神文化环境是内隐的,但其对学生思想成长的影响是持久的、永续的。因此,在加强校园物质文化环境建设的同时,还应加强校园精神文化环境的建设。精神文化环境与物质文化环境之间相互补充、相得益彰,共同承载着思想政治教育间接的、隐性的育人功能,如结合学校发展历史和现实特色,凝练校歌校训,设计校徽校标,命名校园道路、湖泊等。良好的校园文化环境有利于学生身心健康,能够为师生交往活动及其主体意识的培育提供绝佳的场所,能有效促进思想政治教育主体沟通的情境相融。

二是组织形式丰富的业余活动。思想政治教育不同于专业知识教

---

① 费宗惠、张荣华编:《费孝通论文化自觉》,内蒙古人民出版社 2009 年版,第 192 页。

② 钟洪:《论校园文化建设和高校德育环境》,《湘潭工学院学报》(社会科学版) 2002 年第 4 期。

育，它与受教育者的生活和学习息息相关，因此，"思想政治教育只有贴近生活、贴近实际、贴近受教育者，才能将传递的思想观念回归生活世界并帮助他们解决现实生活中的精神困惑，实现从可爱到可信"①。在高校内，组织开展形式多样的业余活动，丰富学生业余文化生活，充实学生精神成长的现实需要，强化社会主义核心价值观的引领，都是高校思想政治教育工作的主要形式。美国著名教育家杜威就对以生活来促进学生教育的方式倍加推崇，他认为"生活即教育"，"社会生活不仅和沟通完全相同，而且一切沟通（因而也就是一切真正的社会生活）都具有教育性"②。具体来说，高校学生的业余活动主要包括艺术设计类、音乐表演类、体育竞技类、社会实践类等方面，通过演讲比赛、体育竞技、艺术设计等社团活动，不断提升学生主体的参与意识、自主意识，从而不断增强学生主体相互沟通的自觉性、主动性。

三是搭建多样化的网络沟通平台。"大学生网络自组织，在高校出现时间不长，其自组织本身具有很强的隐蔽性，不容易被自组织以外的成员发现，容易被高校思想政治教育工作者忽视，但是学生网络自组织不管是在高校内部还是在社会上，都是一个非常重要的网络舆论窗口。"③ 网络一方面拓展了学生的眼界和交往面；另一方面也导致了其对网络的过度依赖，令其逃避面对面的直接交往。同时，网络中匿名交流的方式也造成了诸如心理畸形和现实人际关系的疏离；人们可以通过网络自由而充分的表达自己的思想，但是过度的自由和完全的无约束导致各种虚假、错误、黄色、暴力的信息充斥网络，扭曲了社会思想导向；年轻人热衷于网络构筑的虚拟世界，喜欢用各种网

①　盛跃明：《思想政治教育转型论：现代性的观点》，人民出版社 2015 年版，第 233 页。

②　［美］约翰·杜威：《民主主义与教育》，王承绪译，人民教育出版社 1990 年版，第 6 页。

③　季海菊：《新媒体时代高校思想政治教育的解构与重塑》，东南大学出版社 2014 年版，第 343—344 页。

络语言，而其他群体处于各种原因很少上网，根本不懂网络用语，增加了社会群体间在信息和语言上沟通的困难；网络造成经济犯罪日增，成为赌博乐园，等等。学校要密切关注思想政治教育沟通主体的特点，开辟思想政治教育的新渠道。

面对网络全方位的普及和冲击，学校应转换工作思路，通过各种途径来端正思想政治教育主体意识。一是加强科技人文观念教育。引导思想政治教育的教师主体和学生主体正确认识到科技是"以人为本"，科技是为我所用，我们是科技的主人，不能被科技所奴役。帮助思想政治教育主体将上网的时间转移到搜集知识信息、扩展视野上来，而不是一味沉溺于聊天、玩游戏、网恋、甚至是犯罪。二是开辟网上思想政治教育阵地。通过网络开展主体意识的宣传和教育，进行各种交流和讨论。三是建立线上线下互动机制。利用互联网发展的最新成果，尤其是新媒体技术和平台，强化社会主义核心价值观的宣传和引领，引导学生在虚拟世界与现实生活的互动中，进行思想观念、道德规范的学习和交流，发挥网络的积极作用，增强思想政治教育主体抵制网络不良信息的自主意识和自觉意识。

5. 激发思想政治教育沟通主体微意识的内在动力

思想政治教育沟通的理想境界就是思想政治教育者和受教育者都能主动进行自我教育，自觉、自主的进行选择、建构和内化沟通信息。思想政治教育沟通主体微意识的培养，需要从新媒体时代的社会环境和主体自身素质两个角度来着手。一方面，"人生活在社会中，社会环境从多层次、多角度引导人们的价值选择，为思想政治教育先在结构的发展开辟了新的视野和途径"[①]；另一方面，主体的内部图式"把主体的需要意识、价值观念、知识经验等分类储存在大脑中，在碰到外来刺激的时候，主体就会试图把刺激归入到其现有的图式中"[②]。因此，对于思想政治教育主体来说，社会环境因素与主体内

---

① 隋宁：《思想政治教育先在结构研究》，人民出版社 2015 年版，第 90 页。

② 同上书，第 74 页。

部图式之间的互动，构成了主体微意识培养的内在动力。

（1）转变观念，增强主体平等沟通意识。长期以来，由于教师往往具有较为专业知识和人生阅历，在思想政治教育沟通中往往处于权威地位，学生则处于从属地位。"在这种模式中，思想政治教育者掌握着话语权，处于主体地位；相反，受教育者机械式地接受灌输，被置于客体地位之上。在这样的环境中，教育者很容易成为道德权威和教育活动的主宰。"① 但无法否认的事实是，学生具有较为成熟的认知和评价能力，希望受到教师的平等相待并尊重其主体性。与学生进行沟通，教师既要从理论知识素质的角度，与学生之间达成共识；还要从个人修养和人格魅力的角度，赢得学生的尊重和爱戴。同时，教师还要不断加强对学生成长经历、心理状况及生活境遇等方面的全面了解，主动接触学生，与学生共同学习、共同成长、共同提高；而学生也要摒弃以往"怕老师"的传统观念，敞开心扉，自由的向老师吐露自己的想法，真实地表达自我，师生共同创造沟通的平等氛围。

（2）正确认识自我，制定主体意识发展计划。首先，要正视自身特有而其他群体没有的气质和特征，学会相信自己。其中，思想政治理论课教师主体的主要特征是专业性强，辅导员主体的主要特征是阅历丰富，相对而言，学生主体则在知识和阅历上均处于弱势，他们正处于人生的成长阶段，其各方面尚未成型，如同一张白纸，其前景变化多端，但是，思维活跃、接受新事物快，尤其是参与新媒体交流的态度和能力更强一些。其次，要树立科学正确的理想信念。树立理想信念的一个重要途径就是阅读，通过阅读专业书籍和充满正能量的书籍，思想政治教育主体能够站在前人的肩膀上，以一种更为广阔的视角，更好地认识自我、评价自我、反观自我。最后，要正确认识自我。突出强调形成思想政治教育主体意识的关键步骤，在于正确认识自我，在于把自己置于高校思想政治教育教学的客观实践之中，在于

---

① 盛跃明：《思想政治教育转型论：现代性的观点》，人民出版社 2015 年版，第 212 页。

与受教育者相互交往，在于实现自我理想目标的追求中实现自我。一方面，思想政治教育主体要将过去自我和现实自我做比较，既看到存在的不足和差距，还要看到取得的进步和成绩；另一方面，还要比较理想自我和现实自我，通过比较看到自己有哪些进步，有哪些需要进一步努力的目标和方向。基于自我发展、自我实现的目标追求，合理制订主体意识发展计划，以不断增强思想政治教育主体的微意识。

（3）积极体验自我，获得自我尊严和价值。马克思主义把人看作是积极参与社会实践并在实践中不断发展自我的现实的个体，通过人的实践活动，不断地改造客体。思想信息在不同沟通主体之间的传播和交流，就是一个具体的社会实践过程。对沟通主体来说，思想信息接收的过程，同时也是一个丰富自身经验和体验的过程。主体的自我体验不同于道家纯粹心理或精神的活动过程，"人始终处在交往中观察新事物，也寻求与周围社会关系的保证和指引，同时向别人证实自己与对方的同一性和对其关系的了解"[1]。其中，自我价值得到实现的人更加乐观、自信、主动，而自我价值没有得到实现的人则往往较为自卑、没有自主性。自尊感较强的人更有自尊心和自豪感，更容易形成较强的主体意识。"可见，体验融合了主体的生命情感和生活经验，是思想政治教育的重要认知方式。"[2] 在具体实践中，可通过以下途径来形成积极的自我体验：一是树立正确的人生价值观，使其成为思想政治教育主体自我发展的导向和动力。人是社会性的动物，离开了社会，人就无法生存。无论是思想政治教育者还是受教育者，都要把自己纳入集体之中，在服务社会并实现自身社会价值的同时，不断增强自我价值获得感和尊严。二是要提升外在形象。要养成健康的体格，注重自身的仪表，举止落落大方，有很好的修养，增强自身在群体中的接纳程度。三是提高自我效能感。认真做事，寻找可以效仿

---

① 陈力丹：《精神交往论：马克思恩格斯的传播观》，中国人民大学出版社 2008 年版，第 41 页。

② 隋宁：《思想政治教育先在结构研究》，人民出版社 2015 年版，第 41 页。

的榜样，并设想自己只要努力就能和榜样一样成功，同时争取与自己
关系亲密的人或者成功人士的指导和鼓励。

三 微视角下思想政治教育沟通机制创新的主体需要

开展高校思想政治教育工作的目标很明确，一是为了培养一定社
会发展迫切需要的合格人才，二是为了实现受教育者自己的成长和发
展。因此，思想政治教育实质上体现为主体需要的满足。"思想政治
教育的产生归根结底还源于一定主体的利益需要。满足一定主体的需
要，实现一定主体的根本利益，是思想政治教育产生的价值根源，也
是思想政治教育产生的最重要根源。"① 需要是人类社会一切时代下、
一切实践活动的最原始最根本的动因。就思想政治教育实践来说，其
需要首先体现在社会层面上，即一定社会发展对社会成员素质，尤其
是思想道德、政治倾向等方面素质的需要；在个体发展层面上，主体
需要体现在社会成员的自我发展和自我实现，在不同的历史发展阶段
上，主体需要的层次和内容都有其历史的特殊性。马克思将人的需要
置于人类历史发展中进行考察，认为人的需要是"人的本性"，需要
是人作为"生产者的素质"。

（一）思想政治教育主体需要的构成

参照马斯洛的需求层次理论和众多学者的研究成果，依据主体的
实际情况，结合思想政治教育的过程，本书认为，思想政治教育沟通
主体的需要，可以从物质需要、求知需要、社交需要、尊重和成就需
要、自我发展需要等方面来把握。

1. 物质需要

物质需要是指满足思想政治教育沟通主体生活、学习或工作所必

---

① 倪愫襄：《思想政治教育元问题研究》，中国社会科学出版社2014年版，第80页。

需的物质条件，是思想政治教育主体之间进行沟通的基本保障，如果物质需要无法得到满足，思想政治教育沟通实践就会失去物质条件的支撑。从教育者主体的角度来看，物质需要主要包括生活质量需要和工作需要。生活质量需要是社会个体得以生存、个体生命得以延续的前提，是思想政治教育主体维持其自身和亲人生存发展最基本的物质条件，主要满足主体的吃穿住行等基本生理需要。具体来说，主体的物质需要主要包括一定数量的收入和福利、满足基本需要的住房，以及保障基本生存生活的保险，如医疗保险、养老保险、失业保险等。工作需要则包括思想政治教育者为了保证教学和科研工作的完成而必需的物质条件，如办公室、教学资料、期刊杂志、个人电脑等等。对于学生而言，主要包括生活和学习的需要。生活需要是指学生为了满足自身衣食住行的需要，包括宿舍条件、食堂条件、通信手段等等。而学习的物质需要则是指学生为了完成学业所需要的好的学习环境（如教室等）、充分覆盖的网络、藏书丰富的图书馆等等。思想政治教育主体的物质需要是一个动态的存在，随着时代的发展而不断变化，总体而言有不断增加的趋势。值得注意的是，随着信息技术的不断发展，电脑和网络（包括有线网络和无线 WIFI）业已成为思想政治教育主体不可或缺的基本物质需要。

2. 求知需要

人类探索未知世界的愿望和需要，是人有别于其他动物的重要方面，也是人的基本心理特征之一。对于思想政治教育沟通主体来说，只有保持旺盛的求知欲，才能具有学习知识和技能的充足动力。思想政治教育沟通主体作为特殊的人群，必然具有其自身特殊的需要。从事着思想政治教育沟通活动的人群，其主要实践活动是围绕着思想政治教育进行的，而思想政治教育的直接目的就是培养受教育者的认知能力。因此，求知需要必然是思想政治教育沟通主体中最基本的需求。思想政治教育者主体作为从事教育工作的专业人员，"要胜任高度复杂而又创造性的专业工作，提供专门性服务，就必须以掌握高度专门化的知识为前提"①。因此，思想政治教育者主体的求知需要主要表现为通过不断学习专业知识深化自身的专业素养，通过学习多媒体知识提升自己的媒介素养，通过对沟通知识的学习升华自己的沟通技巧等。对思想政治教育的受教育者主体来说，求知需要内含于参与教育教学实践活动的动机之中。作为教育对象的学生，其思想政治品德状况与社会主流意识形态要求之间的差距，以及通过教育不断地减小差距而适应社会需要，构成了学生主体求知需要的全部内容。"思想政治教育活动所要达到的目的，是使教育对象认同社会主流意识形态，并将之内化为自己的思想观点、价值观念，外化为自觉的行为习惯，从而提高教育对象的思想政治素质。"②因此，无论是基于学生自我成长需要，还是解决学生思想与社会发展之间的矛盾，都需要我们调动学生自觉追求、主动满足求知需要的积极性和主动性，引导学生完成由被动学习向主动学习的心理转变。

3. 社交需要

在马克思主义的视野里，社会交往是在人们最初的生产实践，即认识和改造客观世界的实践活动中形成的基本需要之一。在人类社会发展之初，较低的生产力水平不足以支撑起社会个体的生活需要，因此，人与人之间必须结成一定的群体共同谋生活才能在恶劣复杂的环境中得以存活。"人们是自己的观念、思想等等的生产者，但这里所说的人们是现实的、从事活动的人们，他们受自己的生产力和与之相适应的交往的一定发展——直到交往的最遥远的形态——所制约。"③社会生产的实践水平、实践技术手段等决定着人们交往的需求层次和水平。对于思想政治教育沟通主体来说，社会交往需要主要是指思想政治教育沟通主体对于友谊、爱以及归属感的心理需求，取决于思想政治教育沟通实践层次和沟通技术手段的高低。在思想政治教育沟通

① 余文森、连榕等：《教师专业发展》，福建教育出版社2015年版，第57页。
② 郑永廷主编：《思想政治教育学原理》，高等教育出版社2016年版，第212页。
③ 《马克思恩格斯选集》第1卷，人民出版社2012年版，第152页。

中，不管是教师主体还是学生主体，只有在与其他主体的相互沟通中，才能不断地认识自我、认清自己的社交需要，也只有在沟通实践中，才能不断地满足自我的社交需要。社会交往在本质上就是一种沟通，当物质需求得到满足后，社交需求就会突显出来，进而产生激励作用。思想政治教育者的社会交往需要主要包括：优美的校园环境、和谐的同事关系、良好的学术氛围、融洽的师生关系等等。思想政治教育者希望很好地处理与学生、与同事、与领导的关系，找到自己的归属和价值。受教育者的社会交往需要则主要体现在：与同学和朋友保持良好的人际关系；希望在遇到问题时能得到他人的支持、帮助和指导；自由平等地与教师进行沟通交流等。

4. 尊重与成就需要

尊重与成就需要是指思想政治教育沟通主体对于自己的学业或者职业的敬业追求，希望自己的努力和付出得到他人的认可、追求外在成功的需要。思想政治教育沟通中教师主体的尊重需要表现为：热爱自己的职业、希望受到学生、同事、领导的尊重、希望受到社会的尊重。他们的成就需要表现为：一是希望"桃李满天下"，为社会培养更多的优秀人才，获得为人师的成就感；二是多出科研成果，撰写论文，研究课题，希望能为社会所用，获得他人承认的成就感；三是希望获得更好的工作条件、更多的进修机会，从而得到晋升。然而，目前在各高校中，由于对思想政治教育工作认识上存在的"偏见"，普遍存在着思想政治教育中教师主体尊重与成就需要得不到满足，甚至出现消极的、负面的评价的现象。思想政治教育沟通中学生主体的尊重和成就需要则表现为：获得同学和朋友的尊重；避免使自己处于被羞辱或者失败的困境；控制他人，使他人服从自己；在学业上、娱乐或者兼职方面胜过他人，获得奖学金等荣誉，取得成功。在具体的思想政治教育工作中，学生主体在尊重和成就上的需要也存在着一些问题，主要表现为正确世界观、人生观和价值观、荣誉观的树立，以及如何获得成就等方面。

5. 自我发展需要

自我发展需要是马斯洛关于个人需求的较高层次，是主体自我认同、自我发展的目标。就思想政治教育主体而言，自我发展需要的实现，是在思想政治教育沟通实践过程中，主体对自我需要实现程度的确认。在尊重性需要得到满足的基础上的一种更高层次的追求，它是一种追求精神享受的心理需要。马克思指出：人的应然状态应该是"自由而全面的发展"[①]，自我发展表现为思想政治教育主体通过学习或者工作充实了自己的人生，得到了精神上的满足。新的时代不断促发新的领域，新技术的不断涌现和教育技术的不断更新，思想政治教育者必须不断提升自身能力，更新知识、提升理论素养和技能。因此，终身学习和继续教育成为思想政治教育者的内在需求。思想政治教育者主体通过学习获得了超越性的精神享受，超越了自我的局限，实现了精神上的解放和自由。而受教育者主体则希望通过获得成长性经验和发展潜力而实现自我成长，渴望通过丰富自己的内在和外在得到自我完善，为了自身发展而对环境提出更高的要求，希望自己具备良好的心理素质和高尚的道德修养，能够帮助他人，为社会发展贡献自己的力量等等。

（二）思想政治教育沟通主体需要的功能特征

在以上各种需要中，物质需要和安全需要是思想政治教育主体进行沟通的前提和基本保障，是基础层次的需要；求知需要、社交需要、尊重和成就需要是保证沟通得以顺利进行的更高层次的需要，不妨称之为沟通过程需要；自我发展需要则是沟通进行结束后的需要，是最高层次的需要，也是下一轮沟通得以继续进行的保证。

1. 微视角下思想政治教育沟通主体需要的基本特征

在人类社会发展的历史进程中，主体需要的变化总是与人类社会

[①] 《马克思恩格斯文集》第 1 卷，人民出版社 2009 年版，第 194 页。

实践相伴随。进入 21 世纪以来,新媒体给人类社会带来的巨变,已经深入到社会生活的方方面面,并通过社会生活的变革,影响到高校思想政治教育工作,从思想政治教育实践的各个要素、各个环节,变革着思想政治教育沟通的方式方法,并在潜移默化中影响着主体需要。在思想政治教育沟通实践中,由于参与沟通活动的大都是青年大学生,因此,新媒体对其需要的影响更大、更深刻。

(1) 主体需要的层次性:去序差化和细致化并存。第一,主体需要层次的去序差化。新媒体时代下人际沟通的扁平化趋势,正在不断削弱马斯洛"需求层次"之间的间隙,无论是生理需要还是自我实现的需要,会同时出现在思想政治教育沟通主体的现实需要中,呈现出"去序差化"的基本特征。马斯洛需求层次理论的建立,是与其社会实践、思想发展的现实相一致,是与传统媒体时代人际沟通特征相一致。"由于传统媒体新闻传播只是由媒体单方面进行的,长期以来我国传统媒体在发展历程中始终处于唱'独角戏'的尴尬地位,因此很难与读者间形成良好的互动。"[1] 传统媒体在信息传播上的序差化,在一定程度上影响着人们思想观念和需要层次的序差化。当代社会信息技术极大丰富了人们的想象力,整个社会的观念更趋于平等,使人们不再墨守成规,亦步亦趋,而认为"一切皆有可能","你不知道你正在网络上和一只狗对话"。观念的变迁模糊了思想政治教育主体需要各个层次之间的原本明确的界限,主体需要层次的等级性和渐进性也出现了新的变化,各个需求层次之间的差距,不再像登山梯那样层级分明,与此相反,呈现出去序差化的发展趋势。换言之,人们可能逾越低层次需求的界限去实现更高层级的需求,需求的层次并不是由低而高依次排列的,而是并列存在的,是你中有我,我中有你,而非界限分明的。

第二,主体需要层次的精细化。需要的层次性决定了思想政治教

①　季海菊:《新媒体时代高校思想政治教育的解构与重塑》,东南大学出版社 2014 年版,第 40 页。

育主体需要类型或种类的无限丰富性。从不同主体的需求来看，在高校思想政治教育沟通过程中，教师主体的需求与学生主体的需求之间，存在着较大的差异，即使教师主体内部，思想政治理论课教师的需求与高校学生辅导员的需求也存在着较大差异，单就沟通技巧需求来说，也有不同的需求。从学生主体来看，精英学生和一般学生的需求亦有不同。从个体主体需求来看，无论教师主体还是学生主体，其出生、成长和发展过程都各不相同，由此而形成了各自不同的知识修养、政治素养和心理素质，因此，建立在差异化主体成长经历和素养基础上，每一个参与思想政治教育实践过程的主体都有其独特的、个性化的需要；除此之外，对于某一具体主体来说，在个体发展的每一个阶段，都会形成其不同的需要。从主体需要的性质来看，也存在着需要正当与否、合理与否的问题。随着社会的发展，技术的进步，物质生活极大丰富，精神追求亦层出不穷。思想政治教育沟通主体在先前的需要得到满足后又会产生新的需要，正所谓"人心不足"，人的需要总是在走向不断丰富化、差异化和细致化之中。也正是因为主体需要的无限性，才为思想政治教育沟通机制的创新提供了源源不断的内在动力。

（2）主体需求的能动性：空前释放和渐趋异化同在。主体需求是在社会实践活动中形成的。一旦主体在思想政治教育沟通过程中有了某种心理需求，就会按照"为我"的方式积极主动地进行活动。正如马克思所说："有意识地生命活动把人同动物的生命活动直接区别开来。正是由于这一点，人才是类存在物。或者说，正因为人是类存在物，他才是有意识的存在物，就是说，他自己的生活对他来说是对象。"[1] 站在马克思主义的立场上，主体需求的能动性，恰恰就是人与动物相揖别的重要特征。动物的需求完全出自动物自身的生理需要，而人类的需求不仅有动物性生理需要的一面，而且有人类理性反

---

[1] 《马克思恩格斯选集》第 1 卷，人民出版社 2012 年版，第 56 页。

思的一面。简单地说，人类作为实践主体，其需求具有特别的意义和价值。主体需求的能动性体现在主体自觉、主体自省以及主体自我满足上。另外，随着人类社会的不断发展，满足主体需求的方式和途径，以及满足主体需求的产品供给，都越加丰富和充实。

需要的发展和主体的能动性的发展密切相关，能动性的异化导致需求的异化。费尔巴哈早就指出，主体活动的结果将反过来支配主体。人在实践中不断提高自身的能动性，而人的需要也随之不断发展和更新。现代社会，科技日新月异，特别是网络的日渐普及，人类对于自身的能动性具有空前自信，根据个人和社会的各种需要开发出各类从满足国计民生到满足人的自我实现的产品。产品数量和种类的极大丰富反过来又导致了人们提出更多和更高层次，甚至是荒谬的需求，而人不得不自食苦果。如此循环往复，终有一天，人类的能动性将无法满足人类的各种稀奇古怪的需求。同时，人类发挥主观能动性开发出的各种产品在不断满足人类各种需求，未来的人类可能将无所事事，最终导致人类本身能动性的退化。

（3）主体需求的互构性：螺旋上升和可转化性共生。人是"社会存在物"①。社会创造了人的需要，人的需要受社会历史条件的制约，从某种程度上来说，人的需要是被历史所决定的，是不以人的意志为转移的。就像人不能选择自己的出生、自己的父母一样，人的需要也取决于人所面对的社会发展水平、人在社会实践中自我的表现和发展。人的需要是社会实践过程的产物，同时，人的需要的不断丰富又促使社会不断向前发展。社会条件与人们的共性和个性需求之间是互相建构的。如果社会条件能够满足主体需求，则社会将秩序井然；反之，社会将出现动荡，新的秩序将通过两者的斗争而出现。就思想政治教育沟通的主体需要而言，思想政治教育主体的需要不取决于主体的意识及其生理和心理特征，而是取决于人的社会本性以及人在思

---

① 《马克思恩格斯选集》第 1 卷，人民出版社 2012 年版，第 21 页。

想政治教育沟通中的地位和处于其中的客观环境。主体的需要是在思想政治教育沟通过程中（包括沟通前的准备、沟通过程和沟通后的反馈）产生的，这一实践决定了主体首先需要具有基本的物质条件，在沟通过程中具有交往和尊重以及自我实现的需求。与此同时，这些需求又反作用于沟通过程，促使沟通机制的不断优化，以满足主体在沟通过程中产生的新需求。比如，互联网的产生催生了人们对于上网的需求，在互联网尚不发达的时代，上网是一种相对而言不太普遍的高于衣食住行等基本需求层次之上的一种需求，或者说是更高层次的需求。同时，人们发现了上网的各种便利和好处，其上网需求的热情不断高涨，促使社会不断完善和发展各种上网设施和技术，技术的发展又推动了人们对于网络的更多需求。于是，当前社会中网络需求成为一种与人们的衣食住行相差无几的基本需求。因此，主体需要和社会的互构导致了需要的螺旋上升效应。

主体需求虽然是由社会历史条件决定的，但从某种程度上来说，不同主体的需求之间也是互构的。就思想政治教育的沟通实践而言，思想政治教育者主体的需要与受教育者主体的需要之间、思想政治理论课教师的需要与学生辅导员的需要之间、一般学生主体的需要与精英学生主体的需要之间的需求，都会呈现出既互相影响、互相制约，又互相促进、互相建构的关系，即互构性。如学生们的日益变化求知需求将促使教师不断更新自己的知识结构，改变自己的求知需求，同时，教师求知需求的更新也将促使学生的求知需求向更高的阶段发展。此外，众多的研究表明，学生中的精英对于一般学生具有典型示范的正面作用。思想政治教育沟通中的精英学生的需求也会对一般学生的需求产生较大的引导作用，同时，精英学生的需求也受到与其关系密切的同班同学的影响。由于主体需求之间的互构性，本来属于思想政治教育者的需求会影响到受教育者的需求，而精英学生的需求也可能会转化为一般学生的需要。换言之，主体需要之间互构导致了需求的可转化性。

2. 主体需要是推动思想政治教育沟通机制创新的内在动力

在思想政治教育主体的五类需要中，物质需要和安全需要是思想政治教育主体进行沟通的前提和基本保障，是基础层次的需要；求知需要、社交需要、尊重和成就需要是保证沟通得以顺利进行的更高层次的需要；而自我发展需要则是沟通结束后的需要。

（1）主体需要是推动事物发展内部动力。马斯洛曾经指出："需要是一个使人积极向上，促进人全面发展的动力因子。"人一旦有了需要，就会产生满足需要的心理，这种心理就会成为支配人的行为的内在动力，推动事物向前发展。因此，需要是促进人的生存和发展的内生动力和不竭源泉，人们依据自身的各种需要来制定行动的计划和实施行动，并在此基础上满足新的各种需要。如此循环往复，于是就产生了一个"需要——满足——新的需要——新的满足……"的螺旋式上升的循环，这种循环是推动事物发展的内在动力。

（2）主体需要是推动思想政治教育沟通机制创新的内部动力。马克思主义认为，主体的需要是人类一切实践活动的原始动力，是推动事物发展的内在源泉，通过主体的需要能够解释主体的行为。首先，思想政治教育主体对于物质的需要和求知的需要激发了主体参与思想政治教育活动的要求，这是促使思想政治教育沟通活动得以开始的起点和基本动力。思想政治教育者对住房、薪酬、社会保险的需要促使其投身思想政治教育实践，而思想政治教育过程本质上是一个沟通过程。学生的求知需要也是其开始参与思想政治教育沟通的出发点。其次，主体对于社会交往需要、对于尊重需要保证了思想政治教育主体能够自觉参与沟通过程，并自觉发掘各种手段来不断丰富这一过程，使得沟通能够顺利进行。思想政治教育者对于优美的校园环境、和谐的人际关系、良好的学术氛围的追求，对于职业成功和希望得到别人认可的渴求，促使其不断改进思想政治教育的沟通内容，创新沟通方式，调整沟通艺术。学生对于良好的同学关系、师生关系的需要，对于支援和帮助的需要等，也将驱使其不断转变自身的沟通观念，改变其沟通的手段。两者的需求促成他们对于沟通过程的不断调整，最终确保沟通得以顺利进行。最后，主体的自我实现需要促使主体对沟通过程进行反思，通过不断学习和自我调整来适应和创新沟通机制。思想政治教育者和学生通过参与沟通过程，不断调整自己的行为，享受了沟通顺利进行的快乐，获得了精神上的满足，这种满足会进一步转化为创新思想政治教育沟通机制的新动力。

（3）主体需要决定了思想政治教育沟通内容的层次性和多样性。尽管思想政治教育沟通的层次不是由高到低的，而是界限模糊、不具有序差性的，但不可否认的是，它仍然是层次的和多样化的。一般而言，思想政治教育主体的需要处于何种层次，则思想政治教育沟通的内容就会处于何种层次。当主体需要层次和沟通内容层次相符时，沟通内容就容易被接受。反之，一旦主体需要的层次与沟通的内容层次不相符时，沟通的效果将大打折扣。这也是当前思想政治教育沟通效果不佳的原因之一。如果学生关注的是物质需要，而思想政治教育者更关注成就需要，则两者的沟通就会有一定程度的困难。总体而言，在思想政治教育沟通中，教师相较于学生而言具有较高的求知需要、社交需要，以及更高的成就动机和自我实现动机，这在一定程度上妨碍了思想政治教育沟通的顺利进行。当然，也正是因为教师和学生各种需求上的差序性和跳跃性，促使双方沟通过程中不断调整、更新和丰富沟通内容，推动着思想政治教育沟通机制的不断创新。

（三）思想政治教育沟通主体需要的实证分析

在思想政治教育沟通实践中，主体需要既是一个主体性的问题，也是一个客观性的问题，主体需要也会随着人类社会的发展而呈现出社会历史性。主体需要及其满足过程，就是探索并创新思想政治教育沟通机制和实践方式的前提和基础。因此，在了解思想政治教育沟通主体需求的构成及其特征的基础上，我们对思想政治教育主体需求现状进行了问卷调查。

1. 主体需求概况

为了解各类需要在思想政治教育沟通主体需要中的排序情况，我们在问卷中设计了一道题目为"以下列出了大学生（思想政治教育者）的 5 类需要，请您选出自己认为最重要的 3 类需要，并按照重要顺序由高到低依次排列"。经过对问卷调查数据的统计分析发现，学生的需要并没有出现像马斯洛所期望的那样，即不存在序差性，其需要由强至弱呈现为：自我发展需要（45%）、物质需要（38%）、社会交往需要（31%）、求知需要（17%）、尊重和成就需要（16%）。而对于思想政治教育者的调查发现，思想政治教育者有高达 53% 的人选择了自我发展需要，其次是物质需要（38%）、求知需要（31%）、尊重需要（26%），排在最末位的是社会交往需要，仅占7%。从中我们可以看到，在思想政治教育者和大学生主体需求中，位居第一位的都是自我发展需要，第二位的都是物质需要，因此，我们在进行思想政治教育沟通时要重点关注和优先满足这两类需要。

我们还在问卷中设计了"以下五类需求中，哪些需求是您尚未得到满足的需求？请您选出最需要满足的三类，并根据其重要程度依次从高到低排序"这一问题。对于学生的调查结果显示，自我发展的需要选项高居第一位（占 43%），其次是社会交往需要（占 31%），然后是尊重和成就需要（占 30%）和物质需要（占 23%），排在最末位的是求知需要（占 16%）。对于思想政治教育者的调查结果发现，排在首位的竟然是物质需要（49%），其次是尊重和成就需要（占37%），然后是社会交往需要（占 32%）和自我实现需要（占23%），最后是求知需要（占 17%）。调查显示，关于目前主体需要中没有得到满足的需要，学生和思想政治教育者的选择出现了较大的差异。学生主体尚未得到满足的需要中，占前三位的分别为自我发展需要、尊重和成就需要、社会交往需要，这三类需要均属于精神层面，因此，教师在开展思想政治教育工作时，要更加重视学生的精神需求。在思想政治教育者尚未得到满足的需求中，占首位的是物质需求，提示我们，只有首先满足这一需要，思想政治教育者才能将更多精力投入到思想政治教育沟通中。

2. 主体需求具体表现

在调查问卷中，我们按照物质需要、求知需要、社交需要、尊重和成就需要、自我发展需要五个维度，每个维度设计了1—2道具有代表性的题目，来考察思想政治教育沟通主体的需要。

（1）思想政治教育沟通主体的物质需要现状。对于思想政治教育者而言，无论是住房还是社会保险，都和其薪酬情况密切相关，因此我们围绕"工资"这一关键因素来设计问题："您对于提高工资的需求强烈吗？"结果显示，高达81%的人选择了"强烈"，选择"一般强烈"的为8%，选择"不强烈"的占11%。这说明大部分思想政治教育者对于工资的提升具有强烈需求，这可能和思想政治教育者的工资水平与其他专业教师的工资水平相比偏低有关。而大学生对于"您对于物质的需求强烈吗？"这一问题的答案显示，61%的人选择了"强烈"，选择"一般"的为15%，选择"不强烈"的各占24%。说明大学生对于物质的需求总体而言也较为强烈。这可能与整个社会的消费主义观念大行其道密切相关。

（2）思想政治教育沟通主体的求知需要现状。关于"您认为有必要开设思想政治理论课吗？"有高达49%的大学生选择了"一般必要"，有27%的大学生选择了"没有必要"，只有24%的大学生认为"比较必要"，这说明了大学生关于思想政治理论课的求知需要普遍较低。由于思想政治教育者大部分以教授思想政治理论课为主业，对开设思想政治理论课的必要性，认识更加充分，教师问卷中如果再设计此问题就显得毫无意义。因此，我们在教师问卷中设计了"您认为是否有必要进一步学习本专业知识？"这一问题来考察教师的求知需要。调查结果表明，有高达64%的思想政治教育者认为"比较必要"，选择"一般必要"的占"22%"，其余14%的人则认为"没有必要"，这也说明思想政治教育者有着较为强烈的求知需要。

（3）主体的社会交往需要现状。针对思想政治教育沟通主体的社会交往需要情况，我们设计了"您希望思想政治理论课教师（学生）对待您像对待朋友一样吗?"一题，结果显示，高达45%的学生选择了"比较希望"，有22%的学生选择"一般希望"，有33%的学生选择"不希望"。对此问题，高达51%思想政治教育者选择"比较希望"，21%选择"一般希望"，其余28%的思想政治教育者没有与学生做朋友的意愿。对于"您需要更多的沟通技巧吗?"这一问题，38%的学生表示"比较需要"，41%的学生认为"一般需要"，有21%的学生认为"不需要"。同样问题，思想政治教育者中有46%认为"比较需要"，37%表示"一般需要"，只有17%的思想政治教育者选择了"不需要"。调查结果说明，在思想政治教育沟通需要方面，无论是学生和思想政治教育者都具有较为强烈的需求，但大部分的被调查者认为自己需要学习更多的沟通技巧。这也说明，思想政治教育主体对于社会交往强烈需要和现实中交往技巧的不足存在较大的张力，这也可能是目前思想政治教育沟通效果不佳的重要原因。

（4）主体的尊重和成就需要现状。对于"你希望赢得思想政治理论课教师的注意和欣赏吗?"一题，结果显示，选择"比较希望"的大学生占学生总数的39%，选择"不希望"的占18%，高达43%的学生选择了"一般希望"。总体而言，希望赢得思想政治教师注意和欣赏的学生不到总数的一半，超过半数的学生在思想政治教育沟通中的尊重需求并不强烈。这可能与思想政治理论课本身在大学各类课程中被边缘化的状况有关，思想政治理论课的边缘化导致学生在思想上并不十分重视这门课程，因而对于思想政治教育者的注意和欣赏并不十分看重。由于被他人尊重的需要指向的对象大多是和自己相当或者比自己地位更高的人群，因此我们在思想政治教育者问卷中设计了"你希望赢得同事和领导的注意和欣赏吗?"这一问题来衡量其尊重需要。通过对调查问卷的分析发现，高达75%的思想政治教育者选择了"比较希望"，16%选择了"一般希望"，仅有9%的思想政治教育者选择"不希望"。关于"您希望通过各种考试吗?"学生中有59%的人表示"比较希望",27%的选择"一般希望",14%的学生表示"不希望"。针对思想政治教育者,我们提出了"您希望评上(副)教授吗?"这一问题,结果显示,有高达83%的思想政治教育者表示"比较希望",11%表示"一般希望",仅有6%的思想政治教育之表示"不希望"。总体来说,与学生相比较而言,教师的尊重和成就需求更为强烈。这可能是由于思想政治教育者不仅具有丰富的专业知识,还具有较高的责任感,以及独有的价值观,决定了他们具有较为强烈的尊重和成就需要。

(5)自我实现的需要。为了考察思想政治教育主体对于自我实现的需要,我们提出了"您希望自己为班级(院系)和学校做更多的贡献吗?"这一问题,学生中有74%回答"比较希望",15%表示"一般希望",11%的学生选择"不希望"。思想政治教育者则有68%回答"比较希望",23%表示"一般希望",9%选择"不希望"。对于"您希望帮助需要帮助的人吗?"这一问题,学生中有68%回答"比较希望",14%表示"一般希望",仅有18%的学生选择"不希望"。对于思想政治教育者的调查结果显示,有高达77%的思想政治教育者表示"比较希望",12%表示"一般希望",仅有11%的思想政治教育之表示"不希望"。总体而言,对于这两个问题,思想政治教育者和学生都有超过三分之二的人选择"比较希望",说明他们自我实现需要都相当强烈。

3. 主体需求评析

通过对思想政治教育沟通主体的问卷调查,一定程度上揭示了思想政治教育沟通主体需要的总体状况:

(1)思想政治教育沟通主体需要是一个多维度、多层次的开放系统。思想政治教育者和学生对于各种类型的需要强烈程度不一,主体需要的满足情况也不尽相同。这种情况也促使我们对于思想政治教育者和学生的需求进行具体问题具体分析,在思想政治教育沟通中尽量首先满足他们的主要需求，并尽量兼顾其他需求。

（2）思想政治教育沟通主体需求总体而言较为积极向上、符合时代特征。通过对思想政治教育者和学生的调查发现，其主观意识中排在第一位的都是自我发展需要，这说明，随着时代的发展，思想政治教育主体更加关注高层级的需求，更追求人生的价值和意义。在思想政治教育沟通过程中也要充分意识到这一特点，引导思想政治教育者和受教育者不断超越自我，实现自身的全面发展。

（四）思想政治教育沟通主体需要的满足策略

思想政治教育沟通实践是社会实践的特殊形式，沟通主体也是生存、生活于现实生活中的社会个体，无论其心理成长还是生理成熟，都受到社会生活大环境的影响和作用，因此，微视角下满足思想政治教育沟通主体的需要，理应从现实的、具体的生活中去寻找，去探索。

1. 完善各项制度，满足主体物质需要

物质需要，是人类得以生存的第一需要，也是社会个体成长和发展的前提条件。通过物质需要的满足，参与思想政治教育沟通实践的教师和学生能够获得保证自身生存和生活质量的基本物质条件，免除后顾之忧，全身心投入到思想政治教育沟通中，提升沟通的质量和效果。

调查表明，工资在思想政治教育者的物质需要中处于核心和决定性位置。在目前情况下，高校教师的工资普遍不高，而处于高校教师边缘化群体的思想政治教育者的工资更低，这决定着思想政治教育者的其他基本物质需要也远未得到满足。这一状况直接影响着思想政治教育沟通的顺利进行，一是要建立公平合理的薪酬制度。高校应以岗位责任大小、承担工作量多少为基础，本着"效率优先，兼顾公平"的原则，设计一套与教师贡献相对应的薪酬制度，同时建立稳定的工资增长机制，提升教师的工资水平。在这一制度设计中，管理者应该注意：在职称、工龄、个人业绩相同的情况下，薪酬向教学一线教师适度倾斜；适当缩小不同职称序列教师的课时报酬，提升青年教师的工作积极性；合理分配教学和科研及行政管理工作的薪酬比例，鼓励教师积极创新；同时要及时了解兄弟院校的薪酬水准，保证本校教师的薪酬水平至少不低于平均线，提升教师的外部公平感。二是要建立弹性的福利制度。对于刚性福利需求如"五险一金"和住房等，学校要尽可能提高学校缴费的比例，为教师争取最大限度的福利。对于一些短期且灵活性较大的福利需求如伤残保险、子女入学、探亲、休假等，高校可以设置专门的福利办公室，在了解教师需求的基础上，设计形式多样的福利套餐，不同的教师可以根据自身的需求自主选择不同套餐。

对于思想政治教育沟通的学生主体来说，物质需要体现在维持其充足的衣食住行之需。目前许多高校在管理体制上进行了改革，在一定程度上提高了学生的物质生活水平，学生的学习生活环境得到相应改善。但从调查结果来看，学生对于物质的需求仍然居高不下。对此，应从学生自身和学校两方面着手来满足学生基本物质需要。一是要引导学生树立健康积极的物质生活观念。学生自身要努力提升修养，在自身基本物质需求得到满足的情况下，不过分追求物质享受，将自身精力更多投入到更高层次和更有意义的需要上去。学校要通过相关课程教育、组织各类活动和进行各种宣传，向学生渗透现代文明生活方式，引导学生养成朴实、勤俭节约的生活习惯。二是要不断完善学校的各类资助体系。要完善奖学金评定体系，建立公平、合理、透明的奖学金评定标准，提升学生的公平感。同时，学校应当在助学金体系的建立、完善上下功夫，着力解决家庭贫困学生维持基本生活水平上的需要，为其追求自我发展、自我实现等更高层次需要，扫清障碍。要完善学生勤工俭学体系，在校内各部门设立勤工助学岗位，使有物质需要的学生能够通过自己的劳动获得物质报酬。通过对外联系帮助学生获得物质收入，解决其生活方面的困难。

2. 改革培养体系，满足主体求知需要

对于思想政治教育沟通主体而言，求知需要是一种高于物质需要之上的基本需要。在思想政治教育沟通中，求知需要是主体双方沟通得以进行的重要推力。如果主体没有求知需要或者求知需要不强，则思想政治教育沟通将受到阻碍甚至被迫停滞。

思想政治教育沟通主体的求知需求主要表现为对了解、掌握专业知识和其他知识，运用这些知识解释社会现象和解决社会问题的一种心理需要。一方面，从思想政治教育者角度而言，其求知需要的满足首先是自身不断学习。通过阅读专业书籍，更新专业知识，提升专业素养。也要阅读其他自己感兴趣的书籍，通过学习汲取营养，更新自己知识结构，拓展自己的视野。同时还要通过参加培训、学术会议等方式与同行进行交流，把握最新教学动态和学术动态。另一方面，学校要建立完善的教师培训体系来满足思想政治教育者的求知需要。在了解和掌握教师求知需要的基础上，采取集中培训与分散、远程培训相结合的方式，进行专业知识和有助于教师个人发展的其他知识的培训。提供教师进行学术交流的机会，支持教师参加各种学术交流会议，拓展专业视野。鼓励教师报考博士研究生，提高自身学历和专业素养。支持教师到国内和国外进修、访学，丰富本专业前沿知识。

思想政治教育沟通中学生的求知需要主要体现在学生对于思想政治教育内容和沟通技巧的了解、掌握和内化。为此，可以从以下几方面着手。一是完善教育内容。强化理想信念教育，培养学生对于理想的坚守，以及遇到困难百折不挠的意志。通过开展"三下乡""支教"等活动，锻炼大学生的意志。加强中华传统美德教育，继承中华传统道德精髓，培养大学生的爱国情操。坚持与时俱进，在教育内容中融入环保、网络等新的内容，提高学生的关注度。二是进行实践教育。思想政治教育沟通效果不佳的原因之一就是内容与实践的脱节，因此，要建立实践基地，开展丰富多样的实践活动，增强思想政治教育的吸引力，提升沟通效果。三是改革教学方式和方法，在把握学生多样化需求的基础上，采取诸如录像教学、课堂讨论、案例教学、研究式教学等有针对性的方法，彰显学生在课堂教学活动中的主体地位，增强学生与教师、学生与学生之间的交流与互动，从而"让课堂焕发出生命活力"[①]。四是要发挥榜样作用。通过组织各种类型的读书会和兴趣小组，发挥学生中"学霸"和特长生的作用，为同学答疑解惑，引导学生群体形成你追我赶的学习气氛。

3. 优化校园环境，满足主体社交需求

社交需求是人对外部和谐环境的心理依赖。人需要在与他人或群体的有效沟通中获得归属感。主体的社交需求是保障思想政治教育沟通得以顺利进行的重要因素，必须通过构建良好的校园环境和人际关系环境来满足主体的社交需求。

思想政治教育者在从事教学和科研工作中，需要和领导、同事、学生进行交流和沟通，希望在这种交往中形成和谐的人际关系。这种对于社交的需求仅仅依靠思想政治教育者自身的努力是不够的，需要高校提供舒适的办公环境和营造和谐的人际环境进行支持。正如霍桑实验所证明的：影响生产效率的根本因素是人际关系以及员工的归属感。一是建构舒适的办公环境。思想政治教育者社会交往的需要特别是知识交流的需要决定着他们需要一个舒适的办公环境。为此，学校应加大基础设施建设，提供舒适的办公场所，营造优美的校园硬件环境，提供全覆盖的有线或无线网络，为思想政治教育者的工作提供硬件保障。同时，要提供良好的教学科研环境，这是思想政治教育者进行知识分享和交流的基础。高校应大力支持教学设施、实验室、教研室、科研平台的建设。二是营造和谐的人际关系环境，确保思想政治教育沟通主体以愉悦、轻松的心情参与到教育教学活动之中，以充分发挥教师和学生的主体性，不断增强思想政治教育沟通效果。为此，要搭建平台，积极营造和谐的人际关系环境。要建立领导和思想政治

① 叶澜：《让课堂焕发出生命活力：论中小学教学改革的深化》，《教育研究》1997年第9期。

教育者互动的平台，采取书面往来、电子邮件、座谈会、一对一面谈等方式，促进领导和思想政治教育者的互动，反映思想政治教育者的需求和意见；要建立思想政治教育者之间互动的平台，组织思想政治教育者参加不同部门的交流座谈，参加不同院校之间的交流，充分满足思想政治教育者的社交需要。

在融入校园生活和学习环境的过程中，学生迫切要求与他人进行社会交往，对于和谐的人际关系的追求是其主体需要中不可或缺的部分。因此，学校应立足于当代时代特征、中国传统文化和时代精神，在和谐、文明校园建设上多下功夫，以体现学生心理需要、健康成长的基本追求。一是创新校园文化建设。在校园文化建设上，首先要改变过去那种只关注整体布局、环境美好等观点，而是从学生主体需要出发，努力建设一个与学生心理成长、道德养成高度契合的校园环境。同时，创新校园文化建设的内容和形式，"以学生为主体、以课外文化活动为主要内容，以校园为主要空间，以校园精神为主要特征"[1]，以彰显"以人为本"的真正内涵。在实践层面上，要高度重视校园文化建设，帮助学生找到归属感，实现交往需要。通过创办师生共同参与的报刊、建立各种学生社团、举办主题鲜明的讲座和沙龙、举行丰富多样的文化和体育活动等，为学生增进交往、强化沟通搭建新型平台，促使学生之间互动不断增加，从而增进相互间的了解和认同；反过来，由于学生之间相互了解和认同的增加，也会促进相互间交往频率和效果，呈现出"报酬递增"式的正相关。二是改善班风和宿舍氛围。班级和宿舍是大学生进行交往的最重要场所，和谐的宿舍氛围和良好的班风能够给学生之间的互动和交流创造宽松的环境，使他们的交往更为密切、更加愉快。管理者应定期深入学生班级和宿舍，并通过"文明班级""文明宿舍"等评比活动，倡导积极向上、团结互助的班级和宿舍氛围，引导大学生进行真诚和有益的交

---

① 段建国、孟根龙：《构建大学和谐校园理论与实践》，社会科学文献出版社 2006 年版，第 267 页。

往，满足其社交需要。

4. 创新激励机制，满足主体尊重和成就需要

在访谈中，当问及"作为教师，你感觉到自己最大的成就是什么，你最大的幸福是什么？"时，绝大多数受调查的思想政治教育者都表示，最大的成就是"桃李满天下"，最大的幸福是"学生们经过自己的指导后，慢慢地舒展了紧皱的眉头"，可见，思想政治教育者具有强烈的尊重和成就需要，而且这一需要的满足，更进一步激励着他们更加主动、更加投入地做好自己的工作。因此，学校应当不断创新激励机制，以满足他们的需要。一是关爱教师生命。社会的主流观念是提倡教师具有奉献精神，忽视了对教师自身生命的关心。关爱教师生命，不仅是高校管理者应该具有的理念，而且应该成为教师自身的理念。管理者应该通过各种方式如个别谈话、集体讨论、宣传教育等方式，大力推进生命教育，培养教师对于自身生命的关爱。鼓励教师自我关爱的行为，并加以舆论引导，提升思想政治教育者对学校的归属感。二是为思想政治教育者提供全方位和个性化服务。首先，要关注他们的普遍需求和共同利益，关心每个人的价值和奉献，以激发思想政治教育者参与教育教学的热情。其次，通过各种途径了解思想政治教育者的基本情况和个人需要，既包括他们在生存生活上的需要，也包括他们在职业发展、心理成长上的需要，以解除他们的后顾之忧。最后，提供人性化服务。针对思想政治教育者的休息、娱乐、沟通等工作之外的需求，高校要提供高质量和人性化的关怀，如在教学楼开辟教师休息室、茶水间，建造教师健身场地等。三是尊重思想政治教育者的工作。首先要尊重思想政治教育者的专业地位，改变思想政治教育者在整个学校处于边缘地位的状态，为思想政治教育者的发展提供更好的条件。要及时关注思想政治教育者在工作中取得的成绩，并适当予以鼓励和宣传，授予荣誉，使其得到上级、同行和学生的认可，形成"尊师重教"的良好氛围。另外要尊重思想政治教育者的工作成果。思想政治教育者的成果既有有形的，如论文、课题、

授课量、各类活动等；也有无形的，如学生的认可、努力程度等，对于这两类成果都要给予适度的奖励，满足其尊重需要和成就需要。

当问及"在思想政治教育过程中，你认为最大的影响因素是什么？"时，相当一部分大学生的答案是"尊重"。这一结果表明，处于青春期的大学生群体的自我意识、自主意识、自立意识逐渐增强，他们既懂得尊重他们的基本礼节，也有了得到他人尊重的基本需要。可以说，作为受教育者的青年大学生，是否得到尊重和理解，成为影响思想政治教育沟通效果的重要因素。因此，无论是高校还是教育者，都应当创新方式方法，以不断满足学生的尊重需要。一是创新教育方法，不断增强学生的自尊观念。思想政治教育的基本目标就是帮助学生树立正确的世界观、人生观和价值观，只有将这些抽象的理论讲授融入具体现实的生活过程之中，把学生的自我发展、自我实现与国家民族的自信、自强有机统一起来，才能真正发挥思想政治教育的作用和价值。二是创新激励机制，不断满足学生需要。将"三好学生""优秀学生"等评比形成制度化，奖励真正优秀的学生，提升其自尊感和成就感。对于学生乐于助人、对班级和学校做出的贡献等行为及时予以表彰，使其良好的品行得到充分肯定，同时还能起到较好的示范效应。三是鼓励学生参与学校、班级、宿舍的管理和集体决策，促进其自我教育、自我管理、自我服务的意识。学校应通过设立校长信箱、举行学生座谈会、举行管理方面的专题比赛等方式，了解学生对于学校各项工作的看法和建议，吸引学生为学校发展出谋献策，增强学生主人翁责任感。在班级中，则由学生选举班级干部，对班级进行自我管理。对于班级的重大决策，应首先由班干提出预案，交由班集体共同协商做出。人人参与的班级管理将极大提升学生的归属感和责任意识，满足其尊重需要和成就需要。

5. 注重个性引导，满足主体自我发展需求

思想政治教育者的自我发展需求主要表现为专业发展需求和个性

发展需求。因此，要从以下几方面着手来满足这类需求。一是支持思想政治教育者的专业发展。思想政治教育者希望从工作成就中获得超越成就本身的心理满足感，因此，学校要完善相关的规章制度，鼓励教师进行培训和进修，保障他们专业发展的权利，正确处理行政管理与教师专业发展的关系，给予教师充分的教学科研项目管理权、教学资源控制权和民主参与决策权。同时，要不断创新思想政治教育工作的评价体系和标准，使之更加符合思想政治教育重思想提升和行为养成的特点和规律，使之更加能够激发思想政治教育者工作主动性，并促使他们自觉养成追求自我、实现自我的价值观念，不断满足其专业发展需求。二是支持思想政治教育者的个性发展。除了教育者共有的特征和追求之外，思想政治教育者也有自身的独特个性和追求，如对于真善美的追求，对于自我素质提升的追求，对于完善人格的追求等等。学校要充分信任教师的专业能力，不对思想政治教育者的工作管得太死，给予其充分的自由度。适当安排一些具有挑战性的工作，使教师从中体会到工作的乐趣。另外，管理者要树立"全面发展和个性发展"的理念，给予思想政治教育者张扬个性的机会，对思想政治教育者的兴趣爱好不做整齐划一的要求，力所能及的提供资金、场地和人员支持，开展各种活动，鼓励思想政治教育者发展自己的兴趣和爱好，提升自己的修养、气质和品格。对于思想政治教育者的个性，只要不对教学造成负面影响的，应给予大度包容，为思想政治教育者的个性发展创造宽松的环境。

随着社会的快速发展，面对激烈的竞争环境，学生的自我实现需要日趋强烈。"在这样一个开放、变动、相互影响和渗透的社会里，大学生作为具有较高文化层次的特殊群体，无疑是受经济全球化影响最深、最广的一族。"[①] 生活在新时代的大学生们，在遭遇到巨大挑战和诱惑的同时，也越来越具有自主意识、自觉观念，他们追求成

---

① 徐园媛等：《大学生思想政治教育心理接受机制构建》，西南交通大学出版社 2013 年版，第 1 页。

功，渴望实现自己的人生价值，对社会做出贡献。基于社会急剧发展的深刻背景，如何帮助大学生自我实现具有重要现实意义。一是不断强化大学生心理疏导和健康教育。"造成思想政治工作不力的原因很多，但其中重要的一个原因就是长期以来忽视了教育对象心理接受的主动性和积极性"①，忽视了学生主体意识和主体需要的培养，必须基于学生生理和心理实际状况，开展有针对性的心理疏导工作，开设实用性强的心理健康教育课程，以弱化学生心理接受与社会发展之间的落差，培养具有较强自我实现意识的合格人才。二是不断增加学生参与社会实践活动的契机和机会。学生通过与社会的接触和交往、工作的完成和成绩的取得，学生能够从中获得快乐和心理满足。从高校思想政治理论课的设置上，也要在实践教学环节上，开辟更多学生参与课外活动的途径和方式。"同时课外开展社团活动，组织社会实践，利用校外教育基地等多途径、多形式相结合的教育机制转变。"② 三是持续强化思想政治教育与学生就业择业的关联。思想政治教育是否能够促进学生自身发展，为学生毕业时的就业择业工作提供助力，成为他们能否积极主动参与思想政治教育的重要参考。"围绕人才培养这个中心任务，培养学生的创新意识、提高学生的创新能力、增强学生的创新素质、帮助学生成为创新型人才"③，是引导学生树立正确择业观，促使其自我发展实现的根本路径。

四 微视角下思想政治教育沟通机制创新的主体素质

"培养人是教育的根本职能，是教育的本质所在，这决定了人的

---

① 徐园媛等：《大学生思想政治教育心理接受机制构建》，西南交通大学出版社 2013 年版，第 128 页。

② 乔万敏、邢亮：《大学生思想政治教育质量提升模式研究》，人民出版社 2013 年版，第 155 页。

③ 同上书，第 210 页。

问题是教育的中心问题，决定了人是教育的最基本的着眼点和出发点。"① 思想政治教育主体素质如何，直接关系到思想政治教育沟通机制运行顺畅与否，关系到思想政治教育教学目标实现与否。什么是素质呢？总的来说，人的素质可以分为生理素质和心理素质，前者主要指个体的物质构成，如肌肉、骨骼等，其生成和发展遵循生命发展的自然规律，是心理素质提升、发展的基础；后者主要指个体的精神构成，如思想、观念等，其生成和发展遵循认识发生发展的一般规律，是人的素质中较高层次的体现。"精神动力的形成、发展不是自发的、盲目的过程，而是自觉的过程。"② 对此，不同的学科和学者出于不同的需要，给"素质"赋予不同的内涵，皮亚杰称之为"内部图式"，霍兰称之为"内部模型"。本书中的"素质"主要是指心理素质，即人们通过系统的、专业的理论学习和有目的、有针对性的实践过程，逐渐形成的、相对稳定的基本素质。思想政治教育沟通主体的心理素质高低，直接影响着其在沟通实践中的具体表现，进而会对沟通过程和效果产生积极的或消极的作用。一个具有良好心理素质的教师，在思想政治教育沟通过程中，能够积极主动地应对沟通过程中出现的突发现象和问题，能够变危机为良机；一个心理素质较差的教师，一旦被置于突发情况的境域，就会惊慌失措、束手无策。对于学生主体来说，心理素质的好与差，也会在很大程度上影响到思想政治教育沟通的过程和效果。

（一）思想政治教育沟通主体的基本素质

在新媒体时代，思想政治教育沟通过程与传统媒体时代的沟通过程之间有着诸多的不同，沟通主体除了需要具有一般的素质外，还应当具备主动应对自媒体网络信息渗透的素质、熟练运用网络自媒体技术平台的素质以及利用网络自媒体平台强化社会主义核心价值观引领

① 张天宝：《主体性教育》，教育科学出版社2001年版，第38页。
② 同上书，第66—67页。

的素质等。目前，学界关于思想政治教育主体素质的内涵和基本构成问题，涉及者寥寥，大多数时候，等同于教师主体的素质，并把教师主体素质的相关理论和观点，"照搬"到思想政治教育的相关研究之中。事实上，思想政治教育教学既不同于专业课程的教学，也不同于管理、服务等环节的育人机制，有其独特的特征和属性。有学者认为教师素质分为"职业道德和专业精神、文化修养、能力结构、身心素质"①，还有学者把它归结为"专业知识、专业能力、专业情意"②，另有学者认为教师素质包括"专业素质、人文素质、政治素质、科技素质、心理素质、身体素质、技能素质"③。上述有关沟通主体素质的构成内容尽管不尽相同，我们仍然可以从中梳理出思想政治教育主体素质应当具备的几个构成，即思想政治素质、知识和技能素质和身心素质等。每一方面素质的构成都不是静态的，而是一种动态的，是随着时代的不断发展而不断变化的。

1. 思想政治素质

思想政治教育作为一定阶级、一定社会规范社会成员思想和行为的有效方法和手段，它是"一定社会对人们思想品德的要求与人们实际的思想道德状况总是存在差距和矛盾的，解决这一矛盾就成为思想政治教育的主要任务"④。如何化解社会成员在思想政治素质上与社会需要之间的矛盾与冲突，在其现实性上，具有区别于一般社会实践的特点和规律，既要体现出统治阶级的意识形态，又要符合社会发展的价值需求，同时，还要满足社会成员个体成长发展的需要。思想政治教育的特殊性在于通过对受教育者思想和行为的持续影响，达到培养统治阶级需要的人才，并使之具备统治阶级所需要的政治思想、价值观念，做出符合统治阶级准则的言行，因此，对于参与其中的教育

① 谢安邦：《师范教育论》，中国建材工业出版社1997年版，第90—100页。
、② 教育部师范司组织编写：《教师专业化的理论与实践》，人民教育出版社2003年版，第54页。
③ 王先述：《大学生素质结构探微》，《吉首大学学报》1999年第4期。
④ 陈万柏、张耀灿：《思想政治教育学原理》，高等教育出版社2015年版，第54页。

者和受教育者都提出了特别的、更高的要求。

第一，政治素质。"政治素质是指人们在政治社会化的过程中所获得的对他的政治心理和政治行为发生长期稳定的内在作用的基本品质，是社会的政治理想、政治信念、政治态度和政治立场在人们心理中形成的并通过言行表现出来的内在品质。"① 政治方向是否正确、政治立场是否坚定、政治站位是否准确，都体现了思想政治教育沟通主体内在政治素质与外在政治表现的有机统一，是指引思想政治教育实践活动顺利推进的核心要素，也是引领思想政治教育正确方向的基本保障，密切关系着高校人才培养目标实现与否以及实现程度大小高低。对于思想政治教育者主体而言，其政治素质至为关键，决定其政治立场、政治观点和政治方向。思想政治教育主体的政治素质主要包括如下几个方面：一是具有正确的政治方向。唯有方向正确，才能沿着正确的道路前行。方向的正确与否，直接影响思想政治教育的方式、手段的正确性，影响主体其他素质的发展。二是具有坚定的政治立场。思想政治教育者作为学生思想和灵魂的导师，首先要有坚定的政治立场，以自身的思想和行为为学生树立学习的榜样和标杆。教师政治素质如果没有发挥其应有的作用，就会极大地损害思想政治教育教学效果。对于积极参与思想政治教育沟通实践的大学生来说，较高的政治素质也是其学习、成才的核心要素，只有树立远大的人生理想，具有较高的政治素质，才能在社会发展的时代潮流中站稳立场，不至于随波逐流，也只有具备较高的政治素质，才能在中国特色社会主义伟大征程、伟大事业和伟大实践中建功立业，做出青年一代应该做出的努力和贡献。三是具有敏锐的政治鉴别力。思想政治教育主体要在关键问题上保持政治鉴别力，坚持用马克思主义观点看待和分析多元文化思潮以及重大社会政治问题。

第二，思想素质。"思想素质是指人们在社会生活中形成的观念、

---

① 乔万敏、邢亮：《大学生思想政治教育质量提升模式研究》，人民出版社 2013 年版，第 66 页。

见解及有关评价，主要包括世界观、人生观和价值观等方面的内容。"① 思想是人脑对社会存在的反应，它在某种程度上支配着人的行为。思想政治教育主体的思想素质是其立身之本。一要树立科学的世界观。思想政治教育主体要放眼世界，将具体的问题置于广阔的视野中进行考察和分析。思想政治教育者肩负着进行高校思想政治教育的重大责任，大学生是中国未来发展的主力军，他们完成自身责任的前提是本身具有正确的世界观。二要树立积极的人生观和价值观。人生观是对人生的目的、意义的观点和看法，其核心问题是如何正确认识和处理社会个体的发展与整个社会发展进步之间的关系。对于思想政治教育主体来说，必须树立积极、正确的人生观，正确处理个体与社会协同发展的问题，具有高度的责任感和使命感。价值观是基于主体需要被客体属性所满足及客体满足主体需要的对象性关系。价值观是否正确，能否对自己面临的事物做出科学、客观、正确的评价，是正确实施思想政治教育活动，达成教育教学目标任务的前提和基础。三要有高尚的道德品质。一个人是否拥有高尚的道德品质，能够做出符合一定阶级一定社会需要的道德行为，是判断一个人思想素质高低的重要标志。思想政治教育者要爱岗、敬业、无私奉献、为人师表，大学生则要热爱国家、责任感强、关心同学、乐于助人。

2. 知识和技能素质

知识素养是思想政治教育沟通主体的基本构成，技能素质是沟通主体解决问题能力的具体表现。知识和技能素质是衡量思想政治教育主体的能力和水平的重要内容，也是思想政治教育实践活动得以顺利实施的基础保障。其中，知识素质是前提、是基础，技能素质的获得是建立在知识素质的基础之上，而知识素质也通过技能素质的提高而不断得以丰富和完善，两者之间相互促进，共同发展。

知识素质。知识素质是指作为思想政治教育的组织者、实施者和

---

① 乔万敏、邢亮：《大学生思想政治教育质量提升模式研究》，人民出版社 2013 年版，第 66 页。

评价者的教育主体，为在思想政治教育实践中，扮演好自己的角色，承担起自己的职责，完成好教育教学的目标和任务所必须具备的理论知识及其结构。在新的历史时期，学生在面对急剧变迁的社会局面时，不仅在知识储备上存在着不足，难以适应复杂多变的社会发展，而且其心理适应能力也不够，在面临生活学习上出现的新情况新问题时，就会"病急乱投医"。因此，通过思想政治教育教学，加强教师与学生之间的沟通，帮助学生提高自身知识素质，是当前高校思想政治教育工作的急切需要。"大学生思想政治教育工作者应具备较强的思想政治教育学、教育学、管理学、心理学、历史学和职业咨询等方面的专业知识。"[1] 对思想政治教育者主体来说，不仅需要上述诸多学科领域的专业知识，而且需要教育者以合适的知识逻辑，来重构自身的知识结构，丰富自己的社会履历和经验，融通理论知识与生活经验。同时，作为思想政治教育沟通实践的主体还应当具备另一种知识素质，即灵活运用、反思反馈和丰富完善各种专业知识的素质。思想政治教育是一项综合性、专业性、技巧性很强的工作，要求主体具有丰富的相关知识和技能去驾驭。总之，"大学生是社会较高层次的人力资源，对教师的综合素质特别是知识素质的要求较高。教师知识素质的高低，影响其在大学生中的人格魅力，影响其实际工作的能力，影响大学生思想政治教育的质量"[2]。

技能素质。就高校思想政治教育工作来说，教育主体的技能素质主要表现为主体与客体沟通的方式方法、技能技巧，也即教育主体在分析问题、解决问题的思维方式和操作程序等，简单地说，就是"方法"。"人的能力是人的本质力量的体现，人的主体地位的确立和人的主体意识的提升，依赖于人的能力的发展。"[3] 一般而言，思想政

---

① 乔万敏、邢亮：《大学生思想政治教育质量提升模式研究》，人民出版社 2013 年版，第 69 页。

② 同上书，第 68 页。

③ 陈小鸿：《论人的自由全面发展》，人民出版社 2004 年版，第 422—423 页。

治教育者应具有"学习能力、实践能力和创新能力"[①] 三种基本素质。其中学习能力表现在思想政治教育教学过程中，主体的自我适应、自我成长的自主学习能力，体现了主体的适应性；实践能力表现为沟通主体在实践教学和社会实践过程中，灵活运用所掌握的理性知识和方法解决现实问题的能力；创新能力则表现为沟通主体面对新形势新矛盾时，能够对自己知识和技能的综合、协调后，所采取的新思维新方法，是对以往思维方法的突破。对于参与思想政治教育沟通实践活动的学生主体来说，其技能素质则主要表现为独立生活的能力、自主学习能力和社会交往能力等。

3. 身心素质

身心素质是思想政治教育主体的生理素质和心理素质的统称，是思想政治教育实践活动得以实施、教育目标得以实现的重要基础。生理素质和心理素质在思想政治教育过程中，发挥着不同的作用。

生理素质。思想政治教育主体从事的是艰苦而繁重的脑力劳动，极大的消耗着他们的体力和脑力，需要健康的体魄作为其支撑，否则，思想政治教育将无法顺利开展，尤其是一些年轻的思想政治教育者和学生，忽视身体健康，不进行体育锻炼，身体素质较差。加强体育锻炼、提升身体素质是思想政治教育主体搞好学习或工作的前提。良好的身体素质不仅应具有强健的身体机能，身体各器官无病变状况，能有效抵御各种疾病的入侵，而且应该有充沛的体力和旺盛的精力，即具有好的精神状态，这是保证思想政治教育沟通的顺利进行的生理基础。

心理素质。心理素质是人在先天及生理基础上，在社会实践中发展出来的一种比较稳定的心理品质的综合，主要包括思维、想象、意志、气质、性格、兴趣等。其主要表现为：情绪是否稳定、智力是否正常、反应是否适度、个性是否健全等。良好的心理素质是衡量个人

---

① 郑永廷：《人的现代化理论与实践》，人民出版社 2006 年版，第 462—467 页。

健康的必要条件，也是思想政治教育主体不可或缺的素质。当代社会，心理健康问题日益突出，更需要思想政治教育主体自觉加强其自身的心理素质。一是要具有积极和乐观的心态。在学习、工作中始终保持积极向上的心态，遇到困难不畏缩，积极想办法解决问题。对于一切事情，要往好的方面去思考，避免消极沉沦。二是要有好的个性，表现为自尊、自信、自爱、自制、自强等。三是要有广泛的兴趣爱好。一旦具有了某种兴趣爱好，就会对某种事物具有积极肯定的态度。要养成良好的生活习惯和高雅的生活情趣，丰富自身的人格内涵。另外，在学习或工作中要具备坚强的意志，自觉调整行为，克服困难和挫折，坚持不懈地推动思想政治教育沟通的进行。

4. 特殊素质

随着新媒体时代的到来，无论思想政治教育沟通的教师主体还是学生主体，都面临着网络媒体的新变化、新特征，信息的生成、信息的发布、信息的交流、信息的互动建构等特征，都对思想政治教育主体素质提出了全新的要求。因此，除了上述基本素质之外，新媒体时代下思想政治教育主体还应具备下面特殊素质。

第一，信息素质。微视角是在新媒体时代下形成的一种看待事物的观念和方法。新媒体时代下，各种社交媒体如 QQ、微信、微博等在各阶层、各行业迅速普及，给各行各业包括思想政治教育领域带来了许多新的变化。"信息传播因新媒体而变得顺达、快捷，适应了现代社会发展的需求，新媒体已植根于社会经济、政治、文化和生活等各个方面。"[1] 海量的信息涌现一方面为思想政治教育主体的专业发展和教学改进创造了机遇；另一方面也可能随时将他们吞没，使其迷失在信息海洋之中。因此，如何利用网络获取信息、选择信息、加工信息就成为思想政治教育者必备的基本素养。总的来说，信息素质表现为思想政治教育主体适应信息时代社会生活的素质，熟练掌握并运

---

① 季海菊：《新媒体时代高校思想政治教育的解构与重塑》，东南大学出版社 2014 年版，第 29 页。

用信息技术和网络平台的素质，信息选择、重构、沟通和传播等方面的素质。具体说来，主要包括：一是要具备敏锐的信息意识，也就是说，作为思想政治教育实践的主体，必须具备敏锐的信息意识，对涉及政治观念、意识形态、宗教信仰等敏感信息，能够即时发现并做出积极应对。二是要掌握运用现代传播技术的基本能力。随着自媒体技术的成熟和推广，包括教师、学生在内所有社会成员都在自媒体平台上发布、传播或接收信息，因此，思想政治教育主体必须掌握娴熟的信息技能与技巧，才能满足新媒体时代下思想政治教育沟通的实际需要，这是信息素质最核心部分。三是正确使用信息平台的道德素质，即不违法使用信息技术侵害社会和他人合法权益，自觉抵制不良信息，不传谣、不信谣等。

二是创新素质。正如恩格斯所说："一切被当做永恒存在的特殊的东西变成了转瞬即逝的东西，整个自然界被证明是在永恒的流动和循环中运动着。"[1] 思想政治教育不同于专业教育和教学，其教育理念、教学内容都会随着时代发展和社会进步而同步更新，基本上保持着理论与实践之间的同步性；教学方法、教学评价等方面，也会随着新形势下高校思想政治教育的新特点新环境新要求而不断创新，以适应社会发展对高等教育人才培养的目标预期。总之一句话，思想政治教育是一个与时代同步、与实践协同、与人的发展高度契合的社会实践活动，"以不变应万变"的教育教学理论、方法，完全不能适应新时代思想政治教育工作的现实需要。改革开放以来，我国社会快速发展的历史进程，带动整个社会生活也加快了变化的节奏，精神在变化、经济在发展、文化在创新，就连人们的思想道德观念也在变化，社会核心价值观念也随着时代发展而呈现出时代特征。在这样的形势下，任何故步自封、因循守旧的想法和做法，都与这个时代相违背。思想政治教育工作事关教育者和受教育者的政治观念、道德观点和价

---

① 《马克思恩格斯选集》第3卷，人民出版社2012年版，第855—856页。

值态度，必然与整个社会、时代的变化息息相关，必须具有创新素质和能力，才能与时代相同步，才能适应新媒体时代下人的生存和生活状况，才能不断促进教师和学生的自我发展和自我实现。"高校思想政治教育的基础应放在提升思想政治教育工作者的创新意识和能力上。"① 不仅思想政治教育的教师主体应当具有创新意识和创新能力，不断打破常规、打破惯性思维的禁锢，大胆运用互联网思维开创教育教学新理念，挖掘新媒体技术在思想信息传播上的潜能，理顺思想政治教育沟通程序，创新沟通方法和手段，以不断适应新媒体时代在信息传播上带来的新形势，而且对于高校思想政治教育工作中接受教育的学生主体，同样也需要以创新性思维来适应经济社会发展和高校思想政治教育工作面临的新形势、新需要。对于青年大学生来说，只有具备了创新素质和创新能力，才能在当今时代中找到自己立身之地，找到自己安身立命的生存和发展的适当方式。

三是沟通能力。在特定情境下，不同社会个体之间会因为个体思想成长的需要而激发相互沟通的冲动，追求一种从对方身上学习某种因素以丰富和完善自我的结果。"在面对面的情境中，他人是在一个生动的、为我们所共同享有的当前现实中呈现在我面前。我知道，我自己也是在这一同样生动的当前现实中将自己呈现在他人面前。只要这一面对面的情境持续下去，我与他人的'此时此刻'就会持续不断地对我们双方产生影响。"② 人与人之间的每一次交往，都是在"此时此刻"特定情境下的沟通过程，思想政治教育也不例外。思想政治教育教学的本质在于教师与学生间的有效沟通，通过沟通，思想信息从教师传递到学生，再从学生反馈到教师，从而实现教学相长的目的，因此，沟通能力的培养，是思想政治教育主体理应具备的基本

---

① 季海菊：《新媒体时代高校思想政治教育的解构与重塑》，东南大学出版社 2014 年版，第 274 页。

② ［美］彼得·伯格、托马斯·卢克曼：《现实的社会构建》，北京大学出版社 2009 年版，第 25 页。

素质之一。然而，在传统思想政治教育实践中，由于教育理念、教学方法、效果评价等方面的偏差，使得沟通素质和能力被"无视"，思想政治教育被简化为一个由教师到学生的单向传输过程，即"灌输"。随着新媒体时代的到来，社会个体的自主意识、独立意识、平等意识等逐渐增强，思想政治教育沟通主体之间的平行交流和互动沟通已经成为高校思想政治教育工作的最新特征、最新要求，因此，是否具备有效沟通的素质和能力，成为评价思想政治教育沟通主体评价的重要方面。沟通能力主要通过情境把控能力、语言表达能力、肢体展示能力等方面表现出来。从思想政治教育的角度来说，思想政治教育主体具有良好的沟通能力将促使双方在思想政治教育实践活动中形成良好的印象，促进双方积极有效的互动，从而顺利完成思想政治教育过程，提升思想政治教育的有效性。

微视角下思想政治教育沟通要求主体具备特殊的信息素质、创新素质和沟通能力，这三类素质与思想政治教育主体的一般素质是相辅相成、相互交融、不可分割的有机整体。在思想政治教育沟通实践中，不同素质之间相互借鉴、相互支撑，共同发挥作用，推动沟通效果的不断提升。

（二）思想政治教育沟通主体素质的实证分析

微视角下思想政治教育沟通的主体不仅应当具备传统思想政治教育所需要的主体基本素质，而且还需要适应和应对新媒体技术挑战的新素质、新要求。为了解和掌握微视角下思想政治教育沟通主体素质的现状，我们设计了调查问卷和访谈提纲，对调查样本进行调查和数据分析。

1. 思想政治素质现状

全球化造就了文化形态的多样性，面对多元社会思潮的影响，思想政治教育主体的价值取向也呈现出多元化倾向。调查显示，只有24%的学生认为开设思想政治理论课是"必要"的，能在思想政治理论课课堂上认真听讲的学生占56%，将近一半（44%）的学生上课时，完全在"应付"。在个别访谈中，也有一些学生表示，思想政治理论课的教学内容"都是空话""很无聊"。接受调查的学生中，仅有不到10%的人加入了中国共产党。对于"您希望加入中国共产党吗？"这一问题，尚未入党的学生中有26%的人表示"希望"，31%的学生表示"无所谓"，高达43%的学生表示"不希望"。而思想政治教育者中，党员人数占到了总人数的95%，这是由于思想政治教育从业门槛中就有"党员"的相关规定。因此，我们设计了"您经常看时政新闻吗？"这一问题，考察思想政治教育者的政治素养。结果显示，高达39%的思想政治教育者表示"从不"，33%的人表示"偶尔"，仅有28%的思想政治教育者回答"经常"。由此可见，在当下思想政治教育实践中，无论教师主体还是学生主体，仅仅从传统媒体和渠道中获取信息资源，已远远不能满足大学生思想政治教育工作需要，教师和学生的政治素质、政治觉悟都有进一步提升的空间。

"现在似乎已经不是人在主宰生活的节奏，而是生活的节奏在主宰人，或者说技术、网络在主宰人，而不是人主宰技术和网络。人在社会生活中越来越陷入被动之中，很多事情看起来好像是人自己在决定和规划，但事实上却是被牵着鼻子走。"①面对浮躁的社会和多变的价值选择，人们在社会行为中，可能会选择宽容自己，严待他人。我们在问卷中设计了"上完课后，你会带走教室内的垃圾并丢进垃圾桶吗？"的问题。综合教师和学生两份问卷的结果发现，仅有39%的人表示"一定会"，有42%的人表示"偶尔会"，19%的人表示"不会"。而思想政治教育者表示"一定会"的比例（42%）略高于学生（36%）。当代社会，部分人的道德意识淡薄，特别是在公共场合，不文明现象随处可见。这种课堂教学内容与社会道德现状之间存在的

---

① 徐园媛等：《大学生思想政治教育心理接受机制构建》，西南交通大学出版社2013年版，第25页。

巨大差距，使得学生在课上与课下面临着两种大相径庭的境遇，甚至截然相反的情形，严重地影响着思想政治教育教学效果。

2. 知识和技能素质现状

为了测试思想政治教育主体对于各类知识的态度，在学生问卷中我们设计了"您最喜欢上什么课？"这一问题，选择"专业课"的学生占52%，选择"选修课"的学生占33%，仅有15%的学生选择"公共课"。说明学生面对现代社会的各种压力和挑战，以及目前大学校园存在的实用主义和功利主义倾向，他们大都对那些针对性强、"有用"的专业课情有独钟，而忽视"没有用"的思想政治类、人文社科类课程。对于这一问题，思想政治教育者在对"您希望进一步学习哪方面的知识？"这一问题的回答中，也显示了这种倾向。高达63%的思想政治教育者选择了"专业知识"，仅有14%的思想政治教育者表示希望学习"传统文化知识"。

对于"您能够运用所学的专业知识解决实际问题吗？"，只有23%的学生回答"能"，36%的学生回答"偶尔能"，高达41%的同学表示"不能"。这一结果，说明学生对于所学知识的实践运用能力水平不高，无法实现理论与实践的真正结合。相当一部分学生的业余生活主要是上网玩游戏、淘宝购物、谈恋爱，无心学业。同时，一些课程内容与现实情况脱节也是导致学生实践能力不强的原因。对于"请从以下选项中选出您认为自己亟须加强的能力，并按照重要程度依次排序"的问题，思想政治教育者的选择结果显示，选择"教育机制"的人数高居第一位，占78%，排在第二位的是"与学生交往的能力"占49%，具体的教育教学技能方面的能力，如语言表达能力、教研能力、教育内容的建构能力等，排位均比较靠后。对于"您每年都能完成学校规定的科研任务吗？"这一问题，有68%的思想政治教育者表示"能"，19%的思想政治教育者表示"不一定"，有13%的人表示"不能"。这说明思想政治教育者科研水平总体不错，能够满足思想政治教育教学科研工作的基本要求。对于这一问题的调查结果进行分析，一方面可能是由于学校对于思想政治教育者的科研工作量有硬性规定；另一方面，也与思想政治教育者面临的竞争压力、评职称压力较大有关。值得注意的是，尚有 32% 的思想政治教育者选择了"不一定"或者"无法完成基本的科研任务"。这些数据从另一个侧面也反映出，思想政治教育者的知识结构还需要进一步优化调整，教育教学技能还有待进一步提高。

3. 身心素质现状

关于"您经常进行体育锻炼吗？"，综合两份问卷的调查结果看，39% 的人表示"经常"，35% 的人回答"偶尔"，还有 26% 的人"从不"锻炼。其中，思想政治教育者中"经常"锻炼的人占 47%，学生中经常锻炼的人占 31%。总体来看，思想政治教育主体中的大多数已经意识到"身体是革命的本钱"，对于进行体育锻炼的好处，有着清晰的认识。思想政治教育者进行体育锻炼的热情要高于学生，一是因为思想政治教育者大都步入中年行列，与青年大学生相比，年龄大了许多，身体状况差了许多，更容易出现生理疾病；二是因为教学科研等工作比较繁忙，业绩考核对教师产生了较大压力。因此，为了调整身体状况，减轻心理压力的需要，促使思想政治教育者更注重体育锻炼。同时，在体育锻炼方面，由于部分学生的自律意识较差，生活节奏安排不合理，常常熬夜玩游戏或看电影，致使他们上课时往往精神萎靡，学习热情不高。通过个别访谈和课堂观察也发现，个别学生不但对思想政治理论课不感兴趣，即便是专业课程，他们也会得过且过，应付了事。

处于社会快速转型过程中的教师和学生，有不少人表现出了心理问题，如自卑、抑郁、羞怯、紧张等。尽管程度不同、类型不同，但都会直接影响到思想政治教育教学的实际效果。对于"您自己或身边的同学出现过以下情况吗"的提问，学生选择"厌学"的占 48%，选择"自卑"的占 38%，选择"打架斗殴"的占 23%，选择"偷窃"的占 18%，选择自杀的占 6%。从问卷数据结果分析来看，一方面，大学生适应校园环境与其自身的适应性相关，适应性好的学生很快就融入校园生活和班集体之中，而适应性差的学生就会出现各种问题，难以与教师或同学形成正常、有效的沟通交流。学生心理上的不适应，通过各种心理亚健康现象表现出来。另一方面，学生心理素质也受到社会环境和校园氛围的影响，当他们面对突如其来的家庭巨变、社会问题时，也会表现出不适应感。对于"您有信心解决您在工作中遇到的各种突发状况和困难吗"，59%的思想政治教育者选择"有信心"，25%选择"不确定"，16%选择"没有信心"，这说明思想政治教育者的心理素质总体情况较好，能够适应思想政治教育工作中出现的各种挑战，应对由于时代进步、社会发展带来的新情况、新问题。虽然面对较大的生活和工作压力，大部分思想政治教育者能够正确应对，但也有少部分人感到力不从心，常常处于疲于奔命的状态。长此以往，必然会影响到思想政治教育者的心理健康，进而对思想政治教育教学工作产生消极作用。一方面，教师角色的多重性导致了教师角色的冲突。一些教师无法有效平衡自己要应对的多种关系，不能及时转换角色，出现了角色错位；另一方面，社会、高校对于思想政治教育者的目标定位，出现了"理想化"预设。从思想政治素质、教书育人技巧、科研创新水平以及社会服务能力等方面，都对教育者主体提出了较高的要求。这种"理想化"预设之所以是理想化的，就是因为它超越了教育者素质的现实状况，忽视了"金无足赤，人无完人"的客观事实，也违背了"现实的个人"的内涵。与此同时，"理想化"预设也使得自己陷入纸上谈兵的境地。正是由于教育者自身发展的错位和社会发展对教育者较高的预期，偏离了教育者作为一名普通社会个体发展的实际，导致相当一部分思想政治教育者整天忙忙碌碌、疲于应付，缺乏足够的时间去思考、反思和探究，更不用说创新性开展工作了。

4. 特殊素质现状

（1）主体信息素质现状。为了解思想政治教育主体的信息素养，我们在两份问卷中各设置两个问题。对于"您能够熟练使用 Power-Point 吗?"的问题,综合两份问卷,仅有30%的人表示能够"熟练使用","基本会用"的占51%,有19%的人表示"不会用"。其中思想政治教育者表示能"熟练使用"的占38%,大学生"十分熟练使用"的占22%。这一调查结果表明,大多数思想政治教育者都能使用教学软件,但仅限于基本操作层面,其操作熟练程度有待提升。对于"您上网时是否发生过以下行为(可多选)",调查显示,选择"传播未经证实的信息"的占53%,"浏览不良网站"的有41%,"在网上发表攻击他人言论"的26%,"利用网站获得灰色收入"的占9%,"以上都没有"的占44%。这说明,大部分思想政治教育者和学生具有良好的信息伦理素质和较强的信息道德观念,但也有少数人的信息伦理存在问题,需要加强引导。在访谈中也发现,个别思想政治教育者和学生会偶尔浏览不良网站,甚至利用网络攻击他人,这种情况需要引起重视并采取有效措施予以监督管理。

(2)主体创新素质现状。对于"您会质疑思想政治理论课教师的看法或观点吗?"学生中有47%的人表示"从不",仅有24%的人回答"经常",还有29%的人回答"偶尔"。思想政治教育者对于"您会质疑领导对问题的某种观点吗?"也有半数以上(52%)的人表示"从不",仅有29%的人表示"经常",另外19%的人回答"偶尔"。从上述数据可见,思想政治教育主体,无论教师还是学生,普遍存在着批判意识、创新意识不强的问题,缺乏自觉反思、自主创新的能力。在思想政治教育主体的创新能力方面,我们围绕同一个问题,在教师卷和学生卷上分别设置了题目。对于"您发表过文章或者完成过某项专利发明吗?"高达62%的学生回答"没有尝试过",38%的学生表示"尝试过但失败了"。对于"您开展过教学或者管理方面的改革吗?"有21%的思想政治教育者表示"没有尝试过",有57%的思想政治教育者表示"尝试过,但效果不显著",只有22%的人表示"尝试过,且效果显著"。这说明,对于那些具有创新意识的教师或学生，由于创新能力不足，使得创新效果不明显。在创新素质的培养方面，高校管理体制存在着管理过多过死的问题，一方面强调以人为本，突出教师和学生在思想政治教育工作中的主体地位和主体作用；另一方面，在管理制度的设计和执行上，又缺乏灵活性和变通性。这在一定程度上抹杀了思想政治教育主体的个性和创造，影响了他们创新能力的锻炼和提高。

（3）主体沟通能力现状。为了考察思想政治教育主体的沟通能力，我们在两类问卷中分别设置问题。关于"您能单独和思想政治教育者聊天超过10分钟吗？"学生表示"经常"的占26%，"偶尔"的占18%，表示"不能"的高达56%。对于"当您处在一堆不认识的人中间时，你会产生什么感觉？"回答"很不舒服"的占到44%，回答"有点拘束"的占37%，回答"轻松自在"的仅占19%。这一结果说明，当前大学生的人际沟通素质明显缺乏，心理素质、沟通技巧和沟通能力有待于进一步培养。对于"您在课堂上经常使用'我想静静''城会玩''然并卵'等网络用语吗？"思想政治教育者回答"经常使用"的占29%，偶尔使用的占22%，将近一半（49%）的思想政治教育者表示"不使用"。对于"您在教学中主要采用哪类教学方法？"半数以上（58%）思想政治教育者表示主要采用"灌输式教学"，有14%的思想政治教育者表示采用"讨论式教学"，12%采用"角色互换式"，另16%采用案例式教学。上述统计数据反映出，新媒体时代下思想政治教育者对于网络语言的了解、掌握和运用能力普遍不高，教学方法有待改进。思想政治教育者必须紧跟时代步伐，灵活运用各种语言，调整教学内容、改进教学方法、创设各种环境，才能逐步达到增强思想政治教育沟通效果的目的。

综上所述，思想政治教育主体的各种素质，总体上是积极的、健康的，但也存在一些问题。在思想政治素质方面，个别思想政治教育主体不关心时政，缺乏追求进步的强烈愿望，政治意识淡漠、社会公德较差。在知识和技能素质方面，思想政治教育主体的知识结构总体合理，但有相当一部分人的信息处理能力、创新能力以及沟通能力上存在不足，对新媒体技术的特点、规律认识不到位，不能及时有效地、积极地应对新媒体所带来的挑战和问题。在身心素质方面，大多数思想政治教育者和大学生都能较好的适应学习、生活和工作，采取积极态度应对遇到的各种问题。然而，由于社会急剧变迁所带来的心理冲击，西方社会价值观念、生活态度、消费理念在人们心理上产生的消极影响等，使得个别思想政治教育实践的参与主体，既有教师也有学生，在心理上产生了不适应，不能保持正确的、积极的态度和应对策略。无论教师还是学生，具备良好主体素质是思想政治教育沟通活动得以顺利实施的核心因素。社会、教育管理部门、高校以及教师，都需要从各自角度和领域，深入思考和反思思想政治教育的本质，让教师回归到教育工作者的岗位上，并不断提高思想政治教育者的主体素质。

（三）思想政治教育沟通主体素质的主动培养

思想政治教育主体素质是一个完整的复杂系统，既包括正确的立场和态度、丰富的知识和结构、熟练的技能和技巧，也包括较强的沟通素质和心理承受能力。在这个系统中，思想政治素质是内隐性素质，其培育是一个较为长期的过程。思想政治素质的培养主要通过社会环境的优化、思想政治理论课作用的发挥潜移默化地实现。知识和技能素质、身心素质则是外化性素质，主要通过建立培训机制、改革课程体系、开展课外实践活动等途径来培育。作为思想政治教育主体的教师、辅导员和学生，由于素质结构和素质内容的不同，其素质培育的路径和侧重点也不尽相同。其中，社会环境的优化是素质培育的共同路径，教师（包括辅导员）主体素质的培育主要通过培训来完成，而学生主体素质的培育则通过改革相应的课程体系，开展社会实践活动等来实现。教师（包括辅导员）主体素质的提升与学生主体素质的提升之间，呈现出相互促进、共同提高的整体趋势。

1. 建立多元协作机制，着力培育主体思想政治素质

主体思想政治素质的提升，是促进高校思想政治教育工作改革创新、持续发展的关键所在。思想政治教育沟通主体思想成长、政治判断力增强、政策理解能力提升等方面，都需要通过主体自觉、主动地学习，亲身参与社会实践体验来实现。因此，高校需要建立起多元协作的培育机制，着力提升思想政治教育主体的思想政治素质。从教师主体的角度来看，一是立足思想政治教育专业特点，培养教师坚定的政治立场、敏锐的社会观察、深入的问题剖析、娴熟的破解难题以及追求卓越、实现自我等专业精神。就思想政治理论课教师的专业素质提升来看，需要从专业发展着手，从专业知识的积累、专业技能的训练和专业精神的培育等方面，不断推进思想政治教育者的专业化。通过对思想政治理论课教师的调查发现，存在着个别教师政治觉悟不高、工作积极性不大和教学效果较差的现象。造成这一问题的原因是多方面的，其中一个重要方面，是思想政治理论课普遍没有受到应有的重视，连带着思想政治理论课教师也被边缘化。要改变这种状况，除了从领导层面、制度层面上想办法之外，还需要引导教师自觉提升专业素养，增强专业认同和专业精神。二是基于高校思想政治教育工作实际，围绕新时期高校人才培养新要求，着力构建新形势下马克思主义理论学科，为教师专业发展提供有力支撑。尽管教育部十分重视高校马克思主义学科建设工作，但由于种种原因，马克思主义学科在各高校实际工作中，总是处于边缘位置。甚至个别领导、教师都觉得开设思想政治理论课就是浪费学生的时间。这种观点不仅对学生产生消极影响，使学生失去学习的兴趣，而且也影响了思想政治理论课教师的工作热情，得过且过，应付了事，教育教学效果大打折扣。为此，高校只有不断提升马克思主义学科的地位，摆正思想政治理论课与专业课之间的关系，纠正个别领导、教师和学生的错误看法，才能真正改变思想政治教师被边缘化的状况，为提升教师的思想政治素质创造条件。三是加大政策引导、资金投入，不断增强思想政治教育者

职业认同感。必要的政策与扶持，对于提升思想政治教育者工作积极性、激发其自觉性具有十分重要的作用。高校要依据教育部相关文件，制定本校的具体实施策略，制订更加科学的评价体系，进一步提高思想政治教育者的成就感、获得感。正所谓"仓廪实而知礼节，衣食足而知荣辱"，高校应通过相应激励措施，提高思想政治教育者的收入水平，免除其后顾之忧。同时，要加强马克思主义理论学科文化建设，订阅专业报刊、购置专业图书资料、定期召开教学和科研会议等，为思想政治教育者素质提升创造良好氛围。

从学生主体角度来看，具备良好思想政治素质是确保学生有效参与思想政治教育沟通实践活动的必备条件。但从高校思想政治教育工作的现状来看，在校青年大学生的素质还存在这样那样的不足，如对政治观点的判断能力、西方社会思潮的批判能力、复杂现象的分析能力等。因此，高校应在逐步完善思想政治教育教学课程、学科体系的同时，不断强化学生思想政治素质的培养工作。一是发挥高校全员育人优势，把培养学生思想政治素质融入学校工作的每一个领域、每一个环节。教书育人是高校的主要职能，学生整体素质的提升仅仅依靠课堂教学、知识讲授等环节，难以发挥高校育人的合力效应。例如，组织学生参与校园绿化、环境卫生保持工作。通过学生亲自参与、体验，一方面可以促进学校工作；另一方面，可以让学生在审美观念、劳动观念、团结协作等方面得到锻炼和提升。再如组织相关专业学生参与校园文化创建工作，通过挖掘文化资源、设置文化标牌、开展文化创意等活动，锻炼学生专业知识技能的实践应用能力，增进学生对校园文化内涵的理解，提高学生"以文化人"的主体自觉。除了通过学生参与校园环境管理、校园文化建设的渠道之外，还可以通过思想政治理论课课堂教学来提高学生的思想政治素质。如在《中国近现代史纲要》课堂上，通过讲授红军长征前后的艰难选择，突出马克思主义基本原理与中国社会革命实际相结合的基本思路和学习方法；通过新民主主义革命历史的梳理，引导学生自己来归纳出新中国成立和中国特色社会主义道路选择的历史必然性。再如，通过《思想道德修养与法律基础》课的学习，帮助学生掌握思想道德规范和基础法律知识，促使他们做出适应社会、适应时代、适应人的发展的正确选择；通过《形势与政策》课的学习，帮助学生准确把握经济社会发展趋势，力争做到顺势而为。二是发挥党支部、团委的组织优势。首先是整合资源，构建联动机制，将优秀学生吸引到党组织周围，扩大党在青年大学生中的基础地位。整合校内外思想政治教育教学资源，如三八红旗手、杰出青年、成功企业家、红色资源等，开展丰富多彩的专题报告会、形式多样的校园文化活动，引领大学生思想政治教育的发展方向。其次是鼓励学生自我管理、自我服务。通过构建完善流畅的高校学生会运行机制，吸引更多大学生参与学校日常管理工作，积极表达意见和需求，展示学生的各项主张和权力，调动学生民主参与积极性，提升学生政治素质。再次是发挥同辈群体优势。对于青年大学生成长来说，由于他们之间具有大致相同的人生经历、学习过程，具有大致相同的思维方式和价值观念，因而，同辈群体之间的沟通具有先天优势。青年学生十分注重同学、朋友之间的交往，相互之间存在着潜移默化地影响，"物以类聚""人以群分"，通过同辈群体间的相互影响，不断强化学生间思想碰撞、交流和沟通，提升学生对于事物的鉴别力，增强学生的思想政治素质。最后是发挥优秀学生的榜样示范作用。对于先进党员、先进学生干部、优秀志愿者要进行表扬和奖励，形成示范效应，引导学生不断完善自身思想政治素质。

2. 构建合理培训体系，着力培育主体知识和技能素质

思想政治教育具有鲜明的时代特点，需要思想政治教育者进行终身学习。对思想政治教育者进行多形式、多层次、高质量的培训，是提升思想政治教育者知识和技能素质的重要途径。一是以自主、开放和灵活的形式，强化思想政治教育者解决现实问题能力的培训。自主就是以思想政治教育者为主体，发挥其主体性。培训内容和方式都要结合思想政治教育者的发展现状和需要来确定，激发其参与培训的热

情。灵活是指在培训内容设置和培训方式选择上的灵活性。在培训方式的选择上，必须兼顾接受培训的教师的具体情况和特殊要求。开放是指培训中不仅要充分利用丰富的校内资源，还要充分挖掘校外资源。如国内外高校、企业等，并与之形成长期固定的友好合作关系。二是提供多样化的培训内容。有针对性地设置培训内容，促进教师的专业学习和技能发展。培训一般内容包括：理想信念、知识和技能、教学科研能力等方面。通过职业理想信念教育坚定思想政治教育者的理想信念；通过知识和技能补充，更新思想政治教育者的知识结构，以适应不断发展的社会需求；通过教学科研能力训练帮助思想政治教育者提升教学科研能力。三是培训要融入思想政治教育者工作的各个方面。对新任教师主要进行职业理想、教学技能方面的培训；对骨干教师主要进行教学科研能力的培训，使其具备更高的发现问题、解决问题、合作开展项目研究的能力；对所有教师，针对不同课程特点进行课程专题培训；针对思想政治教育者在教学和工作中遇到的各种问题进行实际技巧培训，促使其进行反思，提升其实际工作技能等。对于那些希望进一步深造的思想政治教育者，学校鼓励其进行短期进修、访学，或者报考博士研究生。四是开展多样化的培训活动。根据组织形式的不同，培训的方式可分为个体式培训、师徒式培训、小组式培训、全员式培训。个体式培训是思想政治教育者的自我培训。思想政治教育者可以自主制定培训计划，通过资料阅读、网上观看培训视频等方式进行。这种方式方便灵活，适合所有思想政治教育者个性需要，因此，所在部门应采取奖励措施予以鼓励。师徒式培训是由经验丰富的骨干教师帮扶新进年轻教师，进行一对一的培训。这种方式在思想政治教育师资队伍建设工作中，能够发挥"补短板""促提高"的作用。小组式培训以小组为单位开展培训活动。通过小组成员的头脑风暴，实现成员知识、能力和经验的交流和沟通，可以通过观摩课、课题研讨等方式进行。全员式培训是思想政治教育者全体参加的集中式培训，主要是通过专题讲座、外出调研、暑期社会考察等方式进行。此外，学校还可以开展校际、校企，以及到专职培养机构接受培训等。

培育大学生的知识和技能素质主要从以下方面着手：一是围绕新时代背景下大学生思想政治教育的新变化新要求，调整思想政治理论课课程体系，以适应经济社会发展的现实需要。在当前高校思想政治理论课课程设置上，存在着"重理论""轻实践"现象。这里所说的"实践"不是停留在口头上、形式上的实践，而是真真切切地实践课教学活动。这一现状在一定程度上阻碍了学生实践能力、创新能力的提高。因此，进行思想政治理论课课程体系改革势在必行。首先要改革课程设置模式，减少必修课，增加选修课，包括自然科学类、文学类、艺术课、语言课、历史类等，尤其要增加我国优秀传统文化课程的设置。其次，要开设更多辅修专业，降低辅修专业门槛。学生在不影响本专业学习的前提下，如果学有余力，都可以选修辅修专业，形成复合型知识结构，增强其适应社会能力。最后，要不断加强人文社会科学、自然科学和工科专业在课程设置上的相互交叉、相互渗透、相互补充，为学生跨专业选修课程提供便利。二是思想政治教育者要进行课堂教学改革，将素质教育渗透到课堂教学之中，改变知识教学与能力提高相脱节的状况。首先要更新教育理念，改变"课堂讲理论、课外搞实践"理论与实践相互脱离的传统教学理念，把课堂教学分为课堂理论教学与课堂实践教学两个模块，灵活组织课堂教学活动。其次要优化教学方式方法。采用"任务驱动，问题导向，先学后教，课堂训练，总结反思"的教学方式，变思想信息的单向灌输为双向互动，变封闭式课堂教学为开放式，采用小组讨论、师生角色互换、案例式、对话式等多种教学方式。运用新媒体技术实现图片、文字、声音的多重叠加，激发学生学习兴趣，从侧重知识传授为主转向侧重培养学生能力素质。最后要构建教学支持网络平台。鉴于微信在学生中的普及，主要采取微信群、云共享等方式，共享思想政治课教学资源并进行讨论、反馈等。三是创新实践教学形式，提高学生参与思想政治教育沟通的积极性。由于受到安全、经费、师资等主、客观因素的综合影响,高校思想政治教育的实践教学大都未能有效开展,学生参与热情不足,与课堂理论教学之间相脱节,实践教学效果的评价方式不尽合理,总之,实践教学没有发挥其应有的作用。

实践教学是高校思想政治教育工作重要内容,加强实践教学与理论教学之间的相互支撑,创新实践教学形式,是提高学生自身素质的重要途径。一要变革思想政治理论课堂教学模式,增加课堂实践环节和内容。鉴于开展社会实践工作的成本过高,包括经费、人员等,不利于经常性开展课外社会实践活动,因此,可以在课堂教学中,设置"课堂实践教学"环节,通过情景模拟、角色扮演等方式,激发学生参与兴趣,缩短理论教学与实践教学之间的"距离"。二要加强校园学生实践活动的引导,提高校园学生活动的教育作用。学生社团是学生的自发组织,是学生参与社会实践、体验生活、提高素质的重要方式。然而,由于缺乏有效地引导,致使一些学生社团活动偏离了思想政治教育的方向,甚至成为别人利用的工具。如某些宗教团体,就通过学生参与的社团活动进行宗教宣传活动。因此,必须加强学生社团活动的组织管理和引导工作,使之成为思想政治教育的有益补充。三要深化社会实践活动的理论支持,不断提升社会实践的育人功能。通过暑期社会实践、三下乡等活动,学生了解社会,知道了自身的优势和不足,能够丰富自己知识结构。同时,处于象牙塔内的学生通过投身实践活动,发现社会如此丰富多彩,对当前的形势,社会的阴暗面都有了客观的认知,增强了自己的抵抗力。四要组织教学实习。课堂知识需要在实习中加以验证。学校要建设更多的校外教学实习基地,将教学和实习结合起来。学生通过在实习中的动手实践、调查和分析社会问题,体验了社会生活,印证、强化和丰富了所学知识。同时,在实习中也可以培养学生认真求实的科学精神,提升其思想道德素质。

3. 发挥内外双重作用,着力提高主体身心素质

第一,增强思想政治教育者的身体素质。长期以来,思想政治教

育者被认为是脑力劳动者，对身体素质要求不高，思想政治教育者的身体素质锻炼很容易被管理者忽视。增强思想政治教育者身体素质的主要途径是坚持自我锻炼，主要是通过体育运动来进行。学校一方面要为教职工购买体检卡，定期组织教师进行体检，及时发现身体疾病，及早治疗；另一方面要防患于未然，为教师体育锻炼活动创造条件并提供合适的场所。如组织教职工运动协会如乒乓球协会、羽毛球协会等；开展教职工运动比赛，如田径运动会、趣味运动会、各种球类比赛等，引导教职工注重日常的体育锻炼。此外，由于思想政治教育者教学科研任务较为繁重，工作内容涉及众多领域，还需要随时处理意外突发状况。因此，思想政治教育者必须注意劳逸结合，科学安排作息时间；必须提高劳动效率，尽可能缩短工作时间；必须注意饮食合理，保证营养供给等。

第二，增强思想政治教育者的心理素质。从以往研究结果来看，思想政治教育者普遍具有较好的心理素质，他们在应对突发出现的挫折、困难时，大都表现出积极、乐观、主动的一面。但是，他们当中也有一小部分人，处于长期、持久的工作压力，表现出沮丧、情绪低落等心理特征。思想政治教育者的心理素质直接影响其心理健康水平，是其生活质量和工作质量的重要保障。因此，学校应当高度重视思想政治教育者心理健康和心理疏导问题，及时发现并正确引导他们舒缓心理压力，排解心理问题。同时，学校应当为教师提供心理健康方面的培训和咨询，帮助教师解决心理困惑和心理问题。除了学校开展相应工作外，思想政治教育者也要通过自学相关知识，全面了解自己的心理状态，坦诚接纳自己不足，保持积极、乐观和自信的心态。通过主动提升专业水平，增强在教学科研工作中的获得感、成就感；充分尊重他人，主动进行社会交往，与身边的人包括家人、同事、朋友、领导保持和谐的人际关系；在遇到问题时，主动宣泄、调节和控制情绪，如果发现自己无法解决问题时，还可以求助专业的心理咨询机构。

第三，提高学生的身体素质。一要建立学生身体素质培养体系。学校要制定培养体系，从宏观层面进行指导，各教学院部要出台具体方案和措施，对学生的身体素质培养进行具体规划。体育课程的设置要广泛征求学生的意见，多开设一些学生喜爱的课程。除了设立常规的篮球、足球、羽毛球等课程之外，还要增设一些非常规的体育选修课如瑜伽、健美操、太极拳、普拉提、网球、游泳等。二要拓展锻炼方式。除了学生自己单独锻炼之外，还可以以宿舍为单位或者以班级为单位，组织"暴走"、慢跑、集体排球、踢毽子等活动，在增强大学生身体素质的同时，不断增进同学间的互动交流，增强班级凝聚力。

第四，提高学生的心理素质。一是开设覆盖全部学生的心理素质教育课程。聘请心理学专业教师，帮助学生掌握系统的心理学专业知识，提高他们对自身心理状况的认识，科学、准确地判断自身心理素质情况。二是建立心理健康咨询中心。通过有计划、有目的的心理健康咨询活动，帮助学生舒缓因学习、竞争、恋爱等形成的心理压力。三是建立健全学生心理健康档案，形成心理健康教育的跟踪服务机制。另外，还要根据学生需求，针对学生中普遍出现的、阶段性的亚健康心理问题做好团体心理辅导工作。四是组建心理健康教育学生社团。同伴教育和自我教育都是心理健康教育的主要方式。支持学生组建社团，聘请专业心理咨询教师进行指导，定期举办专题讲座和心理咨询活动。

第四章 "微"视角下思想政治教育沟通的客体维度

正如柯林武德所说:"一个科学的事实是自然界的一个事件,一个科学的理论是关于那个事件的一个假说,更多的事件对它进行证实或否证。"① 对于高校思想政治教育来说,也是这样的一个科学事实,如何客观、准确地理解其本质和规律,如何恰如其分地进行理论描述,如何对之进行完善、修正、检查,如此等等,构成了思想政治教育研究的起点。在"微"视角下,思想政治教育实践最核心、最关键的环节在于主体之间的沟通过程,最本质的内容就是主体之间通过信息交流促使受教育主体思想和行为发生教育者主体所预期的转变。在思想政治教育过程中,不同思想政治教育主体之间进行交流的"信息"或"内容",发挥了沟通客体或桥梁的作用,就构成了思想政治教育实践活动的客体。

一 思想政治教育沟通客体的内涵梳理

(一) 思想政治教育沟通客体的概念界定

在马克思主义的论域内,主体与客体的关系分析,应该置于具体的社会实践中去认识和理解。人类社会在改造客观自然世界的过程

---

① [英] 柯林武德:《自然的观念》,吴国盛译,北京大学出版社 2006 年版,第212页。

中，作为主体的人们为了达到一定的目的，满足主体的需要，会发挥主观能动性，比如开采煤矿，用煤来燃烧锅炉取暖，就会根据自己所掌握的关于煤矿、煤等相关知识或相关参数，借助于开采工具开采燃煤。在这一具体的、现实的社会实践过程中，开采煤矿的人构成了这一实践活动的主体，被开采的煤矿构成了这一实践活动的客体，主体与客体之间，借助于中介系统即工具系统，构成了主体改造客体、客体改造主体的双向对象性关系，或者说，主体见之于客体、客体见之于主体。

沟通是思想政治教育实践的核心环节，思想信息在不同主体之间的传递、接受和内化，促使学生主体思想政治理论的丰富，增强学生主体道德规范行为的能力。同时，思想政治教育的沟通，又是自成一体的活动过程，是思想政治教育实践系统的子系统。思想政治教育沟通实践是由教育者主体（教师、辅导员等）组织并实施，由受教育者主体（学生）参与的活动过程，通过主体之间的相互沟通和交流，思想信息从一个主体流向另一个或几个主体，因此，思想政治教育沟通实践是一个由"一对一""一对多""多对多"等多种主体沟通方式相互交错而构成的复杂沟通系统，通过沟通，达到提升沟通主体思想政治素质，规范沟通主体言行的目的。由此可见，思想政治教育沟通实践不同于一般社会实践，教师和学生都是参与沟通实践的主体，而教育内容（或思想信息）构成了沟通实践的客体，从而形成了"主体——客体——主体"的特殊的教育实践活动系统。

（二）思想政治教育沟通客体的内涵梳理

对于思想政治教育沟通实践来说，客体是架起不同主体之间相互沟通桥梁的载体，具体表现为教育者主体能够以合适的方式表达出来的和受教育者主体能够接受并进行反馈的思想信息。思想信息则"脱胎"于教育教学内容，由教育教学内容经过主体的"编码"，即按照一定的规律和程序，把相关内容进行符号化的过程，结果就是把教育教学内容转化为可以直接或间接在主体间进行传递的思想信息。因此，在"微"视角下，思想政治教育沟通的客体以两种形式存在，即编码前的教育教学内容和编码后的思想信息。思想政治教育内容"与思想政治教育过程各环节互渗透，循序渐进，逐步深入，构成了思想政治教育有机整体"①。目前，学界在关于思想政治教育客体（教育内容）的认识上，已经达成基本的共识，但在具体的理解上还存在一定的分歧。归结起来，主要有三类：

第一类，教育内容整体论。思想政治教育教学不同于其他专业课教学，课程教学的目标明确、内容具体且具有清晰的学科边界，思想政治教育无论在教育教学目标、教学内容还是学科边界等方面，由于其自身的复杂性而显得模糊。"思想政治教育目的和任务内在规定的丰富性，教育对象精神世界发展及思想实际的多样性，决定思想政治教育内容是广泛的、多方面的。"② 人的发展的全面性决定了思想政治教育内容的多样性，而且，每一部分内容之间，都不是相互孤立的部分，而是相互补充、相互联结的统一整体。"思想政治教育包含丰富的内容，这些内容并不是简单机械地相加或组合，而是多因素、多层次的，构成一个结构体系或系统。"③ 思想政治教育内容除了是一个具有自身逻辑体系的整体之外，还是一个随着时代发展、社会进步而持续不断、动态发展的系统。

第二类，教育内容信息论。思想政治教育沟通实践的客体是教育教学的内容或思想信息，在这一点上，学界不同学者之间已达成基本共识，然而，对于教育教学内容或思想信息的涵盖范围，或者说，它包含了哪些具体内容或信息，却产生了较大的分歧。一种观点认为，思想政治教育与其他学科一样，具有明晰的学科界限和范围，因此，

---

① 熊建生、孙颖：《论思想政治教育内容的结构关系》，《学校党建与思想教育》2005年第5期。

② 陈万柏、张耀灿：《思想政治教育学原理》，高等教育出版社2015年版，第173页。

③ 熊建生：《思想政治教育内容结构论》，中国社会科学出版社2012年版，第198页。

教育内容应当是准确清楚明白的。思想政治教育的内容仅为教师在课堂教学中讲授的知识信息，进一步具体为思想政治理论课（涵盖《马克思主义基本原理概论》等五门课程）。另一种观点认为，思想政治教育具有它自身的特殊性，教育教学内容不仅包括了课堂讲授的知识信息，而且包括教师与学生之间相互交流的一切信息，包括教师穿着打扮、言谈举止等"隐性知识信息"。尽管两种观点存在着较大的差异，但是，在思想政治教育沟通客体的问题上，保持一致意见和看法。同时，教育教学内容和思想信息，作为思想政治教育沟通的客体，它会随着沟通主体思想政治素质、沟通目标、沟通方式和途径等方面的变化而改变。

第三类，教育内容总和论。围绕着思想政治教育目的，不同学者提出了不同的教育内容。由于"思想政治教育目的不是单一的，而是集合的，是一个目的体系，可以依据一定标准从不同角度对其进行分解，将其分为不同的类别和层次"①，因此，在具体教育教学过程中，不同学者都基于各自的理解来阐释教育内容。有的学者认为思想政治教育内容包括三个方面，有的学者认为包括九个方面，还有的学者认为包括十个方面。总的来说，以培养全面发展人才为教育目标的思想政治教育，其内容大致涵盖"世界观、政治观、人生观、道德观、法制观和健康心理教育等七个方面。"② 教育内容体现为这诸多方面的总和。在思想政治教育沟通的不同环节，每一方面内容具有不同的表现、不同的信息和形式、不同的沟通渠道。每一方面内容的沟通体现着因人而异、因事而异、因情境而异的特点。

（三）思想政治教育沟通客体的建构准则

思想政治教育者主体在组织实施沟通实践时，尽管会在各个环节、各个方面尽可能地注意对受教育者主体的影响，包括其家庭背

---

① 陈万柏、张耀灿：《思想政治教育学原理》，高等教育出版社 2015 年版，第 78 页。
② 陈秉公：《思想政治教育学原理》，辽宁人民出版社 2001 年版，第 260 页。

景、社会关系、学科专业、心理素质等,但在沟通客体即教育教学内容和思想信息的选择、建构上,掌握着绝对的主导权。他们围绕着受教育者主体的心理成长、德性养成和经济社会发展需要,把思想、政治、道德、法纪、心理等方面的内容进行有机整合。沟通客体是教育者主体与受教育者主体之间相互交流的中介和桥梁,它是否具有科学性、是否具有主体性、是否具有现实性,都直接或间接地影响着思想政治教育沟通效果和沟通质量。

1. 沟通客体的科学性,有利于效用的提高

沟通客体的科学性体现在教育内容在理论观点上的正确性、内在逻辑上的自洽性、构成结构上的优化性、解释能力上的效用性等方面。在思想政治教育实践活动开始之初,教育者主体依据教育教学目的和接受对象的特点,把中国特色社会主义理论最新成果、社会主义优秀传统文化的传承创新等内容与教材内容进行筛选、整合和重构,以强化思想政治教育沟通内容构成要素之间的"有机整合、相互贯通、彼此衔接、互动有序、协同发展"①。沟通客体的科学性,是思想政治教育沟通实践活动的基本要求,是实现教育教学目标的基本保障。同时,教育内容只有具备了科学性,才能正确反映事物发展的客观规律,才能适应受教育者心理成长和思想发展的客观要求,才能被受教育者主体所认同和接受。

2. 沟通客体的主体性,有利于知识的内化

传统思想政治教育工作,由于对受教育者主体地位未能形成正确的认识,对其主体作用的发挥未能给予恰当地支持,因此,使得沟通客体的建构出现了片面性特征,影响着受教育者主体接受、内化的效果。"在思想政治理论课堂教学中,由于教师在前期教学准备中,几乎没有顾及学生的专业背景和身心素养,只是上演一幕幕'独角

---

① 熊建生:《思想政治教育内容结构论》,中国社会科学出版社2012年版,第46页。

戏'。"① 事实上，在思想政治教育沟通实践中，除了应该充分发挥教师主体的主导作用之外，还应当注重学生主体作用的发挥，这就要求教师在备课、授课环节，在选择、建构教育教学内容时，尽可能地参考沟通对象的知识背景、成长经历、个性特征、心理素质等因素，以达到增强学生主体对沟通客体的认同度，从而帮助学生顺利接受和有效内化教育内容。

3. 沟通客体的现实性，有利于目标的达成

思想政治教育是一项具有即时效应的特殊实践活动，需要随着时间、地点等条件的变化而做出及时反馈和调节，在前一时间相对正确、恰当地教育教学内容；在另一场合下，面对不同受教育群体，就会变得不那么适应，不适应就会影响到沟通效果，并在受教育者主体的思想和行为上表现出来。"思想政治理论课教学区别于其它课堂的地方，就在于它的现实性——即教学内容的现实针对性。"② 为了不断增强沟通客体的现实性，教师主体需要按照教育教学目标的要求，努力建构与时代精神、社会发展、思想观念等相适应的教育教学内容。同时，教师主体还需要在教育内容与现实生活之间构建起一个相互链接、相互转化的机制，一方面增强教育内容的现实关照，在现实实践中检验、修正教育内容；另一方面，增强实践调研工作，把经济社会发展中产生的新情况、新形势、新问题及时纳入教育内容之中。通过教育内容与现实实践之间的相互转化、相互印证、相互补充，实现教育内容的现实化和现实实践的理论化，从而不断提高思想政治教育教学的实际效果。

4. 沟通客体的综合性，有利于资源的优化

思想政治教育必须与时代发展和社会进步保持同步性，才能真正解决受教育者在思想成长和道德养成过程中产生的理论和现实问题。

---

① 张浩：《互融共生：思想政治教育内容建构研究》，《河南师范大学学报》2015 年第 6 期。

② 同上。

面对社会日益复杂多变的发展趋势，教育者需要不断加强与社会发展实际之间的结合，以积极主动的态度去应对越来越多的问题、挑战和压力，任何单一的教育内容都无法担负起整个思想政治教育工作的任务和职责。因此，教师主体在选择、建构教育教学内容时，必须尽可能广泛地选择知识和信息，发挥不同知识或信息之间的互补优化和作用。同时，在建构思想政治教育沟通内容时，还要"遵循思想政治教育内容发展的内在规律，正确把握思想政治教育内容的要素结构与层次结构的关系，把握教育内容类型之间的互补关系和层次之间的递进关系"①。按照教育内容的内部要素与结构体系，遵循学生思想成长规律和学生发展现实需要，教育者既要统筹思想、政治、道德、法纪等多种知识信息，又要综合思想政治理论课、党团活动、校风、学风等方面信息。因此，教育者必须充分调动多种教育教学资源，形成教育合力，才能把思想政治教育工作不断推向深入。

（四）思想政治教育沟通客体的核心构成

作为思想政治教育沟通客体的教育教学内容，其丰富性如前所述，在最广泛地意义上，它超越了其他一切学科体系的内容，并随着"天、地、人"的变化而发生变化。"基于社会发展的多变性和思想政治教育本身的复杂性，加之受研究者个人因素的影响，目前在思想政治教育内容体系的确定上，可谓见仁见智。"② 思想政治教育沟通客体的内容涵盖，从最初的"三元说"，即包括思想教育、政治教育和道德教育，发展到"四元说"，在原来基础上增加了"法治教育"，再融入"心理健康教育"的内容，就发展到了"五元说"，以此类推，还有学者把其核心内容扩展到"九元说"，甚至"十元说"。究竟应该如何把握思想政治教育沟通的客体？应该回归到思想政治教育沟通实践中去反思、去总结，只有立足思想政治教育的本质和内涵，

---

① 熊建生：《思想政治教育内容结构论》，中国社会科学出版社 2012 年版，第 94 页。
② 同上书，第 148 页。

从思想政治教育的根本目的出发，从受教育者思想成长、政治素养提升和道德养成的需要出发，从当下社会主义现代化建设对人才的需求出发，才能从"乱花渐欲迷人眼"的纷繁杂乱中，探究沟通客体的本质。

1. 开展政治教育，树立正确教育导向

在马克思主义理论指导下，帮助学生树立共产主义远大理想，坚定"四个自信"，确立科学世界观人生观和价值观，是高校思想政治教育工作的首要任务和基本遵循。中共中央、国务院《关于加强和改进新形势下高校思想政治工作的意见》立足当前复杂多变的国际、国内发展形势和我国经济社会发展中凸显出来的矛盾和冲突，明确当前和今后一段时期高校思想政治教育工作的具体要求和重点问题。文件指出：培养学生坚定的政治理想和信念，"事关办什么样的大学、怎样办大学的根本问题；事关党对高校的领导；事关中国特色社会主义事业后继有人"①。"三个事关"无疑都与政治教育息息相关，只有高度重视政治教育工作，才能不断强化政治教育在思想政治教育工作中的引领作用，确保思想政治教育工作的正确导向。一是明确政治教育在思想政治教育体系中的核心地位。思想政治教育的本质是一定阶级借助于教育教学手段，促使社会成员具有符合阶级需要的思想、政治、道德素质，做出符合其需要的言行。很显然，政治教育是确保这一导向得以贯彻的核心步骤，如果偏离了这一根本要求，思想政治教育工作就会失去正确的政治方向，就会导致其他社会思潮的渗透和干扰。二是明确政治教育内容在思想政治教育内容体系中的核心地位。自中国共产党成立以来，思想政治教育工作一直是一切工作的生命线，贯穿于新民主主义革命和社会主义现代化建设的始终。不仅如此，政治教育在思想教育、道德教育、法治教育等教育内容体系中，通过政治引领作用，渗透并影响着其他教育工作的开展。三是政治教

① 《三个"事关"定调高校思政工作：培养社会主义可靠接班人》，《人民网·理论频道》2017年2月28日。

育自成体系，具有完整的理论体系结构。思想政治教育体系中的政治教育，不同于政治专业的教育，它是立足学生思想政治素质的提高而进行的教育教学活动，因此，其内容体系涵盖党的基本理论、基本路线以及理想信念、爱国主义等方面。总之，政治教育"是用科学的思想理论，教育、引导和组织广大党员和群众，提高思想政治素质，为完成党和国家的任务而进行的社会实践，具有鲜明的政治性和意识形态色彩，是社会上层建筑的重要内容"①。

2. 开展思想教育，助力个体自我实现

思想政治教育的根本目的在于培养全面发展的人，培养一定社会需要的人，体现为个体发展与社会发展的统一。相比政治教育，思想教育更加注重个体的自我思想观念、价值观念的提升。通过思想政治教育沟通主体间的相互交流和思想信息的传递、内化，可以帮助受教育者树立正确的世界观，以客观、科学的态度面对复杂多变的世界，把握世界运动变化和发展的客观规律，以客观、公正的态度来处理自己面临的一切事物和现象；通过思想教育，可以帮助受教育者树立正确的人生观，正确认识人生的意义和价值，正视个人价值的实现与国家、民族，乃至于整个世界价值实现的统一性。引导受教育者树立正确的理想信念，努力把"个人梦"融入"中国梦""世界梦"之中；通过思想教育，可以帮助受教育者树立正确的价值观，帮助他们洞察世事、明辨是非，努力做到"有所为，有所不为"。总之，思想教育内容宽泛，涉及很广，构成了思想政治教育内容的核心构成。

3. 开展道德教育，传输核心价值观念

从思想政治教育的发展历程来看，道德教育一直都是思想政治教育的主要内容之一。但是，"以往的德育目标是由一批德目构成的，德育不过是将这一系列德目教给学生。这种教育就是所谓'美德袋'的教育"②。事实上，以培养全面发展的人为目的的思想政治教育，

---

① 熊建生：《思想政治教育内容结构论》，中国社会科学出版社2012年版，第13页。
② 班华：《现代德育论》，安徽人民出版社2006年版，第54页。

一个重要内容就是道德教育，包括道德观念的引导、道德规范的传习、道德行为的养成等方面。简单地说，道德教育的目的就是培养有品德的人。什么样的人算是有品德的人呢？"有无数的普通人，他们虽然没有做出什么惊天动地的大事，但他们每天起床后在学校、在工作岗位、在家庭以及他们的社区做力所能及的事情。他们准备迎接生活带给他们的一切。他们具有良好的品德。"① 从上述关于"良好的品德"的描述中，我们可以品味到一个观点：世界上并不存在着一个抽象的"道德"，它与人们现实具体的生活和行为融为一体，并在人们最为普通的行为中得以体现。因此，要成为一个有品德的人，单靠外在的"教""示范"等是不够的，必须是受教育者主体自觉、自主地践行，即"有意识地选择，某种深思熟虑并采取行动，排除那些阻碍我们实现目标的障碍，（通常）经过长时间的实践，最后实现目标并获得成功"②。同时，随着社会主义现代化建设实践的不断深入，要想提高人们的道德素质，就需要把道德教育的过程与具体现实的生活实践有机统一起来，在现实生活、工作实践中，达成道德教育的目标。

4. 开展法纪教育，筑牢行为规范底线

思想政治教育的本质在于提高受教育者的思想政治素质，使之沿着一定阶级所要求的规则或规范行事。"无论哪一个阶级的思想政治教育，都是运用一定阶级的思想影响和掌握其他阶级群众的活动。"③ 在思想政治教育的总体框架内，开展法制和纪律教育，就是要不断提高受教育者自觉遵从法律法规的要求，并在社会实践中，调整和规约他们的行为。相比于道德规范对于人的行为的软约束，法纪教育的目的在于向受教育者灌输个体行为的底线，不可跨越的界限。与道德教

---

① ［美］凯文·瑞安、卡伦·博林：《在学校中培养品德：将德育引入生活的实践策略》，苏静译，教育科学出版社 2010 年版，第 4 页。

② 同上书，第 11 页。

③ 倪愫襄：《思想政治教育元问题研究》，中国社会科学出版社 2014 年版，第 117 页。

育、政治教育相比，法纪教育在内容上有其独特的内涵，包括社会主义民主、法制和纪律等内容，法律法规的具体条文中也蕴藏着思想政治教育的相关内容。"法治"不同于"人治"，"'法治'相对于'人治'而言，是相对立的两种法律文化，前者的核心是强调社会治理规则的普适性、稳定性和权威性，后者的核心是强调社会治理主体的自觉性、能动性和权变性"①。因此，开展好法纪教育，不仅是社会个体教育的基本内容和要求，而且是保障思想教育、政治教育得以顺利开展的重要条件。同时，只有不断加强法纪教育，才能促使受教育者的行为实现他律到自律的转变。

5. 开展心理教育，搭建主体沟通桥梁

在思想政治教育沟通过程中，不同主体之间借助于思想信息达成一种相互之间的间接认同，即教育者主体依据自己的心理特征、思想观念、政治素养等来选择并建构适合自己心理的思想信息，受教育者主体借助于自己心理上的"内部图式"能够接受并内化由教育者所提供的思想信息，从而教育者与受教育者之间，在心理层面上形成了一种相互认同，这是思想政治教育沟通实践得以有序开展的内在原因。"图式是一个具有认知加工处理功能的庞大的档案系统，是大脑对过去经验的反映或积极组织。它把主体的需要意识、价值观念、知识经验等分类储存在大脑中，在碰到外来刺激的时候，主体就会试图把刺激归入到其现有的图式中。"② 由此可见，受教育者主体内部图式的结构如何，功能是否强大，应激反应是否恰当等，都对思想政治教育沟通的效果产生直接的影响，必须积极开展大学生心理教育工作，不断完善并逐步提高其内部图式的应激能力和水平。现代心理教育主要包括心理学基本知识、心理健康与调适、心理疾病的预防与咨询等内容，它在整个思想政治教育内容体系中，处于先在的、条件性

---

① 熊建生：《思想政治教育内容结构论》，中国社会科学出版社 2012 年版，第 184—185 页。

② 隋宁：《思想政治教育先在结构研究》，人民出版社 2015 年版，第 74 页。

地位。只有持续强化思想政治教育中心理教育的作用,才能搭建起不同主体之间相互沟通的桥梁,从而为思想教育、政治教育、道德教育、法纪教育等创造条件。

(五) 思想政治教育沟通客体的功能延伸

1. 导向功能

思想政治教育的一项重要职能便是向受教育者传递、灌输主流意识形态和核心价值观念,达成这一教育目标的重要环节,要求教育者主体在选择、建构教育教学内容时,对之做出积极、主动的回应,以保证沟通客体导向功能的顺利发挥。进入近现代以来,包括思想政治教育在内,我国教育理念的现代性特征,即"占主导地位的始终是理性精神、相信人类进步的人类中心主义、科学精神和追求功利的世俗精神"①,这与当下中国特色社会主义现代化建设对人才的要求标准相违背,必须通过教育内容导向功能的发挥,弱化教育的"现代性"影响,倡导一种科学化、人性化的社会精神生活新趋向。

(1) 社会价值导向。高校思想政治教育工作的一项重要职能,就在于向青年大学生传输中国特色社会主义的理论自信、道路自信、制度自信和文化自信,使他们在理论和实践两个维度上,学习、理解、认同、接受、内化并外化社会主义核心价值观。因此,教育内容首要的功能就是社会价值观念的导向功能,通过受教育者思想提升和行为示范,影响和带动其他社会成员对社会主流价值观念的认同和践行。假如忽略或无视思想政治教育内容的社会价值导向功能,思想政治教育的沟通就会失去目标和方向,成为一盘散沙。至于沟通结果如何,就成了完全随机性的事件。正如格尔茨所说的:"一群原始人,以完全的真诚祈祷雨水,结果加强了社会团结;一个拉选票的政客只想得到或保持政治资本,无意间却成了未被同化的移民社团与没有人情味

---

① 于伟:《现代性与教育:后现代语境中教育观的现代性研究》,北京师范大学出版社 2006 年版,第 12 页。

的政府机构之间的协调人。一个持意识形态观点的人本来只想散布不满情绪，却发现自己在幻想中表达的转移注意力的力量，却维系了使他痛苦的那个体制的长期的可存活性。"① 因此，在选择和建构教育内容上，如何彰显其社会价值导向功能，是教师主体理应深入思考并认真对待的严肃问题，其作用发挥如何，直接关涉思想政治教育目的的最终实现。

（2）理想信念导向。通过思想政治教育工作的开展，目的在于帮助受教育者树立正确的人生理想和奋斗目标，因此，在选择和建构思想政治教育内容，即沟通客体时，教师主体应当注重沟通客体在理想信念上的导向价值和现实意义。怀特海认为，当社会进入文明阶段后，"在这样的社会里，人们有着不同的理智认识能力，这表现为人们对事物细微特性的辨识力，对'正误'、'美丑'及'好坏'的不同判断"②。如何提高受教育者这方面的能力，必然成为教育内容建构的基本原则和要求。受教育者通过接受、内化教育内容，使得他们对中国特色社会主义现代化建设充满信心，对中国当下社会发展中取得的成绩和存在的问题，在历史和现实两个层次上做出科学客观的分析评价，努力学习、打好基础，为更好地参与社会主义现代化建设实践，更好地服务经济社会发展树立正确的努力方向。同时，受教育者通过接受、内化教育内容，树立起正确的人生态度和价值观念，对做什么样的人、过什么样的人生，做出积极、正确地选择，从而主动地把个人理想信念和人生目标置于整个社会理想和发展目标之中。尤其是在创新驱动、供给侧结构性改革，大众创新、万众创业的时代下，引导受教育者树立创新意识，学习并掌握创新能力，主动迎合社会发展需要，主动担当未来社会主义现代化建设重任等方面，都是思想政治教育沟通客体应当具备的导向功能。

---

① ［美］克利福德·格尔茨：《文化的解释》，韩莉译，译林出版社 2014 年版，第245—246 页。

② ［英］阿·怀特海：《观念的冒险》，周邦宪译，译林出版社 2012 年版，第 14 页。

（3）行为规范导向。思想政治教育的根本目的在于培养有德性的人并以其德性理念和德性行为来影响和带动其他的人，因此，如何发挥教育内容的行为导向功能，是思想政治教育工作有效开展的关键所在。美国教育家杜威认为教育目标的实现，主要体现在对学生自觉行为的养成上，"假如学生的每个行动都是老师指挥才做的，假如学生各个行动的先后顺序，是因为课业规定、别人指示而来的，根本没有教育的目标而言。以自发性自我表现的名义，放任反复无常忽做忽停的行为，对于教育目的同样也是致命伤"①。尤其是在中国改革开放、社会主义现代化建设的几十年中，社会经济快速发展、体制机制的急剧转变、社会文化的多元冲击、国际局势的动荡与变迁，以及现代网络和新媒体技术的普及和推广，使得学生的思想教育和行为养成上出现了太多的变数和不确定性，必须充分发挥思想政治教育沟通客体的行为规范导向价值，积极应对思想政治教育工作的复杂形势和状况。

2. 载体功能

思想政治教育客体，即教育教学内容和思想信息，它们承载着一定社会、一定阶级对社会成员思想和行为的预期和希望，如何确保"有效信息"在不同沟通主体，尤其是在教育者主体和受教育者主体之间进行交互流动，促使思想信息所负载的政治观点、价值倾向，通过教育者主体实施教育教学活动，对受教育者主体的思想和行为产生积极的、建设性的影响和作用，促使他们在政治上、思想上、行为上与一定阶级、一定社会的需要保持一致，做出既符合个体成长又符合社会发展的选择和努力。由此可见，思想政治教育内容的选择和建构，必须体现着社会主流价值观念、政治态度，必须与社会当前发展的现实等相一致、相符合。同时，教育者还需要从受教育者的思想成长需要出发，充分尊重他们实现自我的价值取向，服务于中国特色社

---

① ［美］约翰·杜威：《民主与教育》，薛绚译，译林出版社2012年版，第91页。

会主义现代化建设的理想信念。为了充分发挥思想政治教育客体的载体功能，教育者应立足学生思想成长的现实状态，遵循思想政治教育的本真诉求，"用合理的价值观引导和激励学生的思想形成、人格发展和文化素质的提高，培养有理想、充满意义和具有创造能力的人"①。

3. 育人功能

思想政治教育是一项围绕着人的思想成长和行为养成而组织、开展起来的特殊社会实践活动，实践的目的就是教育人、培养人，即培养一定社会发展所需要的合格人才。思想政治教育"要适应政治、经济的现实要求，却并不能充当政治的仆役、经济的婢女。作为人的一种实践活动，思想政治教育有其超功利的'建设人本身'的一面"②。因此，作为不同主体之间相互沟通的媒介，沟通客体必须体现出独特的育人功能，这不仅仅是中国特色社会主义现代化建设、改革开放不断深入对全面发展人才的需求，而且是受教育者作为一般社会成员所具有的责任和担当，同时，还是受教育者自我成材、自我实现的价值追求。高校思想政治教育工作理应围绕社会发展目标取向开展实践活动，依据受教育者思想政治、理想信念和行为规范等方面的需要，创造性地组织并实施教育教学活动。思想政治教育工作的开展，必须遵循教育教学和人的思想、心理成熟发展的基本规律，牢固把握"教书育人"的目标和方向，去理解、去反思、去批判。思想政治教育的沟通活动，以教育人、培养人为根本目标，围绕着这一目标选择并建构起来的教育教学内容，必须为之服务，无论是内容还是组织形式、无论是内容结构还是展示方式，都需要"集结"在育人功能的"麾下"并随之发挥作用。

---

① 吴亚林：《价值与教育》，北京师范大学出版社 2009 年版，第 10—11 页。
② 曹清燕：《思想政治教育目的研究：基于马克思主义人学视角》，中国社会科学出版社 2011 年版，第 3 页。

二 微视角下思想政治教育沟通客体的失位分析

高校思想政治教育是一个由教育目标所引导、教育主体所选择、教育内容所建构、教育方法所生成、教育环境所创设等一系列环节，通过非线性作用而动态生成的过程。因此，关于思想政治教育沟通客体——教育内容的分析和讨论，不能仅仅停留在教育内容本身，就教育内容论教育内容，这样不仅让人陷入一叶障目而有失偏颇的境地，而且，也会人为地割裂开教育内容与教育主体、教育环境的密切关联从而陷入形而上学的泥淖。一句话，回到思想政治教育的客观实际中去，在复杂、动态、生成的语境内来分析教育内容的问题，是思想政治教育理论研究的客观要求。

（一）思想政治教育沟通客体的静态分析

1. 教育内容与学生需求的疏离

从根本上说，任何教育，包括思想政治教育在内，在其社会价值上都是为了满足一定社会发展对人才需求的目标。"我们不是从人们所说的、所设想的、所想象的东西出发，也不是从口头说的、思考出来的、设想出来的、想象出来的人出发，去理解有血有肉的人。我们的出发点是从事实际活动的人。"[①] 从中国特色社会主义现代化建设的工作实际出发，以经济社会发展的现实需要为导向，突出人才培养目标和过程的现实性，而不是把高校思想政治教育置于"象牙塔"内，看成是一个"抽象的人"的教育实践过程。同时，思想政治教育的现实性导向还表现在，社会对于人才的要求也会随之而发生改变，这种改变不仅体现在人才目标的总体设定上，而且在德、智、体、美、劳各个方面都发生着潜移默化的变化——抛弃一些不合时宜

①《马克思恩格斯选集》第 1 卷，人民出版社 2012 年版，第 152 页。

的内容，同时增添一些新的内涵。然而，以往的思想政治教育显然没有顾及这一改变的速度和力度，也就未能及时做出积极的应对，从而表现出"人学空场"的现象就不足为怪了。

（1）教育内容与学生发展需求相疏离。思想政治教育教学是一项特殊的教育实践活动，是一项以教育教学内容为载体，以深刻领会、理解和掌握教育教学内容为途径，达到改变学生思想和道德观念，调节学生言谈举止、社会交往行为目的的实践活动。因此，教育教学内容只有与学生的实际发展需求相符合，才能让学生自觉自愿地接受它、理解它并内化它。如果教育内容与学生发展需求相疏离，即使通过外部命令或手段，让学生记住并通过相应的考试，对于提高学生思想道德水平、改善行为来说，也不会产生太大的效果。

（2）教育内容与学生关注点相错位。任何一项实践活动，从本质上来说，都是发现矛盾、分析矛盾并解决矛盾的过程，思想政治教育也不例外。在实施思想政治教育活动过程中，教师首先遇到的矛盾就是一定社会发展阶段上，对社会成员的思想道德水平和行为规范要求与社会成员实际思想道德水平和行为规范要求之间的矛盾和差异，即"思想政治教育的基本矛盾，是社会需要的思想品德和教育对象的思想道德水平现状之间的矛盾"[1]，这就要求思想政治教育的内容，必须针对这一矛盾来统筹整合，为解决这一矛盾提供相应理论支撑和实践指导。但在目前高校思想政治教育教学工作中，学生对社会发展的期待和关注已经得到学界和教育管理部门的重视，并在一定范围内进行调查和分析，针对这一矛盾和问题进行有目的、有计划的解决。

（3）教育内容与学生个性相脱节。目前，高校思想政治教育教学的一个现状就是师生比相差悬殊，尤其是思想政治课教师配备不足，几乎成为每一个高校共同的问题。因此，大班上课就成为一种解决教师人手不足问题的有效手段和举措。然而，思想政治教育教学实践活

---

① 王立仁：《思想政治教育内容体系及其逻辑展开模式构想》，《长春工业大学学报》2008 年第 2 期。

动目的的实现，或者说遵循一般教育教学规律，又需要为学生提升"个性化"服务，"一把钥匙开一把锁"，才能达到最佳的教学效果。为此，需要教师在备课环节做好充分的准备，前期要对学生有一个充分的调查和了解，中期要根据学生反馈做出积极的调整和修改，从而对学生个体、群体的个性化需要给予充分关注。

2. 教育内容与社会发展相疏离

如果说教育的功能在于社会成员代际间的知识传递，既包括可以言说的显性知识，也包括无法言说的隐性知识。但思想政治教育相比于一般的教育，有其特殊的一面，主要体现在隐性知识方面。隐性知识最大的特点在于其流动性、生成性，即随着社会发展、环境变迁而带来的新经验、新体验。由此，思想政治教育教学内容一旦与社会发展和时代进步不同步，必然会影响到思想政治教育的实际效果。

（1）教育内容过于注重逻辑性。思想政治教育是整个人类社会的重要组成部分，与经济社会发展状况息息相关。但是，以往的思想政治教育内容无论在体系架构上还是在逻辑严谨方面都是合乎理性的，出于我国人口多、各地发展不均衡、国内外环境比较复杂等原因，使得思想政治教育内容与学生思想实际之间存在着较大的差距，与经济社会发展的总体进程也不一致。这些差距的存在，使得思想政治教育内容滞后于社会发展和学生成长的实际需要。"把思想政治教育当作可以从生活中剥离出来而单独存在的东西，使思想政治教育脱离了与之休戚相关的现实生活过程，特别是受教育者本人正在经受和体验的生活实践。"[①] 事实上，思想理论的发展与经济社会的进步之间，是一种相辅相成、协同发展的关系，应当在时代发展、社会进步的社会实践中开展思想政治教育，充分调动学生参与经济社会发展实践的积极性、主动性，亲身体验经济社会的新发展、新变化，以经济社会发展的客观事实来触动学生思想观念上的每一根神经，思想政治教育教

---

① 胡凯：《思想政治教育生活化研究》，博士学位论文，复旦大学，2007年。

学内容必须要实事求是地面对学生，在求真务实中取得应有的教育实效。

（2）教育内容过于注重理论性。一切的教育，包括思想政治教育在内，都是一个"传道"和"解惑"的过程。与一般教育不同的是，思想政治教育的内容和对象是学生思想道德观念和行为规范，因此，思想政治教育"定位"准确与否，对教育教学效果产生直接的影响。作为正处于成长过程中的青年群体，学生主体意识增强，思维活跃，对自身成长、家庭变化和社会现实等方面都有着十分强烈的好奇心，希望通过对这些问题的思考和实践，找到解决问题的有效途径。然而，由于理论与现实之间存在着的巨大落差，学生们良好的愿望大多被现实的冷水所浇灭。"社会矛盾日益凸显而引发的各种热点难点问题，已成为制约大学生思想政治教育实效性的关键。"① 如何创设情境、加强实践环节，如何在理论与实践的交融互补中，使学生得到锻炼，能力得以提升，必然成为改善思想政治教育状况、提升教育教学效果的重要途径。

3. 教育内容倾向于"理论知识"

思想政治教育的目的是解决受教育者实际思想政治素质与一定社会、一定发展阶级需求之间的矛盾，它以知识传递为手段，以提高受教育者思想政治素质为目标，以知识传递、理解、接受和内化为过程，最终实现为社会发展培养全面发展人才的价值追求。在这一过程中，系统化、理论化的理论知识讲授和学习，既是一种常规的教育教学的方法和手段，也是经过实践检验十分有效的教育方式。但是，知识的讲授和学习不是最终的目的，最终的目的在于理论知识的内化和外化，并通过受教育者的思想观念、政治素养和行为方式表现出来。然而，在过去的思想政治教育工作中，教育教学目的被简化为"理论知识"的传授，教师的"教"与学生的"学"都围绕着这一"简化

---

① 戴艳军、杨正德：《破解大学生思想政治教育热点难点问题的思考》，《大连理工大学学报》2009 年第 4 期。

版"的教学目的来展开，从而使得"知识"的传授功能被人为放大，教育内容的理论逻辑和体系构架被突出强调，以身示范、个体体验等隐性知识的传授，因难以指标量化而被人为忽略，导致思想政治教育内容的"理论知识"化倾向。

长期以来，在思想政治教育教学工作中，存在着一种错位了的教学评价指标体系——为了迎合"科学""客观""公平"等现代科学价值评价目标，一切不利于量化的指标被弱化或忽略，一切有利于量化的指标被强化，其结果使得以知识掌握程度的评价方式，即以闭卷考试的方式来评价学生学习效果的方式得到强化，并成为过去、现在思想政治教育教学评价方式的主要组成部分。由于评价体系和评价方式的强化，反过来进一步加剧了思想政治理论教育教学的"知识化""理论化"——假使学生考试分数太低，就证明老师教育教学水平不高，学生分数与老师教学水平之间的正比关系，进一步推动着越来越多的教师，采取"知识化"的教学方式。如此一来，知识化、理论化的倾向，在思想政治教育教学实践中呈现递增趋势，"重知、轻情、缺信、少意、无行"的畸形内容结构，培养了一个又一个"知识化"的社会个体，与培养全面发展人才的社会需求之间产生了巨大落差，而这一不足，只能依靠学生走上社会之后，通过自学、自悟、自省来弥补。

4. 教育内容各个组成相互孤立

思想政治教育作为一项特殊的社会实践活动，其目标十分明确，就是培养符合一定社会发展阶段的人才。思想政治教育实践目标的综合性，在客观上要求思想政治教育内容的综合性，如理想信念、道德观念、法律法规、国防安全等。思想政治教育内容的各个组成部分之间既相互区别、自成体系，又相互联系，融合互补，各个组成部分分别对应着受教育者的思想道德、政治素质某一方面的教育需求，相互补充、相互渗透又相互支撑，使得思想政治教育内容呈现出整体性特征。同时，"各种道德品质，不是同时无次序形成的，而是遵循一定的规律,按照一定的次序和水平,由低级到高级,是一个波浪式前进和螺旋式上升的过程"①。各种内容的教育教学活动,根据受教育者心理成长的阶段特征而前后交错、梯次进行,前一部分内容的教育教学为后一部分内容奠定理论基础,后一部分内容的教育教学为前一部分内容提供深化理解和实践应用。因此,思想政治教育内容的各个组成部分之间,呈现出依次衔接、前后连贯的样态,确保教育教学效果一以贯之、由理论到实践的连续性。但是,在传统思想政治教育工作中,课程内容的衔接特性被人为割裂——在课程设计中是连贯的,但在具体实施中是脱节的,对受教育者的学习、理解、认同和践行产生了相当大的影响,具体表现在:

第一,教育教学内容的整体性认识不足。思想政治教育内容的完整性,是实现教育目标整体功能的基本保障,各个组成部分之间相互关联、相互支撑又相互制约,共同担负着为社会发展培育合格人才的使命和责任。但是,由于对教育内容整体性认识不足,在实际教育教学活动中,有的教师仅仅立足于自己所教课程进行课程设计与实践,局限于本门课程的范围内设计教学环节和评价方式,其结果就是学生学到的知识或理论就像一个又一个的葡萄,而不是一串葡萄。假使某一学校的思想政治理论课教师教学内容都是如此,那么,其教育教学效果必将大打折扣。

第二,教育教学内容的次序性认识不足。对于教育教学内容的次序性认识,主要基于学生心理成熟、思想道德观念提升的过程性和教育教学实践需由浅入深、由表及里的发展规律的特殊性,它决定着我们在思想政治教育内容的设置上,也必须坚持这一次序性,即根据学生身心发展和教育教学规律,教育内容需相互联系、前后相继,分阶段、按顺序地进行分解和排列。在以往的思想政治教育实践中,由于对教育内容次序性的认识不足,使得各学段之间或各学段的不同课程

① 詹万生:《整体构建德育体系总论》,教育科学出版社2001年版,第154页。

之间内容交叉雷同，简单重复现象普遍存在，内容的深度及难度并未体现出循序渐进的特点。其直接的表现就是，学生上课的时候，总是有着"似曾相识"的感觉，从而难以全身心地投入到课程学习和反思之中，结果就是"似是而非"。教育内容上的失序现象，已经成为影响着思想政治教育教学效果的重要因素，需要引起思想政治教育工作的组织者、实施者的关注和重视。

第三，教育教学内容的递进性认识不足。立足受教育者思想政治现状，遵循受教育者思想成长和心理成熟规律是开展思想政治教育工作的前提和依据。因此，伴随着受教育者年龄的增长不断调整思想政治教育内容及教育教学方式方法，是实施有效教育教学的客观要求。但是，在高校思想政治教育工作中，教育内容上出现了一些具体问题。如大学课堂教学内容与中学教学内容之间存在着重复现象，中学时讲辩证唯物主义和历史唯物主义，进入大学以后还要讲。从教育教学的目的来看，大学与中学有着很大差别；从教学内容体系结构的安排上看，大学与中学也存在着很大差别。但是，在具体教学过程中，有一部分学生因为对教学内容有所了解，尽管"只知其然，不知其所以然"，他们也会放松对自己的要求，把时间和精力放到专业课或其他课堂以外活动上。为了更好地达成教育教学目标，教育管理部门对不同年龄阶段受教育者的教学内容做出明确规定，高校教学管理部门应根据不同年级学生特点，设置差异化的课程内容。教师在备课、教学环节上应对授课对象进行全面调研，努力做到因材施教，从而确保教育内容的递进性在教育教学实践中得以体现和保证。

5. 教育内容革新中的"过犹不及"

在马克思主义的论域内，世界上任何事物、任何现象都处在变动不居的过程之中。为了使得思想政治教育效果更加具有时效性，就需要在教育内容上充分体现社会发展的新变化、新特征和新需求，也就是说，思想政治教育内容也需要"与时俱进"。针对当前思想政治教育内容相对滞后于经济社会发展的现状，学界从多个维度、多个层次上来强化教育内容的革新，从教育教学的实际效果来看，虽有所改善，但与预期目标的实现还存在较大差距。

第一，教育内容与社会发展不同步。近些年来，思想政治教育效果不明显的最主要原因，归结于实践教学过于形式化，缺乏实际的、可操作性的、有效的方案，各种各样的实践教学方法被创造出来，如情景模拟、角色扮演、小组讨论、实证调查等。这些新方法虽然在一定范围内取得了较好的效果。然而，目前还未能形成一种或几种可资借鉴、推广的有效方法和途径。究其原因，一方面是由于我国各个高校在思想政治教育中普遍存在的客观因素，如师生比过小导致的大班上课，经费投入不足以及管理措施不当等；另一方面存在着主观方面的因素，如学校管理部门对思想政治教育工作的重视不够，教师在备课环节上投入的时间和精力欠缺，学生缺乏参与实践教学的经验等。由此造成的结果就是，实践教学的重要性与实践教学的实际开展情况之间存在着较大的落差，实践教学效果大打折扣，无论是学校管理部门、教师还是学生，都不满意，这样的结果反过来又强化了实践教学的组织和实施。在思想政治教育实施进程中，毋庸置疑，实践性知识占据十分重要的地位和作用，"如果在德性培养过程缺少这些知识，德性培养只会流于抽象的玄想、空疏的动机和人格上的'伪君子'"①。解决问题的关键，在于因地制宜、因时制宜、因人而异地选择实践教学方法，加大时间和资金上的投入，真正体现学生在实践教学过程中的主体性。同时，也要防止因强化实践教育而弱化理论教育的倾向，两者之间不是此起彼伏的关系，而是一种相辅相成、相互协同、共同发展的关系。

第二，新理论对教育内容的"刚性"融入。思想政治教育目标的稳定性决定了思想政治教育内容的稳定性。但是，时代的进步、社会的发展、思想观念的转变、生存生活方式的变革等一系列因素，都在

---

① 邓达：《知识论域下的高校德育课程》，博士学位论文，西南大学，2008 年。

以各种不同的方式或渠道，源源不断地浸入到思想政治教育中来，进而对之产生正面或负面的影响。作为相对稳定的思想政治教育系统，必须对这些外来的影响和刺激采取积极应对，有选择地加以吸收和接纳，以保持思想政治教育系统与人类社会系统之间的发展同步性。因此，一旦社会上有了新的理论创新或经验总结，总是会第一时间被纳入思想政治教育内容体系中来，这是思想政治教育自身发展的客观要求。然而，就目前的思想政治教育内容革新情况来看，问题不在于是否要接纳新理论、新思想，而在于如何接纳、以何种方式接纳。进入21世纪以来，我们党的每一次重大理论创新，总是以最快速的方式纳入思想政治教育内容中来，但在纳入方式、时间节点等方面，存在着"刚性"融入的情况，即没有很好地实现从理论体系向教材体系的转化。毋庸置疑，这样做的好处是显而易见的，能够强化思想政治教育内容与时代进步、社会发展之间的同步性。然而，这样做不利的一面也是显而易见的，由于缺乏深入、细致的研究、分析和调研，新理论的强势介入，不仅打断了思想政治教育的连贯性，影响了教育内容的整体和谐性，而且也与原来的教育内容之间，形成"两张皮"现象。因此，在处理新理论与教育内容之间关系的时候，应当"刚柔并济"，促使它们更好地融合、统一。

第三，内容革新偏离学生需求。高校思想政治教育工作具有很强的时效性，只有不断革新思想政治教育内容，才能使受教育者更好地适应社会、理解社会。遵循教育教学的一般规律，满足社会和受教育者个人发展的现实需要，恰恰是革新教育内容的根本动力。沿着这个逻辑，思想政治教育内容的革新，必须充分考虑学生的成长需要，如果没有做好这一点，就会使我们的教育教学活动成为"无的放矢"，靶向分散，最终丧失教育教学活动的现实针对性。因此，教育者在重构或革新思想政治教育内容时，必须把学生的现实需要和未来期望作为重要参考，需要进行广泛调研并通过调研把握受教育者的真实情形。然而，目前高校思想政治教育内容革新工作的基本做法，却偏离了这一基本前提和基础,存在着"学科本位倾向",往往采取自上而下的指导或培训,较少考虑学生的现实需求。

(二)思想政治教育沟通客体的动态分析

思想政治教育内容的选择、建构是一个由教育者自觉、自主的能动过程,静态上表现为教育内容的增减调整,动态上表现为教师与学生之间的互动,当然,这种互动是广泛意义上的互动,既包括直接的语言、表情的沟通,也包括间接的调研、分析等。

1. 教育内容选择上的话语缺乏

对于课程教学来说,选择和建构思想政治教育内容工作的主体是教师,教师需要遵循教育教学和学生心理成长规律,把教材内容转化成为课堂教学内容。在这个转化过程中,对于教师来说,完成了一个教学内容由选择到建构、由传递到接收、由理解到内化、由外化到反馈的完整过程。但在以往的教育教学实践中,由于教师话语体系的缺乏,直接影响着思想政治教育的沟通效果。

(1)教学内容选择上缺乏沟通。毋庸置疑,教学内容的选择必须根植于学科性质和教育目的,但这并不意味着教学内容的僵化固定。在备课过程中,每位教师对教学内容都会有自己的处理,从教案讲义的准备、经典案例的挑选到理论知识的拓展、互动话题的选择都会彰显自己的个性特点,但要达到良好的教学效果,一味地闭门造车、自我加工是不可取的。

如何通过信息来减少或降低人们对事物发展不确定性的担心,成为影响信息传递效果的关键环节。思想政治教育实践无论如何复杂,就其本质来说,还是教师与学生之间的思想信息传递的过程,教师通过一定的方式把经过精心选择的思想信息传递给学生,学生乐于接受并内化,进而外化为个体的言行。因此,这就要求教师在教育内容选择和建构环节,充分了解学生的心理特征、知识背景、关注热点,甚至于学生的思维方式和语言表达习惯等,并把它们作为选择和建构教育内容的首要条件，以增进教育教学过程中与学生之间的"共识"。然而，现实的情况却不容乐观，大多数思想政治教育者面临着繁重的教学、科研任务，担负着越来越重的家庭负担，很少能够全身心地投入到教育教学工作之中，更加不可能去调研和了解学生的现实状况。因此，在教育教学过程中，学生对教育内容缺乏兴趣，课堂气氛沉闷，学生睡觉、玩手机等现象就不可避免了。

（2）教学内容建构上缺乏沟通。教材是针对所有受教育者群体共性需求而组织编写的，对于具体到某一高校、某一专业、某一班级，甚至某一位学生的时候，必须要解决教育内容的共性与个性的矛盾问题。教师在完成教材体系向教学体系转化的过程中，把教材内容经过重新增减、调整而成为课堂教学的内容，这一过程大都是教师在办公室里独自完成的，即备课过程，其结果是形成讲义和教案。

如前所述，在当下的高校思想政治教育环境下，由于种种主客观原因，使得教师在这一环节能够投入的时间和精力越来越少，因此，如何改进和提升教育教学效果，一个重要的方面就在于正确地备课。教师在备课环节，教学内容选择的范围大小、选择的关注重点，直接影响着教学内容的全面性和针对性——与学生需求相一致性。在教学内容选择并重组为讲义之后，教师还需要进一步选择适当的方式方法来呈现教学内容，比如选择什么样的素材，是文字描述还是图片展示，选择什么样的案例，预设什么样的问题等，甚至于采取什么样的语言表达，采用什么样的讲授逻辑，如此等等，都会影响到教师与学生之间的沟通效果。假使一位没有经过深入调研、对学生情况不甚了解的教师，他在备课的时候，往往依赖于自身已有的态度、经验、认知和技巧，受制于自己的思维惯性，忽略或无视学生对教学内容的熟识，那么，教师"一元主导"式课堂教学就成为必然，课堂变成了教师的"独角戏""一言堂"。

（3）教育内容沟通不畅导致的问题。思想政治教育的最终目的在于提高受教育者的思想道德水平并养成符合社会要求的言行举止，因此，如何使受教育者接受并自觉地内化于心，成为思想政治教育最为核心的环节。为了达成这一目的，教师必须要充分了解学生的具体情况，包括学生已有经验、知识背景、认知结构、情感动机等，并在此基础上，以学生喜闻乐见的形式、符号、图片、视频等为媒介，把教育教学内容信息传递给学生，激发学生的学习兴趣，满足学生的心理需求，并进而与学生已有认知结构相融合，从而实现教育内容内化于心的目标。但是，由于教师与学生之间不能进行"对话"和有效"沟通"，使得目前高校思想政治教育效果与社会预期之间还存在着较大的落差。教师与学生之间的沟通本应当是双向互动的过程，现在却成了由教师到学生的单向传输过程——尽管存在着反馈调节的机制和举措，但由于教育教学实践偏离了思想政治教育的本质和规律，因而反馈和调节的效果往往流于形式或停留在报告上。

第一，外在于学生主体的教育内容，无法吸引学生的注意。思想政治教育担负着为一定阶级、一定社会发展所需要的，具有一定思想道德和政治素养水平人才的任务，因此，宣传社会主流意识形态，弘扬社会公平正义，突出思想政治教育的阶级属性和政治属性等要求，是思想政治教育工作的本质要求和基本前提。从另一个角度来看，思想政治教育由于承载着培养符合社会需要人才的重任，因而，从教育目标、教育内容、教育方法、教育途径、评价体系等环节上体现出来。主流意识形态一旦形成，就会在相当长的时期内保持相对稳定性，只要占统治地位的那个阶级的阶级地位没有发生改变，主流意识形态的核心内容就不会改变，且会持续发生越来越深刻的影响力。在这一宏观叙事的过程中，充分体现了管理者的智慧和高超的技巧，但是，唯独忽视了一个最关键的因素——受教育者的需求，国家政治观和社会价值观呈现的刚性，阻碍了思想政治教育话语范式的转换与发展，造成受众对思想政治教育关注度不高。一个"无主体"的教育内容，无论它的理论如何完善，体系如何科学，语言如何精练，都很难打动受教育者的心，说服受教育者自觉自愿地接受。

第二，外在于学生主体的教学内容，注重学生的被动参与。教师数量不足，是高等学校思想政治教育的普遍现象，大班上课成为影响教师施教方式的重要因素。此外，教师因科研压力、教学压力、评估压力及生活压力，造成的教师职业倦怠使得他们难以全身心地投入到教学内容的选择、重组和建构过程之中，难以展开教学前对学生的调查、分析，其结果就是教师在准备教学内容、编写讲义的过程中，未能对"学生"进行充分的考量，教师按照自己想象出来的学生"形象"进行备课，并根据教学讲义和教案开展教学活动。在教学过程中，强调教师对知识的预设，把教学过程仅仅当作了知识的认识、记忆、掌握和再现过程，师生之间的对话交流被灌输和改造代替，在教学内容上难成共识，缺乏理解的基础。在这种情形下，教学内容未能真正的在教师与学生之间搭建起互动沟通的桥梁，学生被排除在教学内容和教学过程之外。因此，教师对学生能够积极、主动、自觉地参与到教学过程中去的美好愿望，大多数情况下都落空了，直接影响着课堂教学的效果。

第三，外在于学生主体的教学方法，难以激发学生的记忆活力。思想政治教育实践活动本是一个理性与感性、意义与价值、知识与体验等相互交织的生动过程，在这一过程中，必然与偶然、确定与不确定贯穿始终。由此可以断言，思想政治教育实践过程不是一个可以全部控制、按部就班进行的简单系统，而是一个充满新奇和偶然的复杂系统。然而，长期以来，为了更好地、更便捷地控制思想政治教育的整个过程，生动、感性的教育教学过程被机械、理性的过程所取代，涉及知、情、意、礼等广泛内容的教学被简化为"知识的传递"，基于这一单向度的想象，教师在设计教学过程和方法的时候，想当然地运用有利于知识传递的方法替代思想政治教育。从最初教育目标的预设、教育内容的组合、教学方法的选择等环节开始，思想政治教育实践真正的主体——学生就被摒弃在教育教学过程之外，就像一个知名裁缝，凭想当然地设计并缝制了一套衣服，直接套在了客人的身上一样，难免会"不合身"。而思想政治教育需要的恰恰是"量体裁衣"，才能让学生穿起来显得"合体"。

2. 思想信息传递上的渠道不畅

思想信息从教师到学生的传递，是实现思想政治教育目标的关键环节。教师可以采取多种方式来实现思想信息传递的任务，或者硬性灌输或者柔性渗透，实现教师与学生在教育内容上的共享。思想信息在教师与学生之间的传递效率，受到传递方式的直接影响，一个恰当的传递方式，能够与教师、学生相契合，从而增强思想信息传递的效率和效果，进而强化学生对思想信息的接受和内化。除去思想政治教育沟通环境的作用外，能够影响思想信息传递效果的因素主要集中在沟通主体和沟通客体两个方面。在以往思想政治教育工作中，无论管理者还是教师，大都认为教师对沟通效果的影响力最大，沟通渠道的影响力次之，学生对沟通效果的影响力最小。基于此种理解和分析，他们进而提出了解决问题、提高沟通效果的方法，即围绕着教师如何备课、如何设计并组织实施教学过程、如何进行教学评价，以及教师采用什么样的教学方法和教学途径等。然而，从最近几年高校思想政治教育教学效果来看，上述几个方面的努力成效初显，但成效大小还难以界定。

回到思想政治教育实践的现实之中，我们在分析影响思想政治教育沟通因素的时候，有意无意地在忽略或弱化来自于学生方面的因素。这样做的原因是多方面的，一是受传统思想政治教育理念的影响，教师主导着课堂教学的每一个环节，学生处于被动接受的地位，其参与沟通的主动性难以正常发挥。二是由于教育管理机构和思想政治理论课教师对学生的身心状态和思想状况，未能开展细致深入的调研，因而难以形成对学生群体的客观、准确的评价。三是由于学生是一个思想活跃、乐观积极的群体，其思想、心理和兴趣点变化很快，因而"以不变应万变"的传统手段难以奏效。综合上述分析来看，要从根本上解决思想政治教育沟通效果的问题，应当反其道而行，从学生方面入手，提高学生主体在整个思想政治教育过程中的"参与度"，这才是解决问题的根本途径。

为了有效化解思想政治教育"人学空场"的现实难题，就必须解决好学生们游离于思想政治教育活动之外，不能成为思想政治教育直接参与者的这个问题。因此，从思想政治教育内容沟通渠道的创设上，就要率先考虑学生主体的参与，需要从教师和学生互动交流、共同参与的角度来营造一种沟通双方互相认同、互融共生的教育情境，融教育目标、教育内容于一体，把抽象的教育内容转化为学生普遍熟悉、易于接受的生动形式。在具体实施中，教育内容的建构和形式运用，必须根据学生的实际，安排合适的思想政治教育内容，采取适当的形式；而且要符合特定的历史时期、发展阶段和社会现实，过时和超前不可取；避免有内容无形式和有形式无内容的片面性，内容即使科学正确、切合实际，而教育形式不适当，也不会产生正面、向上的思想政治教育效果。

3. 思想信息接受上的沟通障碍

思想信息是否被学生所接受，是衡量思想政治教育沟通效果的基本标准。教师借助于自己在思想政治教育实践中的主体优势、理论优势、素质优势和能力优势，把思想信息在特定的教育教学情境中向学生传递，并根据学生接受情况，进行适时调整，其目的在于提高学生对思想信息的接受度。然而，由于沟通主体间有效信息传递机制未能建立，教师主动"教"与学生被动"学"的理念还存在，在一定程度上强化了思念信息沟通上的"一维性"，学生主体被视为"知识袋"或"知识容器"，因而，对学生接受知识的机制和能力缺乏足够的重视，以至于成为影响思想政治教育沟通机制和效果的重要因素。

学生作为接受教育的主体，从出生到上大学期间，经过近二十年的成长经历，接受了来自学校、社会、家庭等方面的知识和信息，已经形成了学生的认知图式，表现为对问题分析和解决的思维定式，即"主体遵循已有的知识经验模式、价值观念和社会思维方式，按某种相对固定的程序或方法去实践和认识，表现出来的一种思维惯性或思维的模式化"①。在高校思想政治教育教学环节中，无论是教师主体还是学生主体，都会受到自己思维定式的影响和左右，沿着固有的方式方法去讲授或接受思想信息，主导着实践活动和认识活动的方向和效果。就教师与学生之间思想信息的沟通来说，学生对思想信息能否接受、接受多少、接受的效果如何等方面，都会因学生思维定式的变化而不同。故而，思想政治教育必须突出学生主体的地位，教育内容的构建、教学方法的选择等都需要根据不同的学生对象而采取差异化的态度，个性化、差异化的教育教学方法和手段，就能够不断提升师生共识，增强沟通效果。

4. 评价及反馈机制有待完善

思想政治教育是一项特殊的社会实践活动，其实践效果如何，在实施过程中有哪些好的经验和做法，还存在哪些问题和不足，如何更好地提升教育教学效果，如此诸多问题的解决，都需要一整套科学、合理的评价体系和评价机制来完成。

第一，思想政治教育需要一套更加"人性化"的评价体系。由于受到近代以来科学思维的影响，高校思想政治教育工作被"科学化"，就像工厂生产产品一样：事前定目标、列计划，事中有监管、有程序，事后有检查、有评析。应该说，科学思维自近代以来对于高等教育的促进作用还是非常明显的。但是，我们应该认识到思想政治教育工作的特殊性，它不同于纯粹以"知识传递"为特征的一般学科教育，"知识传递"在这里不是思想政治教育的唯一目标，更加重要的是培养学生的理想信念、爱国主义、公民道德规范，如此等等。因此，用"知识化"的评价方式进行考核，犹如拿一把直尺去测量一条曲线的长度，不仅不能测量出其准确的长度，而且由此而得出的结论反过来会产生误导作用。因此，思想政治教育教学效果的评价，

---

① 丘有光：《论思维定势的形成及其运行机制》，《玉林师范高等专科学校学报》2000年第 1 期。

不仅需要有科学化的、定量的评价指标和体系，更需要一套人性化的、定性的评价指标和体系。

第二，思想政治教育需要一套更加有效的反馈机制。反馈机制是基于因果联系规律，调节系统运行的一套控制体系。教学反馈就是把教育教学的评价结果，以及由评价结果分析出来的成因或要素，以一定的方式再输入到教育教学的实践过程之中，以观测其产生效果的方法和手段。就当前的思想政治教育教学实践来看，其反馈机制并未充分发挥其应有的职能，究其原因主要体现在：一是反馈机制的形式大于内容。在具体操作中，虽然每一学期结束之后，思想政治理论课教师都会根据工作安排，对教育教学工作进行总结分析，包括对每一个专业学生考试情况、每一类题型得分情况等，从中分析教育教学工作中存在的问题和不足，在下一个教学周期中进行调节和修正，目的在于改进教育教学工作，提高教育效果。然而，在实际操作中，这种分析往往停留在检查中、报告上，存在的问题并未得到真正的解决。二是反馈机制不够全面，过于重视"知识"层面分析。在目前的高校思想政治教育工作中，定性分析与定量分析相结合的分析方法是最为常用的方法，也能够比较全面地揭示工作中存在的优点和不足。但是，由于定量分析更加直观、更易于"标准化"操作而被赋予更大的权重，而定性分析则往往流于形式。因此，对思想政治教育教学中，知识的讲授、知识的掌握、知识的全面、知识的理解、知识的运用等，被视为教学效果评价的关键性指标，对于思想觉悟、个性修养、集体观念、团队意识等柔性指标则采用笼统描述方式。这种做法最直接的后果就是"知识化"倾向的评价体系日趋强化。三是对过程性评价不够重视。由于对"知识化"教育教学目标和方法的过于倚重，课程知识点是否讲授全面、是否体系完整等都成为教学评价的主要方面，对于教学设计是否科学、教学组织是否合理、教学方法是否得当等，也仅仅通过学生考试分数及不同类题型得分率进行分析评价。很显然，这种评价体系对教育教学过程的关注不够，其结果是一部分学生课前不预习、课堂不听讲、课后不复习，但只要在考试前下点功夫好好背背，同样可以得高分。此种普遍现象的存在，其根本原因就在于评价反馈体系不够科学、不够全面。

三 微视角下思想政治教育沟通客体的创新动因

克拉克·克尔指出："高等教育的历史，很多是由内部逻辑和外部压力的对抗谱写的。"事实上，任何事物的发展创新过程都是基于其内部逻辑的冲突和外部环境的调适而展开的，思想政治教育沟通客体的发展创新过程亦不例外，主要取决于思想政治教育系统内、外两个维度的刺激和反馈。

（一）思想文化方面的动因

打通学校与社会之间的桥梁，培养学生适应社会发展所需要的基本素质，促使社会成员不断丰富其社会属性，使社会个体通过学习、体验、理解和践行等过程，掌握一定社会所特有的思想文化理论和观点，学会运用这一思想文化去思考并解决问题，进而通过对思想文化的认同、接受、内化而真正融入一定社会之中，成为其中的一员，并自觉担负起传承、传播和传递这一思想文化的责任和义务。在此过程中，毫无疑问，其实践活动的主体是那些参与其中并担负责任的群体——受教育者。然而，由于近代以来我国教育所经历的特殊历史过程和思想政治教育工作在不同历史时期的特殊性，使得传统思想政治教育被赋予了太多政治色彩，"灌输""管控""知识袋"等名词成为学界对思想政治教育的普遍评价，作为受教育者的青年大学生群体的积极性、主动性被无视或者被当成是"干扰因素"予以屏蔽，思想政治教育的"人学空场"观点被广泛接受。因此，从思想文化的角度重新审视思想政治教育过程，如何张扬受教育者的主体性是其关键。

1. "人学空场"呼唤人本精神的回归

"师道尊严"是我国传统教育观的重要内容,"师徒如父子"就是这一观念的直接体现。在教育教学过程中,教师处于绝对超然的地位上,学生则处于被动接受的地位上,尽管也存在着"弟子不必不如师,师不必贤于弟子"的态度,但师生在教学过程中地位高下的差别却是客观存在着的。传统师生关系延续至今,在高等教育尤其是思想政治教育中得以充分体现,并在现代理性愈来愈烈的助力之下,衍生出目前较为盛行的教学纪律、教育规范等理念,对于学生这一受教育、受影响群体的关注则日益式微。长期存在于思想政治教育领域内的这种此消彼长的趋势,随着现代科学技术在越来越多领域内的盛行且成效日益显著而呈现出越来越大的张力,"人学空场"成为众多学者对此种现象的形象比喻。因此,关注学生、关注学生的精神成长,成为回归教育本真,改进教育方法,提升教育实效不可回避的现实路径。

2. 教育理性需要真情实感的投入

价值追求是一切社会实践活动的出发点和归宿,思想政治教育作为特殊的社会实践活动方式,同样遵循这一基本原则。改革开放前的思想政治教育工作,从具体实施情况来看,普遍存在着一种"无我"或"忘我"的精神追求,以社会价值最大化为唯一的实践目标和理想归宿。在崇尚社会价值的观念引导下,个体价值、个性追求等学生的私人意愿被隐匿于报效国家、奉献青春的社会价值之中。思想政治教育实践活动的这一价值导向,使得以情感人、以理化人的人性化教育随之弱化,情感沟通、心理辅导等方式和手段流于形式。

在社会主义市场经济大潮的涌动中,多元化的价值追求日益普遍,学生面临的诱惑越来越多,而学生的价值判断能力没有得到很好的提升,相关方面的教育滞后于社会发展和学生价值多元化的步伐,这种不协调、不同步的情形,致使思想政治教育从内容到形式,从目标到方法都难以奏效。因此,遵循学生心理发展规律,尊重学生个性化、多元化的发展需要，强化教育内容的"学生特性"，创设体验式情景交融的教学环境等，不仅是思想政治教育工作的现实需要，更是创新思想政治教育客体的内在动力。

3. 目标错位遮蔽教育价值的本真

任何社会实践活动的有效实施，不仅需要遵循科学理论的指导，沿袭客观规律的逻辑理路去践行，而且需要有正确的实践目标导向。目标设立错位，犹如南辕北辙，差之毫厘，谬之千里。在以往的思想政治教育实践中，教育教学目标往往存留于教案上，而在具体实践过程中，它却经常担负着学生管理和服务职能。更有甚者，不仅管理者把思想政治教育工作视为化解学生矛盾、解决学生问题的直接方法和手段；而且部分思想政治教育工作者，也本末倒置，弃学生思想成长、心理发展于不顾，逐学生玩手机、谈恋爱之末节。当然，无论是"根本"还是"末节"，都是思想政治教育工作的范畴。但是，无论教育管理者还是思想政治教育工作者，都应当把握思想政治教育的本真，在学生思想成长、心理发展规律指导下，努力实现教育目标从"事"到"人"的转变。

在思想政治教育教学工作中，"以人为本"首先就是以学生为本。这就要求教育管理者和教师，要充分尊重学生思想道德现状、学生个性特质、学生专业背景及学生成长经历，创新"以学生为中心"的教育目标、教育内容、教育方法、教育情景和评价手段等，彻底扭转视学生为"知识袋""知识容器"的教育理念和教育教学方法，充分调动学生在教育教学实践中的主体作用。

（二）社会环境方面的动因

经济社会宏观环境领域的急剧变迁不可避免地影响着思想政治教育，思想政治教育领域内的变化也反过来刺激并推动社会环境的调适。基于两者之间的互动、互适关系，我们在创新思想政治教育内容时，必须注重社会环境的变迁，必须适时调整教育内容和方法，努力做到因时制宜、因地制宜和因人而宜，以不断提高思想政治教育工作的现实针对性。

1. 经济全球化带来的冲击

经济全球化的过程，从本质上说，是资本主义国家化解国内生产过剩危机，实施对外侵略国家职能并逐步扩大国际市场的过程。马克思在《共产党宣言》中就指出："资产阶级，由于开拓了世界市场，使一切国家的生产和消费都成为世界性的了。"① 在资本主义拓展经济全球化领域的同时，也在向发展中国家推行普世价值和资产阶级的生活方式。就经济全球化本身而言，其对世界发展产生的影响是好是坏、如何公断上，存在着不同的看法和论争。站在客观公正的立场上，这场席卷全球的现代化浪潮，在正面的、积极的意义上，促进了世界各国间的合作与交流，尤其是不同民族文化间或碰撞冲突或合作互促的关系，使得"多元文化"或者"文化多元"成为影响一个社会、一个族群发展的重要因素之一。"未来的21世纪将是一个个分裂的文化集团联合起来，形成一个文化共同体，一个多元一体的国际社会。而我们现在的文化就处在这种形成的过程中。"② 因此，伴随着经济全球化进程所附带的价值多元、文化多元，日益成为影响社会文化、道德观念教育的重要因素。

文化多元是指"在一个集团群体、社会共同体、区域联合体等系统中共存的，并且在系统结构中存在着一定相互联系的几种文化"③。每一种文化都有其产生的地域性、特质性，正是由于不同文化间的异质禀赋，使得它们之间的冲突碰撞、互融共通成为可能。尤其是对于本土文化来说，由于其悠久的历史传承、深厚的社会底蕴和恰切的人文适应等特性，使得本土文化与社会成员的生产生活之间形成了无缝对接、相互浸润。然而，本土文化的这一特性也造就了它的保守性，

① 《马克思恩格斯文集》第2卷，人民出版社2009年版，第35页。
② 费孝通：《从反思到文化自觉和交流》，《读书》1998年第11期。
③ 郑双荣：《多元文化：作用及误解》，《河南师范大学学报》1999年第5期。

它只能够伴随着经济社会的发展变化而或迟或早地因应而变。经济全球化潮流的涌动，使得不同质的文化冲击并加速了本土文化的革新。多元文化不仅有利于培养人们开放进取的文化心态、兼容并蓄的文化胸襟和开阔邃远的文化视野；而且有助于客观评判其他国家、民族的文化。当然，多元文化时代的到来，对于本土文化来说，不仅具有积极的意义和价值，而且具有负面的影响和不足，即多元文化具有"双刃剑效应"。很显然，西方资本主义国家借助经济全球化的"东风"，依仗其现代化发展优势，把现代信息技术、信息资源等作为文化霸权输出的重要手段，向全世界输出资产阶级文化和价值观念。相比于此，发展中国家由于其经济发展的劣势，使其在全球化大潮中落于下风，由此导致其本土文化在文化多元化浪潮中，逐渐丧失其主导地位，文化特质逐渐消退。由于本土文化的式微，西方文化占据主导，使得社会生活陷入混乱无序，社会成员无所适从。其结果就是，大多数发展中国家在保存和发展本民族传统文化方面显得不堪重负、举步维艰。

高校思想政治教育与文化教育之间存在着诸多相通之处，前者更加强调其政治属性、阶级属性；后者则更加突出其社会属性。随着我国改革开放政策的逐步深入，其他国家的、民族的文化传统和生活习惯传入国内，冲击着我国社会主义先进文化的本体，进而对高校思想政治教育工作产生着诸多影响。从积极的意义来看，多元文化可以促进思想政治教育内容得以拓展和丰富，使之更具开放性。"在现实社会中文化提供给人们的将不再是单纯的色彩、固定的理念，而是以丰富多彩为特征，是本土文化、外来文化和由多种文化融合而产生的混合文化共存的局面。"[①] 多元文化的传播给思想政治教育工作带来了诸多新元素，这一点与改革开放以来，大学生思想成长和价值追求的多元化需求相契合，在社会主义核心价值观与多元价值观相比较的过

---

① 于海：《价值观的多元化与道德教育的多层次——从中国改革和世界文化演变着大学生思想政治工作》，《复旦教育论坛》2005 年第 3 期。

程中，为大学生价值观的塑造提供了更多生动翔实的材料。因此，多元文化对于促进思想政治教育改革，创新思想政治教育内容和方法提供了重要机遇。从消极的影响来看，多元文化催生了大学生多元化的价值评价，为思想政治教育工作设置了诸多障碍。正如学界内普遍存在的一种共识，思想政治教育效果不突出的原因，在于一元化教育内容与多元化社会文化之间的落差和不足，使得大学生在课内、课外，在校园内、外，在理论与现实之间，面临着两种不同文化与价值观的选择难题，导致思想政治教育效果大打折扣，甚至由于社会负面现象的存在，导致主流文化被屏蔽，主流价值观念被解构。同时，多元文化背景下，各种社会思潮的涌入，直接冲击着思想政治教育的前沿阵地。尤其是发达资本主义国家，凭借其强大的经济、科技实力，对发展中国家实施"和平演变"，对发展中国家采取文化殖民战略，试图通过意识形态的渗透和思想文化的强势介入，达到政治颠覆的最终目的。因此，如何挖掘传统文化优势，如何直面意识形态领域的挑战，如何主动占领思想政治教育主阵地，就成为当下乃至今后相当长时期内思想政治教育工作的主要任务。

2. 互联网普及产生的影响

互联网的发展，不仅冲击着人们传统的生产生活方式，而且其虚拟性体验、便捷性应用、零距离交流等特点，都决定着它对社会思想文化的冲击和影响。思想政治教育无论从内容到方法，从主体到客体，都会受到互联网的深刻影响。

（1）互联网影响着思想政治教育主体。长期以来，单一教师主体的理念一直占据主导地位，整个的思想政治教育实践活动，被视为教师的"独角戏"，学生的主体地位和主体作用未能得到充分重视，学生被赋予"知识容器""美德袋"的称谓。传统时代教师主体与学生主体的疏离状况，制约着思想政治教育沟通效果。

互联网就像一把双刃剑，深刻影响着思想政治教育主体在教育教学工作中的地位和作用。一方面，就教师主体来说，由于互联网的普及所引发的信息大爆炸和知识传播途径的多元化，使得教师凭借知识信息的来源优势越来越弱，学生从网络渠道获取知识信息越来越便捷，在这种此消彼长的过程中，教师主体地位在减弱，学生主体地位在提升。另一方面，网络信息的丰富性、获取方式的便捷性等因素，使得一部分学生沉溺于网络虚拟社会，造就了一批"网络里的巨人，生活里的矮子"，极大地影响着青年大学生完善人格的塑造。同时，由于学生沉溺网络世界之中，几乎切断了与现实世界的信息交流，除吃喝拉撒等基本生理需求之外，在客观上造成了师生沟通上的障碍。

（2）互联网影响着思想政治教育内容。在互联网的冲击下，传统信息传播的方式发生了革命性变化，信息来源、信息性质的多元化倾向，促使高校思想政治教育工作做出相应的调整，尤其是教育内容的重构和调整。一方面，由于互联网的发展带来了知识信息的海量传播，极其丰富的信息来源，尤其是那些来自草根（基层个体）和某些群体的非主流信息来源，难以发挥其弘扬社会主义核心价值观的作用，甚至在有意无意地淡化或弱化主流价值观的传播和影响。另一方面，由于互联网的发展，各种知识信息充斥于网络，挑战着教师与学生的选择判断能力，教师必须根据网络信息的变化对教育教学内容做出调整。"信息的海量性和复杂性、资源的共享性和开放性、交往模式的变化等特征错综复杂地交织在一起，传统的高校思想政治教育内容不能完全舍弃，但应该结合时代特点进行充实和重组。"[①] 由此可见，互联网对思想政治教育内容的冲击是全面而深刻的，需要教育管理者和教师积极采取措施，准确把握互联网时代的新特点，围绕新时代人才培养的新目标、新要求，有针对性地选择、重构思想政治教育内容。

（3）互联网挑战着思想政治教育方法。思想政治教育工作的特性，决定了教育方法的属性。为了培养一定社会需要的人才，受教育

---

① 季海菊：《新媒体时代高校思想政治教育的解构与重塑》，东南大学出版社 2014 年版，第 133 页。

者不仅需要掌握系统的理论知识，而且需要把这些接受的理论知识内化于心、外化于形。因此，伴随着我国经济体制改革和市场经济建设的逐步深入，价值观的多元化、个性化日益成为青年学生的显性特征，传统思想政治教育经受着前所未有的考验，尤其是教育方法的改革和创新方面。

互联网时代的到来，对传统思想政治教育最大的冲击，体现在教育理念上。在以往的教育教学过程中，教育者常常采用灌输方式进行知识的传授——知识信息由教师向学生的单向传递。在这一过程中，受教育者的主体地位和作用没有得到应有的重视，那种只可意会不可言传的"默会的"或"隐性的"知识被人为摒弃，只剩下那些可以书面的或口头的形式表达的"明确的"或"显性的"知识。这种教育内容上的"删减"带来的直接后果就是教育教学方法上的"简化"，思想政治教育实际效果自然也就难见成效。事实上，思想政治教育实践目标在于培养全面发展的人，适应一定社会发展需要的现实的人，需要的知识和素养是全面的、完整的，既需要可以直接灌输的显性知识，也需要只能通过潜移默化的或"润物细无声"般传授的隐性知识。因此，教育者借助于情境创设，开展情境教学、体验教学、实践教学等方式方法，是对传统思想政治教育方法的有益补充。同时，在互联网时代，那种自上而下、自教师而学生的知识传授也倍受质疑，"弟子不必不如师，师不必贤于弟子"的理念在当下成为一种普遍的现实写照。一种自下而上、从学生到教师的知识传递方式日益张扬，对传统思想政治教育来说，既是挑战也是互补和助益。因此，创新思想政治教育方法，努力适应互联网带来的新思维、新变化，是每一位教育者面临的迫切任务。

3. 市场经济引发的诉求

进入新的发展阶段，化解"人民日益增长的物质文化需要同落后的社会生产之间的矛盾"①，不断提高我国社会生产力发展水平，建立健全社会主义市场经济体制机制，发挥市场在资源配置中的基础性作用。在这一过程中，除了经济体制的变革之外，思想观念和社会文化也在文化传承和外来冲击的双重作用下发生着深刻的变革，对社会发展需求人才的培养标准产生着深远影响。

第一，在市场经济发展过程中，社会成员的个体意识得以张扬。思想政治教育工作从来都不是在孤立的时间、空间内进行的，与经济社会的发展之间相互交织在一起。但是，在以往的思想政治教育工作中，无论是管理者还是教师，都过于强调教育教学环境的封闭性，着重强调社会发展目标的实现，使得个体发展目标得不到应有的重视。教育目标的偏颇，在一定程度上束缚了思想政治教育工作的思路，限制了教育内容的选择范围，制约着教育目标的实现。在社会主义市场经济日趋完善的今天，每一位社会成员的自主意识都在不断加强，独特的个性特征得以张扬，个性化发展和自我实现的要求日渐强烈，商品经济的理念和思维方式给整个社会带来了深刻变革，尤其是思想政治教育理念的变革，个体发展得以重视并进而成为改革思想政治教育的重要方面，市场经济呼唤思想政治教育内容的拓展和革新，呼唤着社会成员个体意识的自觉。

第二，在市场经济发展过程中，社会成员的多元需求得以强化。随着现代社会的到来，市场日渐兴盛，商品作为一种特殊的劳动产品，在不同的商品所有者之间建立起一座桥梁——这座桥梁最初沟通的是经济利益，随后附带着社会政治、思想和文化。商品供给种类、供给渠道的多元化，使得人的需要相对于之前的社会发展阶段，得到了越来越丰富、越来越多样化的满足，社会成员的多元化需求得以不断强化。社会成员在思想、文化上的需求越丰富，满足需求渠道越多，满足需求的渠道和方式就越是多样化。由市场经济发展所带来的

---

① 《改革开放三十年重要文献选编》（上），人民出版社 2008 年版，第 212 页。

这一新变化，对思想政治教育内容和方法，提出了日趋严峻的挑战。

第三，在市场经济发展过程中，社会成员的满足方式得以丰富。市场经济的发展不仅提供了琳琅满目的"产品"，同时，社会成员的满足方式和渠道也越来越丰富，尤其是互网联的发展，进一步强化了这一社会发展趋势。教育者想要继续掌控网络这一特殊渠道的意图难以实现，网络对社会成员思想道德养成的影响和作用难以估量。以往的相关研究"对日新月异的中国网络使用和发展现状应对不足，对控制良莠并存的海量网络信息、引导网民的自教自律以及开展网络主旋律教育等，效果不够显著"①。因此，思想政治教育工作者应当对市场经济和互联网的双重影响，采取积极审慎的态度，在思想政治教育内容、方法、评价方式等方面予以主动、积极的应对。

4. 多元价值取向的冲突

随着现代社会的到来，社会物质生产力在市场的刺激下取得了长足的发展，人们在物质需要得到前所未有满足的同时，精神需要及其获得满足感越来越成为现代人追求的重要生活目标之一。另外，由于互联网到来和普及所带来的文化冲突、观念碰撞并以此引发的多元文化供给和多元价值取向成为影响人们思想观念的重要因素。多元价值观的相互交织挑战着思想政治教育工作的内容、方法和途径。因此，强化社会主义核心价值观对高校思想政治教育工作的引领，突出教育管理者、教师和理论研究者在价值观教育中的责任担当，是多元价值冲突时代下，创新思想政治教育工作的必然要求。党的十八大以来，习近平总书记反复强调："牢牢掌握意识形态工作话语权既要以正面宣传、引导和阐释为原则，向国内外澄清一系列重大理论和实践问题；又要与各种错误思潮进行不懈斗争，确保意识形态工作话语权的巩固。"②

---

① 王嘉：《网络意见领袖研究：基于思想政治教育视域》，中国文史出版社 2014 年版，第 2 页。

② 姚东：《掌握意识形态工作话语权的四个着力点》，http://theory.people.com.cn.

在多元文化激荡、多元价值冲突的过程中，把社会主义核心价值观作为开展思想政治教育工作的核心要务和基本遵循。第一，明确马克思主义意识形态的价值定位。意识形态工作重心从社会价值向人的价值回归，思想政治教育要从教育人和改造人，转向尊重人和发展人，以人的发展教育替代冰冷说教，努力实现社会价值与个体价值的有机统一。第二，融入时代精神和优秀文化。理论只有说服人，才能被人接受并转化为自觉的言行，理论要想说服人，就必须吸纳时代精神的精华，紧贴经济社会发展的实际。中国特色社会主义建设的伟大实践促进了社会主义先进文化的发展，在创新和传承两个层次上，不断提高思想政治教育内容的说服力。第三，主动应对意识形态领域的各种挑战。在战场上，"进攻是最好的防守"，在意识形态领域这一隐蔽战线上，主流意识形态应该积极主动地去适应新情况、新形势、新变化，不断地占领新渠道。

5. 教育改革引发的问题

20 世纪末，我国高等教育的改革对高校思想政治教育工作产生了深远的影响，进一步激发了高校思想政治教育工作改进和发展的内在动力。同时，这一轮高等教育的改革，波及了青年一代大学生的成长和发展，对"两耳不闻窗外事，一心只读圣贤书"要求的冲击，对大学生思维、思想、心态和物质、精神、文化需求产生了极大的触动和影响。

对于高等教育改革所带来的一系列新变化，青年大学生一直在被动地接受或主动的适应。随着计划生育政策的深入实施和实践，独生子女作为一个特殊的群体步入高等教育的阶段，这一群体所具有的心理承受能力弱、人际协调能力差，自我意识突出、竞争意识较强等特征，面对诸如入党、评优评先、特困补贴、助学贷款、保送研究生、升学就业等个人利益问题时，相比于非独生子女一代，具有更加敏感、更加紧张的应激反应，集体观念和意识对个体的约束和规制作用日趋减弱。"这能够促进我们每一个人的主体道德体系的发展，从而使我们的行为以及行动准则更符合我们自身的利益，而无需受制于那些赖以形成一种共同伦理文化的集体观念或集体意识。"① 对于青年一代大学生心理成长过程中存在的矛盾和问题，需要高校思想政治教育工作者积极应对，把矛盾和问题解决在学生学习的具体过程中，落实在学生生活的方方面面。

（三）思想政治教育自身的动因

思想政治教育是一个复杂的社会系统，不仅受到来自经济、政治、文化、社会、生态等多方面外部因素的刺激和影响，而且也会因为系统内部诸要素的变化而调整。

1. 学生发展与社会需要之间的张力

（1）学生发展是思想政治教育价值追求的直接目的。高校思想政治教育工作的着眼点和归宿是学生的发展。然而，以往的思想政治教育在学生发展与社会需要之间呈现出偏颇失衡的状态，社会需要和社会价值被人为放大，个体发展因难以"科学评价"或"标准化评价"而被有意无意地忽略，其结果在两个方面被放大：其一，因为人的个性特征多样化，使得思想政治教育变成了"大杂烩""大箩筐"，政治的、心理的、教育的、文化的、法律的，如此等等的内容被置于思想政治教育的大范畴内。思想政治教育内容越"丰富"，教育效果越不理想，这种教育效果"报酬递减"的效应，备受社会和学界的诟病。其二，由于学生发展需要受到学生自身思想、政治、文化、习惯等主观因素的制约，如何以科学的、标准的、量化的标准予以界定和评价，是一项复杂、繁重的工作。同时，由于较大的生师比这一客观现实，使得教师难以在某一个学生的个性需要上投入过多的时间和精力，客观上造成了学生个性发展大多停留在文稿上，在实际操作中缺乏切实有效的办法。

---

① ［英］保罗·霍普：《个人主义时代之共同体重建》，沈毅译，浙江大学出版社2010年版，第27页。

如何在实现社会价值的前提下，更多地关注学生个性发展的需要，更多地把学生发展纳入到教育教学中去，更多地找到有效的、更具操作性的实施办法，是提高思想政治教育实际效果的关键所在。事实上，大学生的需求体系既反映社会需求的普遍性，也彰显自身的个性要求。这种个性需求包括理想信念、品德、情感、心理等多方面内容，这种精神需求是一个求知、求证和自我实现的统一体。思想政治教育内容的设计应该按照求知、求证、自我实现的需求不断提升层次，思想政治教育实践活动的开展，也要围绕着学生成长这一内在逻辑逐级推进。

（2）社会需要是思想政治教育价值追求的终极目标。马克思主义认为，"人不是抽象的蛰居于世界之外的存在物"[①]。思想政治教育的对象都是在现实社会中生存、发展着的个体，社会属性是其本质特征的根本体现。思想政治教育工作不仅需要注重学生个性特征的需要和满足，而且需要更加注重学生社会属性的培养，把服务经济社会发展与学生个人成长有机统一起来，在最为具体、最为鲜活的生产实践中实现学生的社会价值。

我国在建设社会主义强国和实现中华民族伟大复兴的进程中，青年大学生肩负着实践主体的责任和义务，是未来建设社会主义伟大工程的主力军。因此，实现学生思想政治教育的社会价值，具有十分重要的现实意义。一是思想政治教育的政治性。青年大学生作为社会未来发展的中坚力量，他们的思想和行为的性质关乎社会稳定和前途。思想政治教育的一个主要功能，就是向学生传播社会主义主流意识形态，促进学生对统治阶级政治党纲、国家政策方针、主流文化价值观念等的接受和认同。二是思想政治教育的实践性。思想政治教育具有很强的现实针对性和具体操作性，即便思想政治理论课课堂上的理论讲授，也不是纯粹的、体系化的知识传授，而是基础理论与经济社会

---

① 《马克思恩格斯选集》第 1 卷，人民出版社 2012 年版，第 1 页。

发展实际相结合的总体体现。因此，青年学生一方面通过思想政治理论课课堂教学这个窗口，来了解社会发展、把握时代脉络、了解人生真谛，从而获取一种超乎"纸上谈兵"的现实体验；另一方面通过直接参与或模拟过程的方法，把自身体验融入思想政治教育过程之中，从而获得直接的感性经验，为达到更深层次的理性认识开辟道路。三是思想政治教育的说服力。高校思想政治教育与其他政治手段不同，不是行政的，甚至强制的方式来影响人，也不能依靠硬性灌输来实现，只能通过先进理论的说服力、现实实践的渲染力、真实情感的震撼力和社会舆论的传播力来实现。"理论只要说服人，就能掌握群众；而理论只要彻底，就能说服人。"[①] 不断提高思想政治教育的说服力，是实现其社会价值的重要体现。

2. 教育过程诸要素之间的矛盾

思想政治教育是一个以问题为导向，以剖析问题为过程，以解决问题为目标的过程，是一个以问题展开为主线索，以教育内容、教育方法、教育环境、教育评价等为构成要素的复杂系统。因此，沿着"问题线索"，以解决受教育者思想成长和现实问题为目标，构筑起高校思想政治教育的生动过程。

（1）教育目标与学生思想政治素养之间的矛盾。思想政治教育最核心的主题就是学生培养，因此，突出"以学生为本"的教育理念，制订一个与学生思想政治素养水平相适应的教育目标，是缩小教育目标与学生思想成长水平之间差距的前提和要求。一是工作重心的反转。通过重新预设思想政治教育目标体系，强化学生个体发展目标的重要性，在个体发展与社会发展之间的统一中，突出学生个体发展的基础性作用。为了回归思想政治教育的根本，教育重心必须反转，即回归"以学生为中心"，以学生思想成长为目的的教育目标。二是学生自身素质与社会知识供给之间的矛盾。学生自身素质和知识背景决

---

① 《马克思恩格斯选集》第 1 卷，人民出版社 2012 年版，第 9—10 页。

定着他们与新知识、新观念之间的契合度，新知识与个人经验越是契合，学生就越是容易接受外部教育；反之，则会拒绝、排斥。

（2）社会需求与教育者之间的矛盾。在思想政治教育目标的问题上，如何恰当处理社会发展目标与学生个体发展目标之间的关系？从长期和最终的目标来看，思想政治教育"作为服从和服务于政党统治、社会进步和国家发展的工具和手段，必然受制于执政党的政治利益、社会发展长远目标和国家富强的整体事业"[1]。因此，社会发展目标的实现，理应成为高校思想政治教育工作的价值追求。教育者是否"称职"，是否很好地完成自己职责，是否把国家、社会对学生培养的要求贯彻落实到教育教学的实际过程中去，都对教育者的自身素质提出了较高的要求。教育者如果自身不能认同或曲解社会要求，例行公事或者形式主义地对待教育教学工作，思想政治教育就会出现执行的矛盾。对于教育者来说，如果不能摆正社会需求的价值导向，就会过度强调个体自身的价值需求，在自身发展方向的问题上出现偏差。

（3）教育者与受教育者之间的矛盾。思想政治教育工作最大的矛盾，就是教育者与受教育者之间在思想和行为上的矛盾。教育者通过多样化的教育手段和方法，影响和改变受教育者的思想政治观念和行为方式，这一目的的实现，"是通过思想政治教育者和教育对象各自不同的活动并进行交往活动来完成的"[2]。教育者的活动目的在于向受教育者传递思想信息和为人处事的原则，受教育者活动的目的在于学习和掌握由教育者传递的思想信息和行事原则，表面上来看，教育者和受教育者的活动目的是一致的，然而，事实上由于教育者与受教育者在价值观念、知识背景、文化素质、个性特征等方面存在的差异性，导致了教育者与受教育者之间的对立和冲突。教育者与受教育者之间的客观存在的矛盾，转化成了教育教学过程中的不和谐声音，如

---

① 雷骥：《现代思想政治教育的人性基础研究》，人民出版社 2008 年版，第 195 页。

② 褚凤英：《思想政治教育活动研究》，人民出版社 2011 年版，第 158 页。

何化解这种不和谐，如何让教育内容得以顺利传递和接受，就成为教育者必须深入思考的现实问题。因此，思想政治教育实践活动的顺利实施，需要教育者与受教育者之间沟通交流，知己也要知彼，在此基础上进行内容建构和创新，才能逐步消除矛盾、达到统一。

（4）教育内容同步性与滞后性的矛盾。思想政治教育工作是一项与时代发展变化同频共振的系统，教育内容是否与时代同步，是否能够融入最新的研究成果和理论观点，决定着教育内容对学生的吸引力和说服力。随着自媒体时代的到来，社会生活与网络生活的界限越来越模糊，越来越融为一体，生活世界与虚拟世界的关联日趋紧密。青年大学生群体，由于其自身心理特点，已经成为自媒体网络的主要参与者和使用者，从总体来看，他们已经把教育者群体远远地甩在身后。这一客观事实，要求思想政治教育者必须加强自身学习，从内容到技术，紧跟时代的节拍，经济、政治、文化、社会及生态领域内的重大事件或问题，需要及时准确的引入到教育内容中来，表现为思想政治教育内容的"适应"和"重构"。同时，思想政治教育内容又具有自身特定的体系和规律，必须坚持和保持基本内容和基本规律的稳定性。因此，如何在教育内容的同步性与滞后性之间关系上，做出恰当地抉择，在变与不变之间保持良好的张力，是思想政治教育工作者需要重点关注的问题之一。

3. 教育者自身的矛盾

任何时代下，教育者都是思想政治教育系统中最重要的构成要素，在设计、组织并实践教育教学工作中，扮演着一个十分重要的角色，就如涂尔干所言："正像牧师是上帝的解释者一样，教师也是他所处的时代和国家的伟大道德观念的解释者"①。教育者承担着向所有受教育者解释思想政治观念和社会道德规范的责任，帮助他们了解并遵循一定阶级或一定社会的行为规则和行事要求，使得他们自觉遵

---

① Durkheim Emile，*Moral Education*：*a study in the theory and application of the sociology of education*，New York：Free press，1961.

循"有所为有所不为"的做事原则。同时，教育者也是统治阶级政治理念、主流价值观等的主动实践者，以身体力行的方式，向受教育者传达并施加积极的影响和作用。因此，如何正确定位教育者的角色，对于有序开展思想政治教育，提高教育实效具有十分重要的意义。

然而，受传统观念的影响，教育者视自己为思想政治教育实践中的唯一主体，同时，视学生为接受教育、被动改造的对象，即客体。基于这一"前见"，教育者成为社会主义主流价值观念的代言人，对思想政治教育内容拥有绝对地选择权、建构权和传授权，并通过对教育内容的掌握权，进而掌控着思想政治教育的实施过程。"它要通过'训练'把大量混杂、无用、盲目流动的肉体和力量变成多样性的个别因素——小的独立细胞、有机的自治体、原生的连续统一体、结合性片断"。[1] 然而，随着市场经济建设和网络时代的到来，学生的主体意识日益增强，教育者"独角戏"式的教育教学实践越来越失去原有的效力。学生主体论、教师学生双主体论、教师学生交互主体论等观念，逐渐成为思想政治教育有效性研究和实践的焦点。同时，作为思想政治教育者，必须重新思考自己的角色和定位问题，必须处理好实施者与参与者、主导者与交互者之间的矛盾关系，重新塑造自己在思想政治教育实践中的角色，发挥新角色、新定位的新作用。

四 微视角下思想政治教育沟通客体的创新原则

"原则不是研究的出发点，而是它的最终结果。"[2] 思想政治教育沟通客体的创新原则，必须立足高校思想政治教育工作的实际，围绕新时代下思想政治教育工作的新形势、新特点以及沟通主体思想上出

①　[法] 米歇尔·福柯：《规训与惩罚》，刘北成等译，生活·读书·新知三联书店2007年版，第193页。

②　《马克思恩格斯选集》第3卷，人民出版社2012年版，第410页。

现的新变化进行创新发展。

（一）科学性原则

高校思想政治教育学科自成体系，教材内容经过了严密的审查、严谨的组织和安排，但在教材体系向教学体系转化的过程中，教育者仍然需要坚守教育内容的科学性原则，从内容、结构等方面重构教育教学内容。就我国思想政治教育工作而言，就是要始终以马克思主义科学的世界观和方法论为指导，正视世界的客观性、把握世界的规律性和探索世界的真理性。

第一，坚定思想政治教育内容的政治导向。高校思想政治教育内容必须充分体现社会主义制度的政治属性、阶级属性，确保思想政治教育的社会主义政治方向，服务社会主义现代化建设的伟大进程。只有突出强调思想政治教育内容的政治导向，才能帮助学生树立正确的政治意识，提高政治觉悟，坚定共产主义理想信念，强化大学生的历史责任感和使命感，为社会主义现代化建设培养合格的建设者和接班人。

第二，突出思想政治教育内容的主流观念。思想政治教育内容，负载着对社会或社会成员进行教育的职责，负载着与其他价值观念、政治观念相竞争的职责，因此，教育内容必须体现一定社会的政治观念、道德规范，倡导一定社会的主流价值观念。同时，内容构建要建立在最先进的思想理论之上，以先进的理论教育学生，把学生的个人成长融入我国社会主义现代化建设的总体进程之中，通过引导学生积极参与社会发展的生动实践，认同、接受并践行我国社会主流价值观念。

第三，突出思想政治教育内容的理论自洽。思想政治教育工作目标决定着思想政治教育内容的多样性，如何把思想教育、政治教育、道德教育、法制教育等内容有机的纳入到一个统一的体系之中，使之相互支撑、相互配合，融为一体，避免各个内容支离破碎甚至相互悖逆，是教育内容理论体系自洽的基本要求。

第四，突出思想政治教育内容的说服力。高校思想政治教育工作成效，通过受教育者体现出来。因此，教育内容是否激发学生学习兴趣，是否有助于学生成长成材，是否能够解决学生思想、学习中存在的问题，都会成为影响教育效果的重要因素。总之，只有当思想政治教育内容切实做到"以学生为本"，站在学生立场、解决学生问题的时候，才最具说服力，才能更好地为学生所接受、理解并运用，才能真正实现思想政治教育的育人功能和社会价值。

（二）整体性原则

第一，突出思想政治教育内容的系统性。思想政治教育是一项系统工程，自小学、初中、高中到大学，学生经历一个由低级到高级、由简单到复杂、由具体到抽象的学习教育过程；同时，思想政治教育内容也经历了一个由浅入深、由表及里的过程。因此，要恰当地处理不同阶级、不同内容之间的相互关系，需要紧紧围绕"学习、思想、行为"有机统一的目标，整体地、动态地调整思想政治教育内容，以提高教育内容与教育对象思想政治素质间的契合度。

第二，突出思想政治教育内容的层次性。人类对世界的认识总是经历一个由外到内、由表及里的过程，这一点，既是基于社会个体认知能力的成长规律，又是基于人与世界交往深度的发展规律，因此，围绕着学生思想成长、道德养成的思想政治教育内容，也需要而且必须突出其层次性特征。从教育对象来看，思想政治教育内容的层次性，一是体现在高校思想政治教育对中、小学校思想政治教育在教育目标的提升和教育内容的深化上；二是体现在学生心理成长、道德养成的现实需要上；三是体现在学生从进入大学到逐年成长再到大学毕业、适应社会的阶段性成长特点上；四是体现在不同学生个体的个性差异上。

（三）发展性原则

习近平认为，要实现中国梦，就必须弘扬中国精神，即"以爱国主义为核心的民族精神，以改革创新为核心的时代精神"①。思想政治教育目标必须要围绕着这一时代精神进行调整，思想政治教育内容必须"要适应并推进我国社会科学发展，促进人的全面发展，适应并推进实施创新驱动发展战略，必须不断创新发展"②。

第一，突出思想政治教育内容的与时俱进性。"思想政治教育创新发展是一个继承传统、面向未来，着眼理论、关照现实，立足中国、放眼世界的开放性过程。思想政治教育需要在继承中国优秀文化传统、广泛借鉴和吸纳优秀人类文明成果，立足思想政治教育实践开展理论与实践创新。"③ 哲学是时代精神的精华，思想政治教育的内容理应充分反应和体现其所处时代的发展状况和精神风貌，即必须具有与时俱进的特性。一定时代的思想意识和政治观念，随着一定社会的发展变化而发生或迟或早的变化，这是唯物史观的基本观点和态度。思想政治教育内容的发展和创新，必须依据我国经济社会发展的伟大实践和我国青年大学生健康成长的实际需要。正如马克思所说："人们自己创造自己的历史，但是他们并不是随心所欲地创造，并不是在他们自己选定的条件下创造，而是在直接碰到的、既定的、从过去承继下来的条件下创造。"④ 因此，反映时代发展、适应社会需要、贴近生活实际，就成为思想政治教育内容创新发展的客观要求和必要条件。

第二，突出思想政治教育内容的动态调整性。思想政治教育的本质，在于向社会成员传递社会主流价值观念和政治思想，因此，处于

---

① 《习近平谈治国理政》，外文出版社 2014 年版，第 40 页。
② 郑永廷主编：《思想政治教育学原理》，高等教育出版社 2016 年版，第 392 页。
③ 同上书，第 405—406 页。
④ 《马克思恩格斯文集》第 2 卷，人民出版社 2009 年版，第 470 页。

一定发展过程中的国家和社会，对其基本的政治立场、观点和思想观念有其特殊的要求，这一要求具有特定的稳定性、继承性。但是，事物的发展总是在稳定与发展、静态与动态的交织中实现的。思想政治教育内容既具有特定的稳定性，也同样具有动态发展性。当代青年大学生作为高校思想政治教育对象，其思想状况受诸多因素的影响，如：走向社会的过渡性、适应社会的继承性、改造社会的开拓性等，必须要求思想政治教育内容适时、动态地进行调整。思想政治教育内容的确立就要以此为根据，准确了解学生的思想动态，摸清学生所思所悟，所疑所惑逐步展开，才可能达到理想的教育效果。

（四）实践性原则

把思想政治教育视为一个特殊的实践过程，是当下学界分析教育内容问题的基本前提和解决问题的立足点，拓展思想政治教育教学的理论和实践，也是提升教育教学效果的基本途径。

第一，拓展思想政治教育内容的活动空间。高校思想政治教育沟通的内容既包括系统化的显性理论，也包括零散性的隐性知识。前者主要借助于理论讲解、思想灌输来进行，把理论知识的传递看作完成教育目标的基本举措；后者则需要教育者通过以身示范及情境预设、实践体验来达成目标。也就是说，理论教育与实践教育的相互支撑、相辅相成，构成了思想政治教育完整的活动架构。但是，与其他学科教育不同，思想政治教育除了系统的显性知识外，零散的隐性知识也是教育内容的重要构成。隐性知识的学习，只能通过学生感官和心理的"亲历"过程，而不断地"学习"。因此，实践教育教学不应该仅仅作为理论教育的"补充"，应该成为思想政治教育的基本组成。思想政治教育内容必须把"隐性知识"的教育教学，纳入到教育实践中来，不断拓展思想政治教育内容的内涵和外延，才能真正确立实践理念在思想政治教育中的地位和作用。

第二，强化思想政治教育内容的实践生成。在传统观念里，思想政治教育实践是一个由教育者、受教育者、教育内容、教育场所、教育环境等因素构成的综合体。然而，"人类科学思想从旧唯物主义的表层世界——既成事物的世界，进入到新唯物主义的深层世界——这就是在事物的内在联系中不断相互生成的不断涌动的世界，这是一个在相互作用层层叠进而不断趋于复杂，同时在复杂中显示出令人惊异的内在一致性的深邃世界，它们构成了现代科学的新哲学境界"[1]。在这一新境界中，思想政治教育系统的各个因素，不再是"无生命"的实体，而是具有活性，能够成长的"主体"，各个"主体"之间，相互约束、相互作用、互动生成，层层涌现而生成了思想政治教育的复杂过程。因此，在确保思想政治教育核心内容稳定不变的前提下，及时丰富、补充和调整教育内容，使其在结构和内容等方面与社会环境相适应，是确保思想政治教育教学效果的内在要求。

五 微视角下思想政治教育沟通客体的创新路径

思想政治教育是一个由多种要素构成的复杂系统，系统整体功能的实现取决于系统构成要素及其相互作用。每一个构成要素都不是既成的、不变的，而是随着教育教学实践的不断推进而动态生成的。作为沟通客体的思想政治教育内容，与系统内其他要素之间存在着相互依存、相互制约、互动生成的客观关系，其创新发展也与其他要素存在着千丝万缕的联系。因此，我们必须在整体的、宏观的视野下来探讨创新思想政治教育沟通客体的现实路径问题。

（一）明确沟通客体的逻辑支撑

思想政治教育沟通客体作为一个相对独立的构成部分，不仅受到来自思想政治教育系统内其他构成要素的影响，而且受到来自社会价

---

[1] 鲁品越：《深层生成论：自然科学的新哲学境界》，人民出版社 2011 年版，第 403 页。

值体系、支撑体系及需求体系的作用。

1. 突出价值体系的引领作用

伴随着现代世界经济体系形成过程，不同民族不同文化，尤其是不同价值体系之间的冲突与融合，多元价值观之间的相互冲突，挑战着现代青年学生的应变能力和选择能力。"自尼采发出'重估一切价值'的呼声后，价值问题成为困扰着人们的一个思想难题，直接影响到现代人的精神气质和生活方式，人类社会经历着现代性价值危机。"①在我国文化语境下，在中国特色社会主义现代化建设攻坚克难的关键节点，必须要不断强化价值教育，突出社会主义价值体系的引领作用，积极化解这一"价值危机"，是包括思想政治教育在内的一切教育工作的重要任务。近代以来，重视教育的价值取向，是我国思想政治教育工作的核心内容。思想政治教育是培养社会发展需要人才、提高社会成员思想政治素养的特殊社会实践活动，服务于一定社会占统治地位的阶级的统治目的，因而必须接受统治阶级价值体系的引领作用。

2. 发挥规范体系的规制作用

思想政治教育"本质上是统治阶级为巩固自己的阶级统治，维护社会稳定和促进社会发展，培养合格社会成员而进行的社会教化活动"②。在社会运行过程中，社会成员的言行不仅受到法律法规、道德规范的约束，而且还受到各个行业自身的行业、职业规范的约束。各种规范构成了社会规范体系，是维系社会运行良好秩序的基本保障，也是社会成员规范个人言行的基本要求。因此，把社会规范纳入高校思想政治教育内容体系，发挥其在育人功能上的辅助作用，十分必要。

社会规范体系是以服务统治阶级的政治统治和社会管理为目标，

---

① 吴亚林：《价值与教育》，北京师范大学出版社 2009 年版，第 13 页。

② 熊建生：《思想政治教育内容结构论》，中国社会科学出版社 2012 年版，第 46—47页。

通过维护社会秩序有序运行、维护人际正常交往，通过对社会成员日常言行、个人举止的规约，以实现社会发展和文明传承。从一定意义上讲，社会规范体系的社会价值体现在维系社会存在和发展上，对社会成员或组织来说，体现为个体发展的外部约束，它与思想政治教育促进社会成员自身成长和发展之间，构成了内外互补、兼容并蓄的完整体系。社会规范体系的教育就是帮助社会成员掌握规范的内容，熟悉其效力、承担其责任、享受其权利，从而通过了解规范的约束和保护职能，养成自觉尊重规范、遵守规范、维护规范的素质和修养。

3. 强化需求体系的导向作用

在马克思主义实践论域内，任何一种社会实践，都是一个由实践目的引导，遵循客观规律的过程。社会需要，是推进社会发展的根本动力。社会成员，作为构成人类社会的细胞，其成长和发展不仅受到来自社会发展需求的动力激励，而且受到来自社会成员个体成长和发展需求的动力激励。人类社会的每一次进步，都体现为人类征服自然、征服自我需求的实践过程，这一过程是一个由低级向高级，逐级提高的过程。正如马斯洛所说："人是一种不断需求的动物，除短暂的时间外，极少达到完全满足的状况，一个欲望满足后，往往又会迅速地被另一个欲望所占领。"① 思想政治教育实践，就是为了帮助受教育者由被动向主动、由自发向自觉、由感性走向理性的满足需求的过程。无论是社会发展的需求还是社会个体成长的需求，都会受到社会发展、时代进步的影响，都会随着社会的每一次跨越发展而实现需求层次的提升。在这一过程中，社会成员尤其是青年大学生们，需要借助于思想政治教育教学来实现。反过来，思想政治教育内容和方法，也取决于社会和个体发展的时代需求。因此，不断强化需求体系对思想政治教育内容的导向作用，是增强教育时效性和实效性的根本途径。

---

① ［美］马斯洛：《动机与人格》，许金声等译，中国人民大学出版社2007年版，第8页。

（二）优化沟通客体的整体架构

"思想政治教育涉及的内容极其广泛和丰富，需要经过一个选择、整合和建构的过程，从而形成一个富有内在逻辑的结构系统。"① 在以往的教育教学实践中，有不少人把思想政治教育内容看成是一个"知识筐"，不管什么知识，只要需要就往里装。这一评价恰当与否不予评判，至少从一个侧面反映出，在以往的教育教学中，思想政治教育内容存在着逻辑结构紊乱，整体架构不科学，教育教学效果不突出的问题。因此，必须根据思想政治教育实践的客观规律和现实需要，通过深入细致的研究和分析，不断优化思想政治教育内容的逻辑架构。

1. 优化沟通客体架构的依据

（1）服务人才培养的总体目标。高校思想政治教育是我国培养社会发展合格人才的重要途径，"它概括了时代对受教育者的要求，体现着国家、社会和教育者的期望，规定了人的思想政治道德的发展方向，在整个思想政治教育过程中起着导向、激励、调控作用"②。因此，敏锐把握时代脉搏，紧跟社会发展步伐，感知文化创新前沿，才能准确掌握社会人才需求状况，熟悉人才培养标准。培养社会发展所需要的人才，是高等教育主要办学目标之一。从某种意义上说，唯有正确把握思想政治教育的目标，才能明确教育内容的构成和逻辑构架，因而更好地服务于人才培养的总体目标。长期以来，我国思想政治教育的目标相当明确，在于帮助社会成员超越个人和家庭的局限，增进社会成员之间、人与社会之间的相互认同和理解，推进经济社会发展、弘扬中华民族精神，最终为实现中国特色社会主义共同理想培养合格人才。因此，立足于人才培养这一教育教学目标，以满足社会需求为主旨，才能更好地优化思想政治教育内容体系的逻辑构架。

---

① 熊建生：《思想政治教育内容结构论》，中国社会科学出版社 2012 年版，第 46 页。

② 郑永廷主编：《思想政治教育学原理》，高等教育出版社 2016 年版，第 173 页。

（2）立足学生成长的基本规律。思想政治教育把提高人的思想政治素养作为教育教学实践的根本目的，但是，"人的行为不是无缘无故地自发发生的，它总是由客观事物引起的。人的行为活动很明显要受个人思想活动的支配和调节"①。故而，思想政治教育内容构架的优化，必须立足于学生自身成长的基本规律，尤其是思想成长的基本规律。就高校思想政治教育对象来说，虽然他们都生活在同样的时代背景和社会发展环境之中，但是，由于他们的家庭出身、成长经历、生长环境等方面存在着较大的差异，因而每一位学生的思想成长都呈现出不一样的精彩，即个性化。同时，尽管每一位学生的思想成长都有个性化的历程，但从总体上来看，又具有共性的、统一的成长规律。只有遵循学生成长的客观规律，在规律的指导下，建构适合大学生思想成长的教育内容，形成具有学生心理和思想特点的内容体系，才能确保教育教学的实际效果。

（3）遵循教育教学的客观规律。任何社会实践活动，只有遵循世界运动变化发展的客观规律，才能达到实践活动的预期目标。"教育即道德——合乎道，至于德。教育应该以合乎道的途径，至于德之目标。"② 思想政治教育作为培养人的现实实践活动，必须遵循教育教学的一般规律，即教育之"道"。思想政治教育之"道"，体现为各构成要素之间本质的、必然的联系，揭示"教"与"学"的辩证统一，才能最终实现人才培养的目标。受教育者通过教育实践活动，接受从教育者及其他信息渠道传递来的思想、政治、道德信息，并把接受的信息与自身所具有的思想观念、价值观点和道德规范等进行整合——或同化、吸收或排斥、拒绝，通过这一思想信息的内化过程，受教育者个体的思想知识得以充实和丰富、个体的思想知识结构得以逐步优化，从而形成更加符合统治阶级和社会发展所需要的思想、政治、道德素养。"总体来说，受教育者对符合自己原来思想政治素质

---

① 廖志诚：《思想政治教育创新动力论》，社会科学文献出版社 2012 年版，第 45 页。
② 田保华：《教育即道德》，山东文艺出版社 2011 年版，第 31 页

结构特性的内容会予以同化、吸收，从而形成新的成分；而对不符合自己原来思想政治素质结构特定的内容，则会在矛盾运动后，或者被吸收，或者被排斥。"① 因此，思想政治教育内容体系的逻辑架构，必须把思想政治教育自身规律作为优化的前提和依据。

2. 优化沟通客体架构的策略

（1）以学生成长为层级，优化教育内容的纵向体系。改革开放以来，以服务阶级统治和政治需求为主导的思想政治教育倍受质疑，回归人的发展、自身价值实现的导向，越来越要求一种开放、多样和超越时空限制的双向交流的教育方式和沟通模式。"新时期的思想政治教育需要我们积极探索符合教育对象身心特点和发展需要的方法途径，使思想政治教育更有亲和力、说服力。"② 新媒体时代下，学生主体意识越来越强，学生在高校思想政治教育教学工作中扮演的角色日益重要，因此，沟通客体的架构中，必须确立"以学生为本"的基本理念，真正反映学生成长的规律和现实需求。具体表现为随着学生身心成长阶段的变化，调整思想政治教育内容构成及逻辑框架。"思想政治教育内容结构与其他任何事物的结构一样，具有明显的层次性特点，这是由人的思想品德形成的渐进性、长期性、反复性特点和思想政治教育过程的丰富性、复杂性、多端性特质决定的。"③

（2）以人才培养为目标，优化教育内容的横向体系。不同时代对人才的要求是不一样的，思想政治教育内容及其构成必须适应这一变化的基本趋势，才能确保人才培养的质量和水平。思想政治教育沟通内容包含多个内容构成要素，各个要素之间并不是简单的并列关系，而是根据统治阶级的统治需要、社会管理职能需要，以及社会成员个人自我发展、自我实现的需要，呈现出层次结构的特点。其中，思想教育是最基础、最根本的教育内容，包含着世界观、人生观和价值观

---

① 郑永廷主编：《思想政治教育学原理》，高等教育出版社 2016 年版，第 162 页。
② 杨芷英主编：《思想政治教育心理学》，中国人民大学出版社 2014 年版，第 189 页。
③ 熊建生：《思想政治教育内容结构论》，中国社会科学出版社 2012 年版，第 123 页。

的塑造，最能体现社会发展与个人成长之间的有机统一，关涉人们立身做人、处世行事等道理，涵盖社会生活的方方面面，贯穿人生的全过程；政治教育在整个内容体系中处于主导地位，反映着教育内容的政治导向和阶级立场，"没有正确的政治观，就等于没有灵魂"；道德教育是沟通内容的重要组成，具有规范社会成员基本行为举止的作用，是学生养成德性行为的基本遵循，"是引导受教育者遵从社会公德、恪守职业道德、传承家庭美德、砥砺个人品德，提高公民的整体道德素质"①。除此之外，高校思想政治教育沟通内容中，还包括心理健康教学、法制教育的基本内容。

（3）以时代发展为依据，优化教育内容的动态机制。马克思主义理论本身具有与时俱进的品格，它以中国特色社会主义各个领域内的实践创新为基础，不断丰富和创新思想政治教育沟通的内容。因此，在开展思想政治教育教学实践活动时，我们必须要坚持唯物辩证法的基本观点和方法，把联系和发展的理念贯穿到教育教学全过程。"马克思、恩格斯作为马克思主义创始人，反复强调他们的学说不是一成不变的教条，而是方法，是行动的指南，他们从来不认为他们的学说不需要发展，事实在于他们总是根据革命实践进程的发展和形势的变化不断地修订自己的理论与学说。"②正因为如此，高校思想政治教育应当遵循马克思主义理论品格和基本原则，不断优化教育内容，并在分析和解决当代社会发展现实矛盾和问题的过程中，以时代发展、社会进步为背景，探讨思想政治教育内容的动态演进机制。时代在进步、社会在发展，社会对人才的评价标准在变化，社会成员对自我发展的愿望也在与时俱进，总之一句话，"以不变应万变"的思想和观念，越来越不能适应思想政治教育的新形势、新趋势。

---

① 熊建生：《思想政治教育内容结构论》，中国社会科学出版社2012年版，第152页。
② 白显良：《思想政治教育的马克思主义理论基础研究》，人民出版社2014年版，第111页。

（三）激发沟通主体的参与动力

思想政治教育活动，说到底，就是沟通主体之间的思想信息、政治信息、情感交流过程，因此，如何有效利用思想政治教育系统的内、外部因素，增进沟通主体间的共识，激发沟通主体参与教育教学活动的积极性和主动性，成为创新思想政治教育客体、提高教育教学效果的重要途径。

1. 沟通主体参与动力的提升

高校思想政治教育工作是一个复杂系统工程，涉及学校管理、教学、科研和服务等方方面面的工作。其中，教师和学生作为最主要的参与者，也是思想政治教育沟通实践的承担者，激发其参与沟通的积极性、主动性，对于顺利实施教育工作具有无与伦比的影响力，尤其是对于沟通客体——思想政治教育内容的选择和建构，拥有极大的"权力"，因此，教育者主体的自身素质提高，会通过思想政治教育实践过程的每一个环节，得以激活并彰显，教育者作为一个神圣的职业，也通过其极具活力和创新的工作，得到全社会的认同和肯定。

（1）教育者主体整体素质的提升。教育者主体持有怎样的教育教学理念，直接影响着思想政治教育实践目标、内容、方法和评价，主要体现在："以学生为中心"的教育理念。思想政治教育实践的核心是师生互动与交流，但最终的目标，体现在学生思想政治素质的提升和道德规范的养成上，因此，一切活动、一切方面和环节，都应当而且必须要围绕着"学生主体"来展开，每一个具体活动的开展，都必须服务于学生素质提升这一整体目标的实现。一要充分尊重学生主体的个性。"作为接受主体的个人，由于在社会、心理、生理方面的差异，又导致在社会化的基础上产生个体差异，形成各自的思想品德、价值取向和生活目标。"①因此，教育者要通过理念创新，更加重

---

① 杨芷英主编：《思想政治教育心理学》，中国人民大学出版社 2014 年版，第 61 页。

视和充分挖掘每一位学生主体的个性特征，并以个性化的教育教学方法，介入到学生思想政治、道德规范提升过程之中。二要充分尊重学生自我实现。青年大学生正处于一个走向自我认同、标新立异的年龄，他们对未来有着美好的憧憬和愿望，并对如何实现这些憧憬和愿望，有着自己的想法和打算。马斯洛认为，"自我实现者实际上从不允许习俗惯例妨碍或阻止他们做他们认为是非常重要或者根本性的事情。"① 高校思想政治教育面对着一个追求自我实现的青年群体，必须要设身处地去体会他们所处的心理体验和社会环境，去感受他们面临的问题和挑战。"当自我实现者热切地沉迷于某个接近他的主要兴趣的事物时，他的这种内心态度也会表现出来。"② 因此，挣脱束缚、张扬个性、追求自我，成为青年学生应对激烈社会竞争、解决精神迷失的主动选择。

第一，育人策略的创新。思想政治教育在培养人、培育人方面，相对于传统教育教学而言，全员育人、服务育人、学科育人等理念，成为开拓思想政治教育工作思路，创新工作方式方法的现实路径。因此，由道路、树木、雕塑、标识、建筑等组成的文化生态环境及由教师、管理者、后勤服务者等构成的人文生态环境，共同筑就了高校学生成长的思想政治生态系统。外部因素对高校思想政治教育的影响，其中社会环境方面的影响是主要的。"虽然思想政治教育也要受自然环境的影响，但是这种影响相比社会环境对思想政治教育而言，它是浅层次的，而且自然环境对思想政治教育的影响也往往是通过人化的自然——社会环境来实现的。"③ 当前，青年大学生面临着社会发展、创新创业、人际交往、婚恋交友等现实问题，高校思想政治教育工作必须围绕着学生生活、学习等现实需要，塑造特定的文化育人环境，

---

① ［美］马斯洛：《自我实现的人》，许金声等译，生活·读书·新知三联书店1987年版，第17页。

② 同上书，第17—18页。

③ 廖志诚：《思想政治教育创新动力论》，社会科学文献出版社2012年版，第111页。

充分发挥环境育人的功能。

第二，育人能力的积蓄。思想政治教育者是整个教育教学实践活动的主导因素，制订教育教学活动的实施方案，组织教育教学活动的实施过程，检查教育教学活动的实施效果。"只有当人的主体意识不断增强，个性不断展现，人才能在为了满足自身的各种需要所从事的活动中充分发挥主体的潜能，实现自我理想。因此，思想政治教育者若想通过有效的沟通来立人，就要先确立人的主体意识。"① 因此，教育者主体自身素质的好坏和育人能力的高低，直接影响思想政治教育实践的效果。教育者主体育人能力的积蓄，主要体现在：一是理论与实践相结合的能力。对于理论与实践相结合的问题，马克思有着深刻的理解和明晰的表述。在谈及黑格尔法哲学时他说："德国人那种置现实的人于不顾的关于现代国家的思想形象之所以可能产生，也只是因为现代国家本身置现实的人于不顾，或者只凭虚构的方式满足整个的人。"② 法哲学是如此，思想政治教育亦是如此，因而，能够很好地协调理论与实践的关系，在实践过程中达到两者的有机统一，是教育者主体应当具备的基本能力。二是显性教育与隐性教育相结合的能力。这里，显性教育是指通过可以用语言文字清晰表述的知识教育，它可以借助于图表、声音、视频、文字等，把相关理论知识传递给受教育者；隐性教育与显性教育正相反，是指那些只可意会不可言表的知识或情感的教育或渗透。在以往的教育中，显性教育常常被强化，甚至唯一化，隐性教育被忽视或无视。然而，与其他学科教育不同，在思想政治教育中，隐性教育的作用是不可低估的。教育者主体自身的人格魅力、言谈举止、衣着打扮等，都会附带着思想政治教育的意义和价值。"教育者的形象是教育者人格魅力的表现，包括由仪表、激情、活力等构成的外在形象，由德、才、学、识等构成的内在

---

① 谷佳媚：《思想政治教育沟通的理论反思与建构》，人民出版社 2014 年版，第 126 页。

② 《马克思恩格斯选集》第 1 卷，人民出版社 2012 年版，第 9 页。

形象，由公平、公开、公正等构成的政策形象，是多方面素养的综合呈现，这些都是思想政治教育的隐形资源和无形力量，决定着教育者的威望和信誉，影响着教育内容的传播与接受程度，在教育过程中发挥着不可替代的示范、激励和熏陶作用。"① 三是虚拟与现实相结合的能力。进入 21 世纪以来，随着互联网和自媒体技术的普及，思想政治教育也被"新媒体时代"所包围。"新媒体时代，高校思想政治教育面临着前所未有的新情况和新问题，……正确把握新媒体的未来发展趋势，正是新媒体时代赋予高校思想政治教育工作者的新使命。"② 因此，熟练掌握网络技术，深入了解虚拟世界与生活世界的联系与区别，是每一位思想政治教育者应当掌握的基本能力。"理论在一个国家实现的程度，总是取决于理论满足这个国家的需要的程度。"③ 马克思主义作为思想政治教育的基本内容，它在多大程度上能够掌握青年一代、能够说服青年一代，不仅取决于教育教学的水平和技艺，而且取决于教育者对虚拟实践和生活实践两大领域的了解和运用。网络时代的到来，对高校思想政治教育工作的影响是深刻而长远的，这就需要教育者立足实践，不断提高自己驾驭网络的能力和水平，不断开拓创新，以解决思想政治教育工作中出现的新问题、新矛盾。

（2）受教育者主体性的激发。高校思想政治教育工作的关键环节是教师与学生之间的信息沟通，教育效果通过学生思想和行为的变化呈现出来，因此，激发学生主体的沟通潜能，成为改进沟通方式、提高沟通效果的重中之重。就思想政治教育工作而言，如何正确认识学生这一受教育者的主体地位和作用，如何调动学生的主动性和积极性，如何真正做到"以学生为本"，都必须回到思想政治教育实践中

---

① 熊建生：《思想政治教育内容结构论》，中国社会科学出版社 2012 年版，第 313—314 页。

② 季海菊：《新媒体时代高校思想政治教育的解构与重塑》，东南大学出版社 2014 年版，第 1 页。

③ 《马克思恩格斯选集》第 1 卷，人民出版社 2012 年版，第 10 页。

去，回到具体、生动、活泼的学生生活世界中去，才能形成更加真切的印象。青年大学生作为高校思想政治教育的受教育者，如果能够以积极、主动的姿态投入到与教育者之间的互动沟通之中，不仅可以发挥自身应有的作用，而且在与教育者主体互动过程中，最大限度地调动教育者主体的沟通热情和工作激情。因此，教育者在课前准备、课堂教学和课后拓展等环节上，把学生置于最突出的位置上，围绕着学生成长的现实需求，并通过受教育者主体的自我认识的深化、自我调控的增强和自我发展的提升呈现出来。

第一，受教育者主体自我认识的深化。在以往的思想政治教育实践中，由于受传统教育理念和教育方式的影响，受教育者自进入小学开始，经过中学直到进入大学，一路走来，事实上都在接受着一种教育文化"思维惯性"的推动，把自己置于被动、接受的位置上。教育教学实践的生动过程，被简化为一种"我打你通、我说你听"的机械传动，教育目的、教育内容、教育方法及教育过程的设计、实施，都成了教育者表演的"独角戏"，受教育者长期缺乏一种主体认知，对自我认识不深刻、不清晰。受教育者主体的这种认识上的不深刻、不清晰，除了对教育教学实践过程的认识和了解外，对自我的认识也存在着模糊，包括对自我生理、心理成长阶段和特点，对社会发展状况及对人才需求的变化等方面。如何帮助受教育者主体深化对自我的认识，不断增强主体意识和主体自觉，是解决思想政治教育现实矛盾的重要途径。

第二，受教育者主体自我调控的增强。人的成长过程，就是一个理性思维逐渐占主导、自我调控能力不断增强的过程。"面对人们精神世界的混沌，一直以化解矛盾、统一思想、团结群众、凝聚力量为己任的思想政治教育理当继续发挥'清道夫'的作用，还人们一个宁静的精神世界。"① 一定阶级、一定社会的发展，需要大量的人才

---

① 廖志诚：《思想政治教育创新动力论》，社会科学文献出版社 2012 年版，第 40 页。

做支撑。不同时代对于人才的要求是不同的，它会根据经济社会发展的现实需要，从思想政治、经济建设、文化创新、生态环境等方面，对人才的标准和规格提出具体要求。因此，思想政治教育受教育主体就需要自觉地接受来自学校、社会的教育，通过对"社会要求"的接受、认同来规范和调控自己的思想观念、言行举止等。受教育者主体自我调控能力的不断增强，是思想政治教育效果的基本体现。

第三，受教育者主体自我发展的提升。思想政治教育以提高受教育者自身发展为旨归，其借助于教育内容的传递、接受、内化，进而外化为受教育者符合社会要求的言行，促使受教育者在思想和行为上达到社会主流意识形态和核心价值观的基本要求。"人的思想不是一成不变的，随着所处社会环境的变化发展，人们的思想也会变化与发展。在思想政治教育的作用下，教育对象能够提升自身的思想政治素质，缩小与社会主流意识形态要求的差距，从而实现个人的发展，促进社会的进步。"[①] 因此，从受教育者的角度来看，思想政治教育的实践过程，就是一个受教育者主体觉醒，由感性认知到理性认知，由自发成长到自觉成长的主体生成过程。如何激发受教育者主体的内在潜力，如何调动受教育者主体的主观能动性，如何围绕主体成长需求制订教育方案等，成为提升思想政治教育效果的关键。

2. 沟通主体互动机制的优化

思想政治教育目标的实现，不仅取决于社会主流意识形态和核心价值观的认同度，而且取决于沟通客体，即教育内容的科学性，教师主体与学生主体之间的契合度、认同度等。培养受教育者主体的自觉沟通意识，增强沟通技巧与能力，从而优化沟通主体之间的互动机制，不断增加沟通效果，是改进思想政治教育工作的重要内容。

（1）基于沟通信息创新的互动机制。思想政治教育的沟通，体现为沟通主体之间思想信息的互动与交流，这种沟通是基于主体自身的

---

① 郑永廷主编：《思想政治教育学原理》，高等教育出版社 2016 年版，第 162 页。

"认知图式"——沟通主体自身的思维习惯、知识结构和综合素养的，也就是思想政治教育的"先在结构"。"思想政治教育之所以复杂，不仅是因为思想政治教育要对人的行为发生作用，而且是因为要对人的思想发生作用，而'现实的个人'的主观世界都不是'白板'，而是在具体的思想政治教育开启之前，预先存在一个先在结构。"① 因此，创新思想政治教育的沟通信息，不但要符合沟通主体的共性特征，而且要符合每一位具体参与者的个性特征。另外，突出思想信息的创新性，还必须遵循教育教学目的、内容的基本要求，并在此基础上，以增进沟通主体之间的相互认同、相互理解为宗旨，构建起一整套负载思想信息的符号系统和言语规范。要做到这一点，必须应当围绕增进主体沟通效果，重构教育者与受教育者之间的新型关系。一是突出学生在教育教学中的主体地位。思想政治教育教学各项工作的开展，必须体现出学生的年龄特点、性格特点、心理特点、知识背景等，以学生的基本素质和成长需求，作为选择教育内容、教育方法的前提和基础。二是突出教师与学生之间的平等地位，进一步提高沟通效率。在传统教育教学中，教师是主导者、主动者，学生是从动者、被动者，这一状况导致了教师与学生之间的信息沟通出现一边倒的倾向。"思想政治沟通凸显的是挖掘而非无视受教育者的主体潜力，尊重而非掠取受教育者的主体地位，弘扬而非扼杀受教育者的主体精神。"② 把学生视为平等交流、沟通的对象，破解教师在课堂上唱"独角戏"的尴尬，重塑师生平等互动的教育教学氛围，成为增强思想政治教育主体沟通效果的重要举措。三是打破课堂时空限制，拓展思想信息沟通渠道。思想政治教育与其他学科最大的差别，就在于教育教学效果的反馈方式——它不能简单地通过"问——答"来表现，而是要通过受教育者主体的思想观念、政治觉悟、语言表达、行为举

---

① 隋宁：《思想政治教育先在结构研究》，人民出版社2015年版，第37页。
② 谷佳媚：《思想政治教育沟通的理论反思与建构》，人民出版社2014年版，第126页。

止等方面呈现出来。因此，如果教育者的目光和视野仅仅局限于课堂45 分钟以内，哪怕工作做得再怎么精细，也难以达到理想的教育教学效果。因此，围绕着思想信息的传递、接受、内化、外化和反馈等环节，不断拓宽主体之间的沟通渠道，创新沟通方式，才能达到提高思想政治教育沟通效果的目的。

（2）基于教育内容共生的互动机制。思想政治教育教学的内容，是贯彻落实教育教学目标的基本体现，也是思想政治教育实践活动的客体。它在教育者主体与受教育者主体之间构成了一个需要与被需要、供给与被供给的桥梁。可以说，教育内容是主体间相互沟通的基础和载体，离开了这一基础，主体之间的互动沟通就成为一个只有骨架没有内容的空架子。从这个意义上看，如何正视思想政治教育沟通内容的问题，不能囿于内容自身来分析，必须置之于思想政治教育主体及主体之间的互动关系之中，才能反映出思想政治教育实践活动的客观本质，即构建一种基于教育内容互动生成的沟通新机制，才是符合客观、科学且满足现实需求的正确做法。"受教育者不仅仅是思想政治教育沟通的接受者，同时也是思想政治教育沟通信息的发出者，教育者同样也能从他们那里获得启迪，汲取思想和精神的养分。"[①]但是，在以往的教育教学中，教育教学内容的选择、重构，教育内容和教学内容的转化，教育教学效果的评价等环节，都控制在教育者的手里或者说由教育者代言，受教育者或由于教育者主观上的"偏见"或由于客观上的原因未能主动、有效地参与其中，其结果导致了"教""学"双方在思想信息沟通过程中的不畅通、不和谐。由此，基于内容共生的角度来看待教育者与受教育者互动沟通，现实地体现在教育者自觉的加强备课工作，让"备学生"成为备课工作的核心内容而不是可有可无的名词；受教育者应根据自身发展需要，自觉、主动地与教育者沟通，把自己的所思、所想、所感真实、客观地呈现

---

① 谷佳媚：《思想政治教育沟通的理论反思与建构》，人民出版社 2014 年版，第 100 页。

在教育者的面前，并对如何改善主体间的沟通状况提出自己的意见和建议。

（3）基于教育内容生成的互动机制。思想政治教育主体间沟通的内容，无论它来自于哪个方面，在从教材内容向教学内容转化、实施的过程中，都不是也不可能是呆板的、一成不变的，它会随着教育教学实践活动的展开而不断地重构、调整和完善。这是因为，组织实施和参与这项特殊社会实践活动的主体不是物，而是具有主观能动性的人，"主体与客体正是通过能动与受动这两个方向上的内在联系过程，不断地相互创造，相互生成"①。就思想政治教育实践来说，教育内容如果不想沦落为"空洞抽象之物"的话，就必须要在教育者、受教育者及教育内容之间的"能动与受动"中相互创造，相互生成，教育内容随着教育实践活动的实施进程而不断创新和发展。反之，正是由于教育内容的生成性，也要求教育者与受教育者之间构建起一种新型的沟通互动机制——这种机制不再是教育者的"独奏"，而是教育者与受教育者的"合奏"或"协奏"。

（四）改进思想政治教育的沟通环境

沟通环境是指高校思想政治教育沟通实践的外部条件所构成的环境系统，系统中的每一个要素，都会通过直接或间接的方式，影响着思想政治教育沟通过程的持续展开。

1. 教育环境的改进

马克思认为，"环境正是由人来改变的，而教育者本人一定是受教育的"②。这种观点表明，人与环境之间的互动性，一方面环境对于人的发展产生影响作用；另一方面，正是由于人的主观能动性的发挥，改造着其周围环境。这一观点对于教育，尤其是思想政治教育的

---

① 鲁品越：《深层生成论：自然科学的新哲学境界》，人民出版社 2011 年版，第 43 页。

② 《马克思恩格斯选集》第 1 卷，人民出版社 2012 年版，第 138 页。

意义，在于其对教育系统的渗透、影响，教育内容也不例外。一方面，教育内容与教育环境之间具有契合性，教育内容再科学、再合理，一旦与环境相脱节，就很难激发受教育者的认同和接受；另一方面，教育环境的动态发展，要求教育内容对之做出因应变化，不断增强教育内容与教育环境之间的契合度。为此，教育者要积极汲取教育环境中有利的方面和元素，充实到思想政治教育沟通内容中去，不断提高环境对教育教学过程的"参与度"和影响力。因此，改进教育环境，提高教育内容与教育环境之间的协同、共生，有利于思想政治教育沟通效果的提升。

（1）构建良性社会环境，增进社会共识。社会发展是一个十分庞大、复杂的系统，涉及经济、政治、文化、生态和社会的方方面面，任何一个方面的重大进展或变化，都会在思想、政治、哲学、文化、道德等社会意识领域内产生波澜。这些由社会环境的变化引发的思想政治、哲学文化上的新观点，一方面对社会主流意识形态和价值观念产生积极影响；另一方面又对社会个体的思想成长、价值观念形成新追求，这两个方面，都会或大或小地对思想政治教育工作产生促进作用。因此，构建一个良性社会环境，或者说，通过理论宣传、文化引导等手段，营造一个有利于思想政治教育的良性环境，主动、自觉、及时地更新教育内容、形式和方法，增进社会共识和认同，有利于思想政治教育实际效果的不断提升。如经济全球化给思想政治教育带来的影响，"以思想政治教育角度而言，经济全球化加快了社会成员思想解放和理性获致的速度，开拓了人们的视野，加深了人们对民主、法治、自由、人权等新观念的理解"[1]。经济全球化在经济领域内所带来的新变化，已经广泛而深入地渗入思想政治教育的各个方面，每一位思想政治教育工作者，都必须对之进行广泛的关注和深入的研究。除此之外，政治、文化、生态等领域的新变化，也同样从各自的

---

① 廖志诚：《思想政治教育创新动力论》，社会科学文献出版社2012年版，第112页。

角度，介入到思想政治教育过程之中，并成为思想政治教育系统的重要组成部分。

（2）优化良好家庭环境，强化家风育人功能。家庭是受教育者出生之后接触到的第一个生活环境和成长空间，并且，在受教育者成长过程中，家庭也会对之世界观的形成、思想成长和价值判断等产生连续而持久的影响力。可以说，家庭环境是人生接受思想政治教育的最主要的环境，它以一种独特的方式渗透到受教育者一生的成长过程之中。受教育者在以家庭为主要活动环境的范围内，思想开放而放松、行为直接而不加掩饰，受到外部刺激也会做出直接、简捷的应激反应。"在日常生活领域，人们的思想是敞开的，行为是不掩饰的，因此更能反映人们的真实思想情况。"① 因此，不断优化家庭环境，树立积极、正面的家庭文化和家训，增进整个家庭成员之间的相互认同和接受，培育以爱和和谐为主题的家庭氛围，会对受教育者产生正面、积极的影响。

（3）营造良好校园环境，激发校园育人活力。校园是受教育者接受思想政治教育的重要场所，是学生生活、学习和实践的最为具体的小生境。在思想政治教育过程中，"要重视情境因素的创设和挖掘，要以教育对象为主体，教育内容与活动安排要与教育对象的具体实践相联系，在真实的情境中，通过实践的方式开展教育，同时把思想政治教育与教育对象的个性完善和自我发展统合在一起"②。当然，在这里，我们所说的校园环境，主要指自然环境，即由建筑、道路、河流湖泊、花草树木等构成的特定环境，这一环境在宏观上服务于学校整体功能布局，围绕着学校人才培养、文化传承、社会服务等目标任务来建设；在微观上服务于高校学生自身的成长、生活和学习需要，确保学生在愉悦、宁静的环境中完成各自的学习任务和健康成长。同时，良好的校园环境，还发挥着教育者与受教育者、受教育者之间增

---

① 郑永廷主编：《思想政治教育学原理》，高等教育出版社 2016 年版，第 107 页。
② 杨芷英主编：《思想政治教育心理学》，中国人民大学出版社 2014 年版，第 188 页。

进沟通、有效互动的桥梁作用。

（4）创设良好文化环境，增强文化育人功能。思想政治教育的一项重要职能，就是培养受教育者分析问题和解决问题的思维方式和实践能力。对于任何一个社会个体而言，当他试图于理解一个对象时，总是会受制于自己已有分析框架的制约——"前理解"的束缚。"人文科学者在理解过程中，要知道自己的理解是受自己的'前理解'制约的，要不断批判和反思自己的'前理解'，通过反复的阅读和理解，也就是在整体与部分的诠释学循环中，深化自己的理解"①。问题是，人们的"前理解"是如何形成和运作的呢？它是人们在以往的人生经历过程中，不断学习、接受、内化并反思的结果，最终形成了关于理解某一类事物的、相对稳定的图式或方法。"前理解"的形成，除了受到来自正式学校教育的影响之外，更多地受到来自非正式文化环境潜移默化的影响。因此，创设一种有利于学生思想成长的文化环境，从视觉、听觉、嗅觉等感觉上，形成提高受教育者思想政治素养的合力，是思想政治教育工作的重要内容，这也恰恰就是"文化熏陶"一词含义最为直观的描述。

（5）开发优质拟态环境，规范道德言行。随着新媒体时代的到来，利用多种类、多渠道传媒相互协同，打造立体式、全方位的文化、意识形态氛围——即根据思想政治教育工作现实需要，开发优质拟态环境，强化社会主流意识形态和价值观念的影响力、渗透力，是新媒体时代下开展思想政治教育工作的新进展。因此，"必须整合各种载体资源，通过改进优化或设计创新，充分发挥载体的综合效应"②。作为受教育者，身处拟态环境之中，如何使自己的思想观念、政治观点和道德言行与社会主流要求相一致，需要受教育者本人不断

---

① 李颖：《基于哲学解释学视角的思想政治教育接受研究》，浙江大学出版社 2013 年版，第 37 页。

② 季海菊：《新媒体时代高校思想政治教育的解构与重塑》，东南大学出版社 2014 年版，第 160 页。

提高自己分析问题的能力和水平，需要对复杂事物、复杂形势能够做出全面、深刻地分析，并进而做出客观、准确地判断。因此，复杂多样的拟态环境，为受教育者培养这种能力，创造了更多实践锻炼的机会，同时，也为教育者与受教育者的沟通，开辟了更加多样的渠道和方式。

高校思想政治教育实践活动正是在环境与人的发展互动中展开，这一趋势，随着新媒体时代的到来，越发加以深化和具体。同时，新媒体技术的广泛普及，也为环境与人的互动增添了更加丰富的媒介和渠道，为我们更好地开展思想政治教育实践活动，更加深刻细致地描述主体间的沟通过程，提供了更加便捷、更加实用的手段。同时，还必须看到，新媒体技术的使用是一把双刃剑，其复杂、难以把握的特点，也为更好地确立主流意识形态的主体地位，提出了更多、更艰巨的挑战。

2. 教育载体的改进

思想政治教育的沟通过程，就是教育者主体与受教育者主体之间，围绕着受教育者思想成长和道德行为养成的目标，借助教育内容或沟通客体与课堂环境、多媒体平台等教育载体，实现思想信息在主体间交互流动的过程。

（1）更新理念，不断优化课堂教学载体。高校思想政治教育的主要载体是课堂，但在传统教育理念下，课堂等同于教室或教学场所。事实上，把课堂视为教室或场所等"硬件设施"的观点，忽视了教师和学生等主体参与和因教学目的、教学内容而对课堂的创设作用，即忽视了课堂的"软件环境"，真实的情境是什么样子的呢？课堂是为完成某一特定教学目的，由教育者和受教育者共同参与营造的特定教学情境，在课堂的生成过程中，最核心、最主要、最具主动性的因素是教育教学的主体。"从这个意义上说，凸显受教育者的主体性既是社会现代化对人的现代化提出的要求，也是受教育者的内在需要，更是思想政治教育沟通力量之所在。"① 受教育者如此，教育者亦如此。因此，不断更新思想政治教育理念，遵循受教育者思想成长、心理成熟和生理健康的基本规律，创设特定的、有助于主体之间互动交流沟通的教学情境，持续优化课堂教学这一思想政治教育的主要载体，成为改进教育教学效果的主要举措。

（2）创新思路，不断开拓社会实践载体。社会实践是高校思想政治理论课课堂教学的拓展，既是课堂教学知识的验证应用环节，也是课堂教学知识创新深化环节，是课堂教学载体的必要补充，其作用和效果已经得到普遍认同和接受。"不能整天把青少年禁锢在书本上和屋子里，要让他们参加一些社会实践，打开他们的视野，增长他们的社会经验。"② 在当代社会急剧变幻的背景下，社会经济、政治、文化等方面也都经历了巨大的变迁，必然要求思想政治教育的社会实践载体与时俱进，不断赋予其新的内容和形式，以满足新时代思想政治教育工作的现实需要。社会实践载体的拓展，需要坚持以下原则：一是与课堂教学载体之间的互补关系。课堂教学注重理论知识的讲授，社会实践载体偏重于理论知识的应用和体验；二是与时代和社会发展的同步关系。社会实践不同于简单的参观学习，应重点关注时代最新变化和社会发展最新成就的学习；三是与学生思想成长需要的一致关系。社会实践载体的拓展，应当基于受教育者思想成长的客观实际，超前或滞后于这一客观实际，都会影响到实践教学的效果。

（3）激发自觉，不断强化学生社团载体。学生社团是高校校内学生参与实践活动的重要载体，其最大的特点就是学生自我组织、自我管理、自我服务，因而最能体现学生自我教育、自我成长的特点。在高校校园内，青年学生通过参与社团活动，不仅锻炼个人表达和人际交往能力，而且可以提升个人与群体之间的相互认同和共同协作能

---

① 谷佳媚：《思想政治教育沟通的理论反思与建构》，人民出版社 2014 年版，第 125 页。

② 《江泽民文选》第 2 卷，人民出版社 2006 年版，第 589 页。

力。"个体在群体中，通过与他人互动，来调整自己的观点和行为，获得与群体成员的一致性。这样，一方面可以增加个体自信，减少心理冲突；另一方面，还可以获得他人的认可和良好的评价。"① 因此，通过学校相关部门和教育者的正确引导，激发学生组织或参与社团活动的自觉性、主动性，就成为高校思想政治教育工作的重要领域。通过不断强化学生社团对于思想政治教育的载体作用，发挥其在学生自我教育方面的优势，使之成为高校思想政治教育工作效果提升的重要抓手。

（4）主动融入，不断引入新型网络载体。当下的高校思想政治教育课堂，要么把现代网络拒斥在课堂之外，要么未能采取恰当的方式应用网络技术，要么现代网络技术平台的教育功能未能得到合理开发。总之，现代网络技术的思想政治教育价值亟待深度挖掘。"这种以互联网、移动通讯和手持智能终端为基础的新媒体技术的运用，让信息沟通变得即时、直观、便捷和广泛，使得主体意识不断增强的当代大学生，从思维方式到价值取向、从审美情趣到生活礼仪等日趋个性化和多元化，其选择空间更为广阔。"② 互联网、新媒体对思想政治教育工作的影响，首先体现在教育者对这一新生事物的认知和运用上，可以说，在新媒体面前，教育者与受教育者站在了同一起跑线上，甚至落后于受教育者，因而，教育者的"师道尊严"和"天然优势"不复存在，进而引发了教育教学方法的一系列改革。与教育者的情况不同，受教育者则由于思想还不成熟，缺乏正确判断和选择的能力，处于"网络匿名集体狂欢状态"，呈现出"非主流的中心化"趋向。为了有效化解思想政治教育工作的这一尴尬局面，管理者和教育者都必须充分认识新媒体技术的特点和不足，深入分析由新媒体引发的思想政治教育工作的挑战和机遇，从而主动融入其中，加以正确

---

① 杨芷英主编：《思想政治教育心理学》，中国人民大学出版社2014年版，第160页。
② 季海菊：《新媒体时代高校思想政治教育的解构与重塑》，东南大学出版社2014年版，第2页。

引导，努力达到借力打力的效果，把新媒体技术变成促进高校思想政治教育工作的助力和平台。

3. 教育方法的改进

（1）理论灌输方法。正如美国政治学家奥勒姆所言："任何社会为了生存下去，都必须成功地向社会成员灌输维护其制度的思想。"①马克思主义理论的灌输也不例外，曾经成为高校思想政治教育教学的主要途径和方法。然而，灌输方法也曾被片面的理解，以致形成了只"灌"不"输"、"输"而不"导"的形象。事实上，理论知识的"灌"仅仅是教育教学工作的第一步，重点在"输"，也即让学生化被动的"接受"为主动的"接收"，并通过教师的输导工作，进而内化于心、外化于行。因此，创新理论灌输方法，应当在"输"上下功夫，在"输"的方式方法、渠道平台上做文章，如演讲讨论、专题讲座、社会调查、案例分析等。

（2）隐性教育方法。以往的教育实践活动，大都致力于系统性、理论化显性知识的传授，对于那些零散的、难以言表隐性知识的教育重视不够。事实上，"思想政治教育的本质，在一定意义上说在于'接受'，在于唤起对象的主体性，在于促进对象的自我教育。"② 因此，教育者应当在不断强化显性教育的同时，更加关注并发挥隐性教育的作用。隐性思想政治教育的开展，一方面要借助教育者本人的个性魅力、言谈举止、行事风格等对受教育者施加有意识的影响；另一方面，要借助教学环境的布置、校园文化的展示、校园设施的规划等进行熏陶。此外，在强化隐性教育的同时，不能弱化显性教育，应当在两者相互弥补、相互支撑的过程中，共同推动思想政治教育工作的实施。

（3）社会实践方法。思想政治教育的一个重要目标，就是通过一

---

① ［美］安东尼·奥勒姆：《政治社会学导论——对政治实体的社会剖析》，董云虎等译，浙江人民出版社1989年版，第365页。

② 张耀灿：《思想政治教育的特点和规律探析》，《思想理论教育》2005年第2期。

系列的教育教学过程，规范受教育者的言行，使之符合一定社会主流价值观念和道德规范。要实现这一教育目的，除了传统的教育教学方法外，让受教育者亲自参与到社会实践中去体验、去感悟、去反思，不仅能够加深他们对理论知识的理解，而且能够增进他们对于理论知识的认同，为进一步接收内化创造条件。"一直以来，思想政治教育往往被压缩在既定的教育活动中，一些教育者热衷于各种理想主义的说教，没有能力、也没有机会去向受教育者呈现丰富多彩的'生活世界'，一定程度上忽视了思想政治教育的效果最终必须在现实生活中才能真正实现，只接受这样教育的人一旦去面对真实的社会生活往往会手足无措、适应不了。"① 因此，基于理论与实践相结合的教育教学需要和思想政治教育学科的实践性特点，高校应当围绕思想政治教育目标和内容，充分挖掘校内资源，全面整合社会资源，打造实践教育的合力通道，努力开拓校内校外一体化的思想政治教育新模式。

（4）主动倾听方法。影响思想政治教育沟通实效的因素有很多，就当下教育教学的实际分析，有效的沟通机会，是其中十分重要的一个因素。所谓有效的沟通机会，就是说，处于一个双方都不排斥、安静的环境中，教育者与受教育者心情都较为轻松，尤其是受教育者，对学习、生活或者情感方面，具有强烈的沟通愿望，使得沟通活动能够顺利实施且取得良好效果。"当教育对象面临复杂的内心冲突，或者突发事件时，思想政治教育者往往只需要倾听其诉说，就能化解或缓解其思想矛盾。"② 因此，教育者应当采取主动倾听方法，利用微信、QQ、电子邮箱、手机等现代沟通工具，主动出击，及时准确地把握受教育者的思想动态和心理变化，创造条件和机会，增进与受教育者的有效沟通。

（5）经验反思方法。思想政治教育内容不是一成不变的，它会随

① 谷佳媚：《思想政治教育沟通的理论反思与建构》，人民出版社2014年版，第75—76页。

② 同上书，第256页。

着经济社会的发展得以充实和丰富，因而，它也是所有高校课程中最切近实际，也最接地气的一门课程。学好这门课程，仅仅靠教育者的理论讲授是远远不够的，受教育者必须深入社会现实生活之中，通过亲身的体验和主动的反思，才能在理论与实践的结合上，达到提高自身思想政治修养和个人道德素质的目的。美国教育家杜威认为，教育就是社会成员之间达成一致的过程。在这个过程中，思想信息"这些东西不能像砖块那样，从一个人传递给另一个人；也不能像人们用切成小块分享一个馅饼的办法给人分享"①。只能是通过不同教育主体之间在思想政治上的"通约性"来实现。单靠教育者的理论传授是无法完成的，必须通过受教育者的社会实践来达成。受教育者通过对事物做出正确的或错误的判断而不断强化自己的社会认知，或者因判断失误对自己或他人造成伤害而受到"规训"。总之，受教育者的思想、道德、政治、信仰等，通过社会生活的历练，实现与其他社会成员、与社会主流意识形态、与社会主流文化观念之间的沟通与融合。

4. 教育评价的改进

教育评价是高校思想政治教育工作的重要一环，是对教育过程中的各个运行要素、活动效果及其影响进行价值判断的过程。在以往工作中，教育评价工作未能得到应有的重视，如何客观、准确的评价教育教学实施效果问题，也未能得到充分的研究，未能有效发挥教育评价的反馈作用，教育评价工作或流于形式或弃之不顾。因此，基于思想政治教育目标和教育内容的革新，适时、客观、科学的制订教育评价体系，组织教育评价的实施，做好教育评价结果的反馈，对于改进思想政治教育工作十分重要。

（1）彰显评价主体自觉。随着"微"时代到来，社会成员，包括青年大学生在内的主体性得到彰显，微信、QQ等现代沟通媒介的普及，促使高校思想政治教育评价工作必须革新，以适应这一新形

---

① ［美］约翰·杜威：《民主主义与教育》，王承绪译，人民出版社 1990 年版，第 5 页。

势、新情况。在以往的教育教学评价中，评价主体往往来自管理部门或者教师，无论是评价体系的构建、评价方法的选取还是评价过程的实施，都未能充分考虑学生作为评价主体的地位和作用。为了更好地适应新媒体时代高校思想政治教育工作的现实需要，教育教学效果的评价工作，必须进一步凸显学生的主体地位，发挥学生评价的重要作用，在评价过程中，实现管理者、教师和学生的"对话"和交流。在随着高校自己的评价体系外，还可以依托社会第三方评价机构进行评价，以维护评价结果的公平公正，为进一步调整教育教学方案设计，进一步改进教师教育教学方法，提供重要参考。

（2）突出动态评价时机。伴随着新媒体时代的到来，社会生活的节奏不断的加快，人们的思想变得比以往更加敏感，因此，以往行之有效的"结果性评价"也面临着诸多的挑战。为了应对这一新的变化，有的高校在以期末考试为主要评价方式的基础上，增加了期初评价和期中评价，但实施效果并不理想。究其原因，在于未能把握当代思想政治教育动态发展的新变化、新特点，仍然拘泥于"静态"思维来实施评价，其效果可想而知。因此，高校必须更新思想政治教育评价的理念，变"静态"思维为"动态"思维，随着思想政治教育工作进程而持续跟进，努力实现教育评价与教育过程的"同频共振"。

（3）选择科学评价方法。互联网的普及，不仅使社会个体的个性得到彰显，而且深刻地变革了人际沟通的途径、方式和方法。高校思想政治教育主体之间的沟通方式，也深受网络思维和方法的冲击，沟通理念、沟通渠道等都发生了较大的变化，一种倡导民主平等、交互渗透的新型沟通理论和方法，得到教育者和学界的广泛接受和普遍认同，传统的评价程序和方法显然"不合时宜"。因此，教育者只有选取更加科学、更加现实的评价方法，才能对教育教学效果做出客观、准确的评价。选择科学评价方法的时候，需要遵循几个转变：一是从考核知识掌握情况转变为考核学生整体素质。思想政治教育教学的效果,通过学生整体素质的提升来体现,仅仅通过一张试卷,难以真实反映学生学习成效。二是从注重结果考核转变为教育教学过程的考核。思想政治教育重在做到"内化于心""外化于行",即不仅要求学生把理论知识学习好、掌握住,并做到融会贯通,而且要求学生把所学知识,通过自己的日常生活、人际交往表现出来,因此,加强过程考核和评价,能够确保评价结果的客观科学。三是从单一评价转变为多元评价。高校思想政治教育工作是一个综合工程,不仅包括思想政治理论课教学,而且包括团组织、学生社团的社会实践活动,辅导员和班主任在日常生活中的交往沟通实践等。因此,仅靠思想政治理论课教师对学生进行综合评价,难以涵盖学生学习的整体状况,需要通过各个部门、学生工作者之间通力协作,共同完成评价工作。

第五章 "微"视角下思想政治教育沟通的环境维度

伴随着新媒体时代的到来，每一位社会个体，尤其是青年大学生借助于微信、微博等现代信息传播渠道，每时每刻、随时随地与社会发展变化发生正面"接触"，社会环境较之于以往任何时代，都在更大程度上、更广范围内渗透到思想政治教育之中。"任何事件都是以某种类型的系统环境为其先决条件的。"① 因此，以"微"视角重新审视思想政治教育沟通的外部环境，重新审视思想政治教育沟通小系统与整个社会发展环境大系统之间的互动互促关系，对于创新思想政治教育理念和方法具有十分重要的意义和价值。

一 思想政治教育沟通环境的内涵

（一）思想政治教育沟通环境的内涵、类型与特点

1. 思想政治教育沟通环境的内涵界定

（1）环境及其构成。环境，在地理学中，往往指称自然环境，即由大气、山川、河流、湖泊、植被等自然资源所构成的总体。《现代汉语词典》认为"环境"是指："周围的地方、情况、条件。"《大百科全书人文地理学》则直接从环境与人类社会交互作用的角度，认为

---

① ［英］阿尔弗雷德·诺恩·怀特海：《过程与实在》，杨富斌译，中国城市出版社2003年版，第20页。

环境即"经济、文化、社会地理环境"。在上述定义中，"环境"一词内涵和外延的界定，经历了一个发展的过程，并且具有随人类社会发展而日渐丰富的趋势。近代以来，随着科学技术的迅猛发展，人们对于自然资源无度开采挖掘，使得人类社会与自然环境之间的关系日益恶化，大气污染、森林锐减、生物多样性缺失、土地荒漠化严重等全球性问题的发生，引发了全社会的警醒和反思，"环境"一词延伸到了政治、法律、文化、教育等学科领域，有关"环境"的研究和论证，成为多学科、综合性的理论和现实课题。

（2）思想政治教育环境。思想政治教育是高等教育的重要组成部分。对内，它是一个由主体、客体、环境等诸多要素构成的实践系统；对外，它不仅与其他学科教育相区别，而且是构成高校教育、人类社会等更大系统的子系统或要素。在这里，高等教育、社会经济、政治文化等系统，构成了高校思想政治教育的宏观外在环境，影响着教育教学的每一个环节和要素，并通过这种方式影响着思想政治教育的最终效果。所有影响思想政治教育的"一切外部因素的总和"① 就是环境，同时，各环境要素之间相互影响、相互制约，在思想政治教育实践过程中发挥合力作用。总之，思想政治教育环境必须以思想政治教育与环境之间的作用与被作用、影响与被影响为前提，那些构成了社会大系统的要素，但没有与思想政治教育发生直接或间接作用的部分，不能构成思想政治教育的环境要素。

（3）思想政治教育沟通环境。思想政治教育沟通是思想政治教育实践活动的关键一环，相较于思想政治教育内涵的宽泛而言，思想政治教育沟通的内涵相对明晰，并且易于概括和把握。从作为实践过程的思想政治教育沟通来看，它是一个由教育者、受教育者、沟通内容以及沟通环境所构成的微系统。说它是微系统，是相对于思想政治教育实践系统而言的。学界中，有学者使用思想政治教育的概念来定义

---

① 陈万柏、张耀灿：《思想政治教育学原理》，高等教育出版社2007年版，第96页。

思想政治教育沟通的做法，显然是不恰当的，有点儿"头小帽儿大"的感觉。因此，为了有别于"思想政治教育环境"，在这里，笔者将思想政治教育沟通环境称之为思想政治教育的"微环境"。

思想政治教育沟通环境与思想政治教育环境的区别，在于它与沟通实践之间除了交互作用、相互影响之外，还存在着一种更为"亲密"的关系——互动生成关系。为了更好地理解两个概念之间的差异性，我们可以更加形象地理解为，思想政治教育环境是外在于思想政治教育实践活动的，对于思想政治教育实践活动发挥外部调节和影响作用；思想政治教育沟通环境则是内生于思想政治教育沟通实践过程之中的，成为沟通实践活动过程中不可分割的重要组成部分。对于思想政治教育沟通来说，"整个沟通过程中，教育者与受教育者之间的信息交流既要通过语言、原则、规范等符号性媒介来进行，同时也需借助表情、肢体动作、外在形象等来促进信息的交流和沟通"，"唯有通过这样全方位的沟通，才能真正达到认识、思想、情感、意志、行为的彻底沟通"①。总而言之，思想政治教育沟通环境是思想政治教育主体间交互沟通活动得以顺利实施不可或缺的重要组成，是由教育者和受教育者为了增进双方沟通效果而选择或建构的各种媒介因素的总和。

2. 思想政治教育沟通环境的基本类型

思想政治教育沟通实践自成系统，它以主体间思想信息的沟通交流为核心，以与思想政治教育沟通过程发生直接或间接作用的经济、政治、文化、社会、生态等因素及其相互作用为环境。由于环境因素在思想政治教育沟通实践中的作用程度、作用性质、作用方式等方面的差异，以及环境因素自身的特性不同，可以归结为如下基本类型。

（1）以与沟通过程的密切程度为标准，可分为微观亲密交互型、中观直接作用型和宏观间接影响型。所谓微观亲密交互型环境，指那

---

① 谷佳媚：《思想政治教育沟通的理论反思与建构》，人民出版社2014年版，第47页。

些与沟通实践要素（诸如沟通主体、沟通客体、沟通媒体等）息息相关的主、客观因素构成的总体。它们与沟通实践要素一起，构成了思想政治教育沟通实践的完整过程。如沟通参与主体的世界观、人生观和价值观，直接影响着沟通主体在沟通活动中的具体表现，包括从语言表达、行为举止到表情、肢体等；沟通媒介的选择，如适当的故事情节、恰当的图表、适宜的背景音乐等，也会成为制约沟通过程，影响沟通效果的重要因素；沟通情境的设计与布置，如沟通场所的选择、桌椅摆放等，也会植入到沟通过程中，影响着沟通方式和效果。所谓中观直接作用型环境，指为了实施思想政治教育工作，达到培养一定社会、一定阶级所需要合格人才之目的而建立的各级各类学校校园环境。校园是对受教育者实施教育和培养的地方，也是教育者和受教育者生活其中、工作其中的特定场所。校园中的道路、山水、建筑、广场等都构成了思想政治教育育人的硬环境；校训、学风、标识等文字符号，道路、建筑的名称，以及由景观布局传达出来的美学意境，构成了思想政治教育育人的软环境。这种由硬、软环境相互交织、共同构成的校园，成为思想政治教育沟通的中观环境。所谓宏观间接影响型环境，指以经济、政治、文化、社会和生态等领域及其发展变化为主要内容的宏观环境，其对思想政治教育沟通的影响和作用，必须借助于沟通主体、沟通客体以及沟通媒介等要素或借助校园这一中观环境来实现。反过来说，思想政治教育沟通实践的实现，不仅需要沟通要素的共同作用，而且需要关注社会各个构成领域的间接影响和渗透。"思想政治教育是党和国家全面发展中的一项重要内容，探索思想政治教育发展的内生动力，不能把它独立于社会发展、党和国家各项工作之外。"① 应当把思想政治教育工作置于我国社会转型期各种矛盾冲突并发的复杂局面下，置于我国深化改革的背景下置于经济社会发展的伟大进程中，置于优秀传统文化传承创新的过程中，

---

① 冯刚：《探索思想政治教育发展的内生动力》，人民出版社2017年版，第216页。

唯有如此，才能确保教师与学生在思想政治、价值观念与社会发展的同步性。

（2）以与沟通过程的作用方式为标准，可分为现实参与型和网络渗透型。进入21世纪以来，随着互联网，尤其是自媒体技术的广泛普及和推广，不仅社会生活被分隔为现实和网络两个相互影响、相互渗透、相互交织的生活样态，而且高校思想政治教育沟通实践的教育方式和作用方式，也受到网络的入侵，使得思想政治教育的沟通渠道也分化成相互影响、相互渗透、相互交织的两个组成部分，即现实参与型沟通环境与网络渗透型沟通环境。所谓现实参与型沟通环境，指在现实生活中，对沟通主体的思想传统、价值观念等产生影响，对沟通客体的选择和建构形成干扰或促进，对沟通媒介开发和利用创造条件的一切现实生活中的环境因素，通过各自渠道参与到思想政治教育沟通过程之中，对沟通过程和效果产生积极或消极的影响。前文所述的微观、中观和宏观环境，都属此列。所谓网络渗透型环境，是指各类思想信息通过网络技术平台渗透到思想政治教育沟通过程中，与沟通主体、沟通客体以及沟通环境之间发生关联，进而通过改变主体思维方式、客体的内容构成和环境的作用方式，影响思想政治教育沟通的实际效果。

（3）以与沟通过程的作用性质为标准，思想政治教育沟通环境可分为积极促进型和消极阻碍型。作为特殊社会实践形式的思想政治教育，其教育沟通环境的营造必然会打上实践主体，即教育者主体的特点和印迹，受到教育者主体世界观和方法论、知识背景、人生体验以及个人喜好等主观因素的影响和渗透，也决定着思想政治教育沟通环境的性质。所谓积极促进型环境，是指由教育者主体根据思想政治教育目的、内容和方法途径等实际需要而营造起来的，能够有效增进不同主体之间相互沟通效率和效果的环境。如在硬件设施方面，选择烈士陵园、英雄纪念馆等场所对学生开展爱国主义教育；在软件方面，张贴爱国主义标识和口号、播放红色歌曲等。所谓消极阻碍型环境，也是由教育者主体根据教育目的、内容和方法等需要而营造的思想政治教育沟通环境。但由于教育者本人主观方面的原因，如教育理念陈旧、教育态度不端正、教育方法不恰当等，直接导致沟通环境与教育教学需要不符合，与受教育者主体的思想道德水平及思想成长需求不符合，或超过或低于受教育者主体的思想水平和需求。总之，这类由教育者主体能动营造的，但在事实上，事与愿违的教育环境，皆属此类。伴随着互联网技术的飞速发展，尤其是自媒体终端的普及，对沟通主体的素质提出了更高的要求。除此之外，面对日益普及的自媒体终端，教育者主体必须做出主动思考和积极应对，立足于能否增进教育者与受教育者、受教育者与受教育者之间的沟通来营造或创设思想政治教育沟通环境，致力于营造积极促进型环境而极力避免消极阻碍型环境，从而达到不断提高思想政治教育教学效果的目的。

新媒体时代下，每一个学生都是思想政治教育沟通环境营造的"合伙人"，这一点，不仅通过教师备课时对学生状况的积极了解得以体现，而且成为一种客观事实，面对这一事实，任何人都不得不接受它，"新媒体已经成为大学生获取知识和各种信息的重要渠道和交流思想、表达情感的重要场所"①。因此，无论是积极促进型环境，还是消极阻碍型环境的营造，都必须正视学生群体在新媒体时代下的新角色、新定位，从而树立协同、共建思想政治教育沟通环境的新理念，选择平等、交互的思想政治教育沟通新方法。从实践上而不是从理论上，真正破解教师"独白式"的教和学生低头沉默式的学的尴尬困境。

3. 思想政治教育沟通环境的主要特点

（1）主体参与性。思想政治教育首先是一项由多个个体参与的交互性社会实践活动。因此，营造一个参与者普遍接受的环境，增进参与者之间的相互认同，对于实现教育目标和任务来说，就显得十分重

---

① 王虹、刘智：《新媒体时代高校思想政治教育创新研究》，中国社会科学出版社2012年版，第21页。

要。思想政治教育沟通环境与沟通过程之间的关系，则体现在"微"特征上——沟通环境与参与沟通的主体之间形成一种亲密互制的关系。沟通主体与沟通环境这一矛盾体中，沟通主体是矛盾的主要方面，决定着沟通环境营造的性质、作用方式和规模大小；沟通环境是矛盾的次要方面，受沟通主体、沟通内容、沟通方式的主导和作用，并对沟通过程和沟通效果起积极推进作用或消极阻碍作用。思想政治教育沟通环境的这一特点，突出表现为沟通的主体参与性。在思想政治教育的沟通实践过程中，参与主体"因合作性互动而达成的彼此需求的满足让群体成员之间建立起了积极的情感，所以群体成为有吸引力的群体，成员也受到鼓励愿意留在群体之中"①。由此可见，相对于亲自参与的、具体的沟通活动而言，沟通环境不仅包括物的环境，而且包括人的环境，即由身处同一沟通环境之中的"他人"所构成的环境。

（2）动态生成性。任何环境都是相对于活动其中的主体来说的，作为具有高度自觉和自我意识的社会个体，总是按照自己的意愿和需要去变革或构建自己希望的环境，或者说，他总能构造出让自己看起来"顺眼"的环境。环境不是从来就有的，也不是一成不变的，它总是随着生活、活动其中的人的实践而不断地动态生成着，并随着人的进一步活动而不断地动态调整着。思想政治教育沟通环境相比于一般的人类实践活动的环境来说，更加切近于教育者主体和受教育者主体的思想和生活，主体活跃的思想跳动、快速的生活变迁，都要求沟通环境随之做出改变和调整。在不同场合中，总会有人质疑当下思想政治教育教学的效果，认为我们的教育方法出了问题，从而不停地去创新、去改革，如翻转课堂、探究式教学、体验式教学等。这些新教学方法的使用，的确活跃了课堂氛围、调动了大部分学生的参与性，在提升教育教学效果方面发挥了积极作用。然而，这样的教育教学效

---

① ［澳］迈克尔·A.豪格，［英］多米尼克·阿布拉姆斯：《社会认同过程》，中国人民大学出版社2010年版，第120页。

果能否经得起社会实践的挑战和检验，尚难以定论。因此，树立动态生成的教育教学理念，营造一种适应教育教学主体的沟通环境，实现环境与人之间的"亲密合作""同频共振"，让沟通环境成为教育者和受教育者自身发展的外部延展，才能真正体现出思想政治教育沟通环境的本质特征。

（3）复杂多变性。思想政治教育的沟通问题，毫无疑问，属于公共关系的范畴，美国公共关系专家伯内斯把公共关系界定为一个"双向沟通过程"，认为"与我们有人际接触的公众——朋友、顾客和供应商——影响着我们的态度和行为；我们从未接触过的公众则通过符号——报纸、书籍、杂志、广播、电视、电影、讲台等传播媒介中的话语和图像——影响我们的态度和行为"①。由此可见，作为公共关系问题的思想政治教育沟通环境的构成，主要包括两大因素：一是直接因素，即那些通过与思想政治教育沟通主体直接接触，并对之态度和行为产生影响的人；二是间接因素，即那些通过沟通主体自己需求的满足过程的"符号"，来影响沟通主体的态度和行为的有形或无形的物。无论是影响思想政治教育沟通主体态度和行为的人，还是物的因素，都会通过沟通过程的实践脉络，相互联结、互动互促，从而构成一个具有特定功能的统一整体，对思想政治教育的沟通过程施加积极或消极的影响。可以说，正是沟通主体与沟通环境之间的互动生成、互制共生关系，深化了思想政治教育沟通环境的结构复杂性、动态多样性。如何正视沟通环境的复杂多变性呢？只能是回归实践，即在思想政治教育沟通实践过程中去分析和判断。正如马克思所说："环境的改变和人的活动或自我改变的一致，只能被看作是并合理地理解为革命的实践。"②

（4）自觉适应性。思想政治教育沟通环境的自觉适应性是通过沟

---

① ［美］爱德华·L．伯内斯：《制造认同》，中国传媒大学出版社 2018 年版，第 6 页。

② 《马克思恩格斯选集》第 1 卷，人民出版社 2012 年版，第 134 页。

通主体思想和行为的变化来实现的。思想政治教育是一项特殊的社会教育实践活动，它以培养一定社会或者一定阶级所需要的、符合一社会或者一定阶级所要求的社会成员为目标，通过正式或非正式的教育教学活动来实施，通过社会认可或不认可来确认和反馈，最终通过社会成员之间的认同、理解，增进相互间的合作与协同来实现。恩格斯说过："无论历史的结局如何，人们总是通过每一个人追求他自己的、自觉预期的目的来创造他们的历史。"①从这个意义上说，无论是个体形式的沟通主体还是群体形式的沟通主体，都在通过创造自己的"历史"来参与到思想政治教育沟通的总体进程之中，而且身在"局"中，受到这一总体进程的发展规律和演进趋势的制约和束缚。从另一个角度来看，正是有了各个沟通主体自觉的思想和行动，才形成了思想政治教育沟通实践的生动过程。因此，作为沟通实践的主体，在遵循教育教学规律的前提下，充分发挥主体的自觉能动性，不断调适自身与环境之间的互动关系，去适应或改变环境，并通过这一适应或改变的过程，影响着思想政治教育沟通过程。

4. 思想政治教育沟通环境的意义与作用

思想政治教育沟通环境是围绕沟通目标实现而由沟通主体主动选择、建构的条件系统，体现着沟通主体主观能动的创造。离开了沟通环境，沟通主体就会失去依托，沟通内容就会显得空洞，沟通效果就会被极大弱化。沟通环境对思想政治教育沟通实践的意义和作用主要体现在以下几个方面。

第一，环境对沟通过程的支撑作用。马克思主义认为，人们作为社会实践的主体，在自己的社会实践活动过程中，把自己的主观想法与环境的客观条件有机统一起来，从而形成了丰富多彩生活世界。站在社会实践的视角来看，思想政治教育沟通过程的实现，不仅需要沟通主体的主观意愿和辛苦付出，而且需要营造出符合沟通目的和要求

---

① 《马克思恩格斯文集》第4卷，人民出版社2009年版，第302页。

的客观环境，并在主、客观的相互作用中，不断推进思想政治教育沟通活动的开展。沟通环境构成了思想政治教育实践活动的物质组成部分，是顺利开展思想政治教育沟通活动必要的客观条件。具体到某一个沟通实践而言，涉及具体的场所布置，如房屋式样、道路标识、花草树林等；所使用的仪器设备，如电脑、投影仪、讲台、黑板等。离开了这些环境构成的客观因素，思想政治教育沟通活动就难以正常进行；有了这些与教育目标、内容、主体相一致的环境因素，不仅能够确保沟通活动顺利推进，而且可以丰富沟通过程、增加沟通效果。

第二，环境对沟通内容的渗透作用。所谓渗透作用，就是沟通环境对思想政治教育沟通内容所施加的影响。在思想政治教育教学过程中，教师必须在吃透教材内容、领会教学目的、熟悉教学技巧的基础上，重新建构教学内容。由于"人类对于文化的理解也是不同的，并且生活于不同文化中的人们思维方式与行为规范都是以自己的文化为基准的"[①]。因此，教师必须推进教材体系向教学体系的转化，以构建一套适应于本校、本班或本专业的、具有较高契合度的教学内容，以弱化或消除教师与学生之间、教与学之间存在的"文化差异"，从而不断增进不同主体之间的相互认同。因此，借助教师主观能动性的发挥，通过沟通实践活动开展前的互动交流，把教师与学生共同熟悉、接受和认同的人、事、物，以视频、音频、图片、故事的方式，融入思想政治教育沟通环境之中，并通过沟通环境渗透到思想政治教育教学内容之中，进而转化为沟通内容的一部分，这是思想政治教育沟通环境价值实现的基本方式。

第三，环境对沟通方式的制约作用。实践是人类社会产生、存在和发展的前提和基础。因此，在思想政治教育沟通实践中，要选择恰当的方式方法，必须回到具体的、现实的沟通实践中去认识和把握，必须科学地认识和处理沟通主体、沟通内容与沟通环境的关系问题。

[①] 郑晓云：《文化认同论》，中国社会科学出版社1992年版，第2页。

"马克思主义实践观的确立，不仅科学地解决了人和环境的关系问题，同时也科学地解决了人的认识问题，解决了思维和存在、主观和客观的关系问题。"[①] 在传统社会中，思想政治教育沟通往往局限于一定范围、一定时间、一定空间之内，教育过程与教育环境之间处于相对隔离的状态，不管是教育过程的设计与实施，还是教育环境的建构与优化，都没有站在学生接受思想信息的角度来思考，学生接收思想信息渠道单一，学习效果很不理想。随着新媒体技术的发展，封闭、单一、说教、灌输等理念和方法越来越受人质疑，开放、多元、自主、互动、探究等理念和方法越来越受人欢迎。

第四，环境对沟通效果的增益作用。思想政治教育沟通环境不仅与沟通的每一个环节相结合，参与沟通实践的具体过程，而且对沟通效果是否达到预期目标进行检验、深化，进而借助于反馈机制，对沟通过程进行改变、调整。一句话，沟通环境对于沟通效果来说，既是检验器也是增益器。沟通环境对于思想政治教育沟通实践效果的增益作用，主要通过以下渠道来实现：一是通过环境性质来发挥作用。沟通环境就其对教育教学效果的影响来看，有发挥积极作用的良性环境，也有发挥消极作用的恶性环境。二是通过环境反应检验沟通效果来发挥作用。思想政治教育沟通效果如何，对学生的思想成长和行为养成产生多大的影响，需要在一定的环境中来检验和印证，环境通过确认或否认沟通效果来发挥其影响和作用。三是通过环境反馈来发挥作用。环境反馈，就是思想政治教育沟通效果在环境中的呈现并由之引起的结果，这一结果可能是好的——学生思想和行为的提升，也可能是不好的——学生思维和行为的恶化。无论结果如何，都会通过各种渠道和机制反馈到思想政治教育实践中来，并对下一阶段的教育教学活动产生积极影响。

---

① 杨春贵主编：《马克思主义与社会科学方法论》，高等教育出版社 2012 年版，第 46 页。

（二）微视角下思想政治教育沟通环境的理论借鉴

高校思想政治教育沟通环境的理论研究，离不开马克思主义的指导，借助于矛盾分析方法探索沟通环境生成发展和变化的内在机制，借鉴复杂性科学的理论与方法分析沟通环境多因素作用的基本趋向和深化规律。本书研究中，复杂性科学的理论借鉴主要指复杂适应系统理论（CAS 理论）。

1. 马克思主义理论借鉴

第一，关于人的本质及其发展的论述。马克思和恩格斯的经典著作中，并没有"思想政治教育沟通环境"的直观论述。但是，马克思主义关于"人的本质""人的存在方式"等方面的论述和观点，为高校思想政治教育沟通环境研究提供可资借鉴的理论支点和分析框架。首先，马克思主义认为只有"现实的个人"才是研究人类社会发展的现实基础，"人不是抽象的蛰居于世界之外的存在物"①。要正确理解和把握人的本质，就必须回归到具体生动的社会实践中来，在人与自然、人与人之间的对象性关系中，全面理解人的本质。基于这一观点，马克思在全面批判了费尔巴哈"一种抽象的——孤立的——人的个体"的本质观基础上，立足人类社会具体的现实进程，把人的本质概括为"一切社会关系的总和"②。马克思主义从一开始就树立了这样一种观点——"现实的人"和社会的发展取决于现实的社会实践，或者说，正是由于现实的人的社会实践活动，才赋予"现实的人"的一切禀赋和特征——远大理想信念、无私的奉献精神、丰富的爱恨情仇以及"老吾老以及人之老"的社会意识。另外，马克思主义认为"实践"是人的存在方式，也是理解一切人类社会生活的钥匙。人们通过自觉参与认识和改造自然界的生产实践活动，一方面收获了满足自身及社会生存和发展必需的物质生活生产资料；另一方面

---

① 《马克思恩格斯选集》第 1 卷，人民出版社 2012 年版，第 1 页。

② 同上书，第 135 页。

也在发展着自身认识世界和改造世界的能力。人们对世界的认识是否正确，是否与世界自身的存在状态和发展规律相一致，也应当在人的实践过程中加以分析和判断，"人应该在实践中证明自己思维的真理性"①。马克思主义基于社会实践构成了人类社会全部基础的观点，超越了以往一切哲学包括旧唯物主义哲学在内，"不是意识决定生活，而是生活决定意识"②。显然，高校思想政治教育工作也是人类社会特有的实践活动，教师与学生间的互动交流，就体现为沟通主体在思想政治教育中的存在方式。或者说，正是由于教师与学生间的沟通实践，高校思想政治教育工作才得以存在和发展。

第二，关于"环境育人"的论述。马克思主义认为，"全部社会生活在本质上是实践的"③，因而，从"现实的人"的生存和发展出发来理解一切社会生活和社会过程，并把这一过程看作是"对象性"的过程——人类在改造客观世界的同时，也改造了人类自身。在同一实践过程中，不同阶级阶层的人，会受到不一样的"待遇"，从而也会形成不一样的观点。如在"人的自我异化"问题上，有产阶级"认为异化是它自己的力量所在"，而无产阶级则"看到自己的无力和非人的生存的现实"④。因此，生存环境或环境中主要因素，对于生活其中不同群体的意义是有差别的，甚至是相反的。人们以改造客观环境为主要内容的"感性活动"，即社会实践在人与客观环境之间建立起一个物质、能量相互流通的渠道，人们通过实践改变环境，同时，人们在改造环境的同时也改造自己。"环境的改变和人的活动或自我改变的一致，只能被看作是并合理地理解为革命的实践。"⑤ 而且我们站在马克思主义的立场上，还应当清楚地认识到，每一代人或者每一个个体所必须面临的生存环境，不是由其自身创建的，体现着

① 《马克思恩格斯选集》第 1 卷，人民出版社 2012 年版，第 134 页。
② 同上书，第 152 页。
③ 同上书，第 135—136 页。
④ 同上书，第 261 页。
⑤ 同上。

对之前每一代人或前辈们努力的承续。同时，所有的社会成员也会在现有基础上，通过自己的实践活动，在生存环境上留下自己的印迹。人们总是"通过完全改变了的活动来变更旧的环境"①。除去马克思和恩格斯生活的社会环境不说，他们关于环境与人的生存发展之间辩证关系的理论和分析，对于生活于当下的人们来说，具有同样的借鉴意义和现实价值。

2. 复杂性科学理论借鉴

第一，复杂性科学的概述。复杂性科学不是一门独立的科学或学科，而是自 20 世纪 80 年代以来新兴的一个综合性学科群，涉及领域涵盖自然科学、社会科学及人文学科的所有范畴，研究任何领域内具有非线性、开放性、整体性和自组织性特征的所有复杂系统问题。所谓非线性特征，每一个复杂系统内各个组成要素、要素与整体之间，都会因为非线性作用的存在，而产生"涌现"现象。"确实，除了非常简单的物理系统外，世界上几乎所有的事情、所有的人都被裹罩在一张充满刺激、限制和相互关系的巨大的非线性大网之中。"② 所谓开放性特征，是对复杂系统与外部环境之间关系的科学表述，只有当系统处于开放状态时，才能与环境之间形成物质、能量和信息的流通，从而确保系统始终保持在"平衡态"和"远离平衡态"之间。一旦系统处于封闭状态时，系统的平衡状态就会被打破，事物就会走向死亡。所谓整体性特征，着重强调复杂系统构成要素之间的关联性和系统整体的功能性，简单地说，就是"整体大于部分之和"。复杂系统之所以具备整体性特征，"不过是组合性特征不能用孤立部分的特征来解释"③，不能沿袭以往科学的分析思维加以分析和认识的特征而已。因为一旦运用分析思维方法去认识和分析复杂系统问题，就

---

① 《马克思恩格斯选集》第 1 卷，人民出版社 2012 年版，第 168 页。

② ［美］米歇尔·沃尔德罗普：《复杂：诞生于秩序与混沌边缘的科学》，陈玲译，生活·读书·新知三联书店 1997 年版，第 79 页。

③ ［奥］冯·贝塔朗菲：《一般系统论》，林康义等译，清华大学出版社 1987 年版，第 51 页。

会陷入"只见树林不见森林"的困境。所谓自组织特征,学界已经达成共识,即自组织是复杂性的重要特征之一,"因为通过'组织'特别是以自组织方式演化,体系才能发展出原来没有的特性、结构和功能,这意味着复杂性的增长"①。

第二,复杂性科学中的环境理论。复杂性科学欧洲学派的主要代表普利高津认为,任何客观事物都是复杂系统,不论是宏观世界还是微观世界、自然界还是人类社会,都与其周围环境之间存在着一种相互依存、相互利用、互动生成的关系。因此,环境的存在、发展和演化,是复杂系统得以存在、发展和演化的前提。离开环境的系统,即孤立系统或封闭系统,会随着内部熵的不断增加而崩溃、灭亡。不仅如此,系统与环境之间的互动,不仅推动处于远离平衡态系统的激变,而且参与耗散结构系统的重构。可见,环境对于复杂系统的重要意义。复杂性科学美国学派以圣菲研究所的复杂适应系统理论(CAS理论)为代表。该理论认为,世界上任何事物都是一个具有适应性的复杂系统,系统内的主体在与环境之间的相互作用中"学习""成长",正是由于系统主体的"适应性造就了复杂性"。"在 CAS 中,任何特定的适应性主体所处环境的主要部分,都由其他适应性主体组成。"② 因此,对于任何主体而言,其他的主体构成了环境的主体部分。这里的环境不仅包括自然环境,而且包括由其他主体所构成的社会环境。"任何主体在适应上所做的努力就是要去适应别的适应性主体。"③ 主体与环境之间互动、共生,不仅促使不同主体的"适应性"增强,而且进一步促使"介主体""介介主体"④ 的涌现。在复杂适应系统理论中,"适应性主体"与环境之间的作用,通过"一组探测

---

① 吴彤:《自组织方法论研究》,清华大学出版社 2001 年版,第 19 页。
② [美]约翰·H.霍兰:《隐秩序:适应性造就复杂性》,周晓牧、韩晖译,上海科技教育出版社 2011 年版,第 10 页。
③ 同上。
④ 同上书,第 12—13 页。

器,一组 IF/THEN 规则和一组效应器"① 来实现。其中,"探测器"的功能在于发现并收集来自环境的各种信息,"效应器"的功能在于显现主体对环境施加影响和作用,至于"IF/THEN 规则"相当于人的大脑或电脑的 CPU,用于信息的综合处理。由此可见,复杂性科学从内在作用机制层面上,为揭示系统主体与环境之间的作用机理提供了全新的思路。

二 微视角下思想政治教育沟通环境的关系梳理

在新媒体时代,不同主体间的沟通活动与沟通环境之间呈现出紧密关联的状态,就如"在什么山唱什么歌,在什么河吆喝什么调"一样。在"微"视角下,思想政治教育与沟通环境之间也呈现出相辅相成、互动共生的关系。沟通主体、沟通客体、沟通环境之间相互作用、相约制约,共同构成了一个特定场域——思想政治教育沟通场。在这个沟通场内,无论是沟通主体与沟通主体之间、沟通主体与沟通客体之间,还是沟通主体、沟通客体与沟通环境之间,形成了一个具有明显文化标识的空间。这样的文化场域不仅标识着特定文化符号,而且对处于该场域内的主体、客体等产生直接作用,费孝通先生称之为"处境"。"在任何处境中,个人可能采取的行为很多,但是他所属的团体却准备下一套是非的标准,价值的观念,限制了个人行为上的选择。"②一旦沟通主体、沟通客体或沟通环境出现较大的变化,思想政治教育沟通场也会随之而发生变化。

(一) 沟通环境对思想政治教育过程的影响

在微视角下,思想政治教育沟通环境与沟通过程的每一个构成要

① [美]约翰·H.霍兰:《隐秩序:适应性造就复杂性》,周晓牧、韩晖译,上海科技教育出版社 2011 年版,第 84—85 页。

② 费孝通:《乡土中国》,上海人民出版社 2007 年版,第 241 页。

素、沟通环节之间，构成了既相互区别又相互制约、相互生成的关系。要深刻把握思想政治教育沟通的内在机制，就必须把"沟通环境"的地位、作用和影响纳入分析范围加以考虑。

1. 对沟通主体的影响

在特定社会实践过程中，实践主体不仅应当具有相应的能力，而且必须与客体相作用并结成对象性的交互关系。沟通主体是指参与思想政治教育沟通实践活动的人，既包括教师主体，也包括学生主体。沟通主体在思想政治教育沟通过程中，既需要预设沟通的目标，又需要建构思想信息，还必需选择最恰当的沟通方式。因此，沟通主体应当具有较高的政治理论素质、独立的自主意识和较强的执行能力。对此，马克思对实践主体的素质和特点进行了巧妙的比喻，他用"蜘蛛"结网、"蜜蜂"建蜂房与工匠建设房屋进行类比，认为"最蹩脚的建筑师从一开始就比最灵巧的蜜蜂高明的地方，是他在用蜂蜡建筑蜂房以前，已经在自己的头脑中把它建成了"①。这个判断从一个侧面，反映了实践主体的自觉、自主和能动性。同时，人类的实践活动还是一个社会性、历史性的过程，纯粹的、"鲁滨孙式"的实践是不存在的，人们的一切社会实践都会受到他们所处时代发展水平的制约和影响。除此之外，十分重要的一个方面就是一切社会实践活动都是实践主体与实践客体之间的对象性活动，即主体在改造客体的同时，主体自身也得以改造。改造客体的过程越是曲折、艰难，客观对象越是复杂、多样，主体在这一改造过程中被改造得越深刻。关于这一点，在思想政治教育实践活动中，表现得相当突出。所谓教学相长，正是这一对象性关系在教育教学实践过程中的具体体现。当然，教师与学生虽然都是沟通主体，但这"并不意味着双向影响力量的对称性"②。因此，在探讨沟通环境对于沟通主体的影响和作用时，不能

① 《马克思恩格斯文集》第 5 卷，人民出版社 2009 年版，第 208 页。
② ［美］A. 班杜拉：《思想和行动的社会基础：社会认知论》，林颖等译，华东师范大学出版社 2001 年版，第 32 页。

一概而论，应当区别对待。

第一，从教师主体的角度来看。教师由于接受过系统专业的学习和训练，具备思想政治教育教学的一般技能和知识，对思想政治教育工作的目标、性质、规律以及评价等方面都有相对全面深刻的认识和把握，因而，作为思想政治教育沟通实践活动的主体，在组织实施沟通实践活动的时候，往往占据主动和优势，对沟通环境的选择、建设或改造，拥有更大的影响力。同时，对于沟通环境中突如其来的变化，教师主体往往能够做出积极的、正向的引导和反应，这是因为"环境顶多只能做到供给刺激来引发反应。反应却是从个人已经具备的意向发出来的"①。这里，"已经具备的意向"毫无疑问，在教师主体这里，与学生主体相比，更加明确更加具体。因此，沟通环境对于教师主体的影响，主要体现在：一是教师主体应变能力的提升。教师主体在应对环境中超出预设的变化时，每经历一次这样的变化，正确应对这些变化的经验和能力都会得到丰富和提升。二是沟通环境的变化，可以引发教师对教学内容的反思，从而促使教师主体在备课环节中，做得更加充分和完善。

第二，从学生主体的角度来看。学生在思想政治教育沟通实践活动中，是接受教育的对象，其主体地位的确立和主体作用的发挥，取决于学生主体的自觉能动性的大小。学生主体的自觉能动性通过其与教师、与同学、与环境之间的互动表现出来。当然，在复杂性科学的视角下，教师、同学及环境都可以称作是沟通环境。当学生主体面对教师的指导、同学的影响或者环境的刺激时，他们往往不会轻易"屈服"，而是根据自我兴趣、爱好、能力等进行有选择的接收和反应。基于此，当教育者有意去营造思想政治教育沟通环境的时候，就必须深入了解学生主体的个性特征，以增进学生主体与环境构建之间的共通性、互认性。假如学生"没有按照我们期望的样子去做"，我们就

---

① [美]约翰·杜威：《民主与教育》，薛绚译，译林出版社2012年版，第24页。

不要"忘记了那至理名言：能拉马到水边却不能强迫马喝水；能把人锁进牢里却不能逼他忏悔"①。因此，沟通环境对学生主体的影响，从一开始就应该给予深切关注，唯有如此，才能达到"随风潜入夜，润物细无声"的育人效果。

2. 对沟通客体的影响

在思想政治教育沟通实践过程中，教师和学生构成了这一实践活动的双主体，不同主体之间，借助一定的媒介或工具，进行思想信息的传递、反馈。思想政治教育沟通客体是经过教育者主体"编码"后的教育内容，在形式上与教育内容相区别。沟通客体主要指思想信息以及呈现思想信息的符号、图片、音符等。为了提升沟通效果，教育者往往会根据教育内容的不同，而选择恰当的沟通环境，以提升思想信息与沟通环境之间契合度，力图使得沟通主体的知识背景、思想信息以及环境因素达成一致，以达到增强沟通效果的目的。

第一，不同环境中，根据环境变迁更新沟通客体。思想政治教育相比于其他学科教育来说，沟通客体需要根据时间的变化、人物的不同以及环境的变更而采取不同的表达方式。以讲授爱国主义为例，假如在教室内，运用多媒体进行讲授的话，就需要把爱国主义精神转化成为一个又一个典型案例，如十年如一日的戍边战士、航天工业发展中做出重大贡献的科学家等，并以视频、故事、图片等沟通客体来呈现。同样是讲授爱国主义的内容，假如是在抗日英雄纪念馆或烈士陵园内进行，一个个庄严的雕塑、一座座耸立的墓碑、一篇篇直击心灵的墓志铭、一棵棵四季常青的松柏，都以具体、生动的形式扮演起沟通客体的角色。这一点上，沟通客体的变化与文化认同的变迁有着类似表现，"文化变迁是随着时间的推移，在内外因素的共同作用下，通过文化内部的整合而出现的为人们所认同，有别于过去的文化形态"②。沟通客体也是如此，它会随着沟通环境（时间、地点、人物、

① ［美］约翰·杜威：《民主与教育》，薛绚译，译林出版社2012年版，第25页。
② 郑晓云：《文化认同论》，中国社会科学出版社1992年版，第211—212页。

情景等）的变化而呈现出有别于以往的独特形式。

第二，同一环境下，随着时间发展、环境变化而调整沟通客体。恩格斯认为，自然界中的一切事物，"都处于永恒的产生和消逝中，处于不断的流动中，处于不息的运动和变化中"①。实际上，无论是自然界还是人类社会，都处在不停的运动和变化之中。思想政治教育沟通环境，作为客观世界的一个组成部分，无论其构成要素还是结构功能，都会随着时间的变化、沟通实践的进程而呈现出不断调整的趋势。从沟通环境与沟通客体的关联性来看，沟通环境的变动不居，要求沟通客体随之做出调整和补充。因为，同样的信息符号在不同的环境里，会被不同主体赋予不同含义。因此，沟通主体必须适时调整沟通客体的形式和状态，通过提高它与沟通环境之间的契合度，来增加沟通主体之间的相互认同，丰富其"共同基础"或"我们先前共享的经验。"②

3. 对沟通方法的影响

在社会实践过程中，方法是实践主体根据实践目的，在主客体之间建立对象性关系的"中介"——做事的程序、思路以及操作规程等。它"是主体依据对客体发展规律的认识而为自己规定的活动方式和行为准则"③。在特定实践环境中，实践主体会选择或采取特定的方法和手段，以达到解决问题的目的。在高校思想政治教育沟通实践中，沟通方法是以实现沟通目标为导向，在特定沟通环境中进行的，不同沟通主体之间进行思想信息传递的方式和手段。具体来说，思想政治教育沟通方法主要有对话交流法、案例剖析法、情景模拟法、榜样示范法、网络评论法、情感体验法、实践生成法、自我学习法等。任何一种沟通方法都不具有普适性，都是为了实现一定的沟通目的，

① 《马克思恩格斯选集》第3卷，人民出版社2012年版，第856页。
② ［美］迈克尔·托马塞洛：《人类沟通的起源》，商务印书馆2012年版，第3页。
③ 杨春贵主编：《马克思主义与社会科学方法论》，高等教育出版社2012年版，第18页。

由特定沟通主体选择或创造、适合于特定沟通内容和沟通环境的方式方法，从某种意义上说，任何一种沟通方法都是唯一的或者说任何一个具体的沟通过程都有其最适合的沟通方法。譬如关于思想道德规范知识信息的沟通，需要选择在一个相对安静、避免外界干扰的空间中进行，如教室或礼堂等。沟通方法也宜选择理论讲授法、对话交流法以及案例分析法为主。再如关于行为养成或情感培养的信息沟通，则需要选择在特定的沟通环境中进行，在社会实践的过程中完成思想信息的沟通；而沟通方法方面，"思维和存在的统一，主观和客观的统一，只有在人的实践活动中才能得到解决"①。因此，此类思想政治教育沟通宜采取以情感体验法、情景模拟法、实践生成法为主的沟通方法。除此之外，在互联网时代，思想政治教育沟通方法还应借助网络媒体和平台，建构起网络对话、网络评价等沟通方法，以适应思想政治教育沟通的现实需要，积极应对网络思想政治教育出现的新情况新问题。

4. 对沟通效果的影响

第一，从共时性向度看待沟通环境的价值。沟通环境作为高校思想政治教育工作的重要组成，通过直接作用或间接渗透方式，参与到沟通主体之间思想信息的传递过程之中，直接影响着沟通效果。高校思想政治教育的沟通过程，既是一个沿着时间维度持续推进的过程，也是一个由各个要素相互作用的过程。前者通过各个环节间的丝丝相扣来实现，表现出"历时性"特征；后者则借助要素间的相互联系、相互制约来实现，表现出"共时性"特征。结合中国特色社会主义现代化建设来看，其共时性表现为"在立足中国现实社会发展状态、发展特点、发展需要的同时，又要把握世界发展的脉搏"②，并在国

---

① 杨春贵主编：《马克思主义与社会科学方法论》，高等教育出版社 2012 年版，第 46 页。

② 汪晓莺、蔡东伟：《共时性与历时性统一：论马克思主义时代化向度》，《学校党建与思想教育》2012 年第 1 期。

内、国际间的相互比较中发现新情况，解决新问题。结合思想政治教育沟通实践来看，马克思主义的共时性向度要求我们在选择或营造沟通环境时，既要包含当代中国特色社会主义现代化建设的最新成就，又要包含地域性、传统性的文化特质，以全面、整体的视角，为思想政治教育沟通营造最适合的环境。

第二，从历时性向度看待沟通环境的价值。没有历史的思想政治教育，只能陷入空洞说教的泥淖。习近平指出："'历史是最好的教科书'，'中国革命历史是最好的营养剂'。"① 历时性向度就是看待任何事物或现象，都必须置之于客观的历史发展过程中去认识、了解和把握，一旦背离了这一原则，"它所达到的结果总是同它希望达到或者佯言希望达到的相反"②。因此，为了提高思想政治教育的沟通效果，就必须沿着理论和实践两个维度的历史发展脉络来营造沟通的环境。从理论维度来看，沟通环境要体现出思想信息发展的历史传承性。如社会主义核心价值观教育，就需要沟通环境体现出我国传统价值观发展的历史逻辑。从实践维度来看，沟通环境要体现出器物、建筑以及操作方式方法上的历史连续性。正如邓小平所说："我们是历史唯物主义者，研究和解决任何问题离都不开一定的历史条件。"③只有建构起尊重历史、关注现实的客观沟通环境，才能对思想政治教育沟通过程和沟通效果发挥最大的促进作用。

（二）沟通过程对思想政治教育沟通环境的影响

作为特殊社会实践活动的思想政治教育沟通，是一个由沟通主体按照教育目标、遵循教育教学和人际沟通一般规律而组织实施的活动过程。因此，教育目标、沟通主体以及实践过程等方面，都会围绕着

---

① 中共中央宣传部：《习近平总书记系列重要讲话读本》，人民出版社 2016 年版，第287 页。

② 《马克思恩格斯选集》第 3 卷，人民出版社 2012 年版，第 647 页。

③ 《邓小平文选》第 2 卷，人民出版社 1994 年版，第 119 页。

如何提升沟通效果这一问题，对沟通环境产生各种影响和作用。

1. 沟通目标对沟通环境的预期

思想政治教育实践的目的不是为了教育而教育，而是为了提高受教育者的思想政治素质，培养一定社会发展所需要的合格人才。沟通是思想政治教育的重要环节，沟通的目标在于提高思想信息在不同主体之间的传递效率。可以说，沟通目标不同、沟通内容不同，对沟通环境就会提出独特的要求和预期，从而不断增强沟通环境对沟通过程的支撑力度，提高沟通主体适应沟通环境的能力，这种适应性首先表现为"文化适应"和认同。"所谓文化适应，是指在异文化里的居留者对新环境的适应。"① 围绕着沟通目标的实现，不仅需要沟通主体之间具有相互沟通的"共同基础"，而且需要一个与沟通实践高度契合的沟通环境来支撑沟通过程，确保思想政治教育沟通实践活动得以顺利进行。

2. 沟通主体对沟通环境的改造

沟通环境为主体之间的沟通行为提供了特定的情境和客观条件，营造积极的、高契合度的沟通环境，对于消除或弱化不同沟通主体之间在文化、知识、语言等方面的差异，具有十分重要的作用。简单地说，沟通实践中的教师与学生之间，由于知识背景、文化素养等方面的积淀不同，他们在思维方式、价值观念等方面存在着较大差异；同样是学生主体，也由于家庭出身、成长环境、成长经历、受教育过程等不同，使得身处同一沟通环境中的学生主体之间，也存在着相当大的差异。因此，为了提高不同主体之间的沟通效果，营造一个能够增进主体间相互认同的沟通环境，是基于主体自身素质的主观愿望和客观要求。

3. 沟通过程对沟通环境的要求

思想政治教育的沟通过程，实质上就是一个教师向学生传递思想

---

① 王维荣：《跨文化教学沟通》，教育科学出版社 2013 年版，第 28 页。

信息的教学沟通的过程。"所谓教学沟通，是指在课堂教学情境中，师生运用言语和非言语符号相互影响、相互作用，实现教学目标、促进学生发展的过程。"① 由此可见，教学沟通是一个完整的系统，包含着教师、学生、思想信息、沟通环境、信息反馈以及噪音等构成要素。其中，"教学的时空因素构成了教学沟通的环境。比如一间大教室内行列式的布局和以小组为中心的多中心的排列影响师生在沟通中的角色与参与度"②。沟通内容和目标的差异，需要在沟通环境上有所反映，沟通过程的顺利实现，也需要不断地调整沟通环境来适应。总之一句话，沟通环境的营造，必须要迎合思想政治教育实践活动特定需要而不是相反。

（三）沟通环境与沟通实践之间的互动互制

从广义上讲，思想政治教育沟通实践活动是一个诸多要素和环节构成的实践系统，沟通环境与沟通主体、沟通客体一样，只是实践系统的重要组成部分，两者之间表现为整体与部分或系统与要素的相互制约关系；从狭义上讲，思想政治教育沟通实践仅指不同主体之间思想信息的交流互动过程，与沟通环境一起，在思想政治教育的实践过程中相互依存、相互支撑、相互作用，围绕着思想政治教育的总体目标而互动互制。

第一，作为系统整体的沟通过程与沟通环境之间的相互制约。思想政治教育实践系统作为整体，沟通环境是构成整体的一个部分或要素。由沟通主体、沟通客体、沟通环境等多个部分或要素遵循一定教育实践的逻辑构成规则，按照人的思想成长和心理变化的动态演化规律，构成思想信息的沟通系统，完成特定教育教学任务。"若干部分按照某种方式整合成为一个系统，就会产生出整体具有而部分或部分

---

① 王维荣：《跨文化教学沟通》，教育科学出版社 2013 年版，第 10 页。
② 同上书，第 11 页。

总和所没有的东西。"① 可以说,高校思想政治教育沟通系统的任何一个要素,都不能单独、孤立地完成教育教学目标,只有相互结合成为一个整体时,系统才具有了思想信息传递功能。由此可见,思想政治教育目标的实现,离不开各个组成要素之间的有机结合。因此,沟通环境的营造和布局,必须置之于特定的教育教学系统之中来谋划,否则,就会影响到思想政治教育实践系统的整体效能。因为,"一旦把系统分解为它的组成部分,这些东西便不复存在"。反之,构成思想政治教育系统的每一个组成要素,如沟通环境,能在系统整体结构和功能的约束下营造、改变和创新发展的话,同样会对系统整体功能发挥积极作用。

第二,作为系统要素的沟通过程与沟通环境之间的互动共生。从高校思想政治教育工作的整体层面来看,思想信息的沟通过程与沟通环境一样,都仅为教育系统的一个要素或环节,都发挥着系统要素的职能。同时,思想信息的沟通过程与沟通环境之间又是一对矛盾的统一体,只有运用矛盾分析方法,在两者之间相互统一和对立斗争中分析两者之间的关系,辩证地去看待它们的互动互促,才是马克思主义者应有的观点和立场。在这一点上,思想政治教育沟通要素之间的关系,与整体课程要素之间有着相似的类比性。"课程要素间的关系不仅是透析思想政治教育课程结构的'钥匙',也是深化对思想政治教育课程整体理解、搞好思想政治教育课程设计的关键。"②

三　微视角下思想政治教育沟通环境的多维挑战

思想政治教育沟通环境内嵌于思想政治教育环境之中,沟通环境的构成要素与结构组成,处于整体社会发展进程之中,具体地说,处于中国特色社会主义现代化建设的总体进程之中。反过来说,我国经

---

① 许国志主编:《系统科学》,上海科技教育出版社 2000 年版,第 20 页。
② 宇文利:《现代思想政治教育课程论》,北京大学出版社 2012 年版,第 249 页。

济、政治、文化、社会和生态等方面的发展变化,制约并影响着思想政治教育沟通环境的生成、演变,最终对思想政治教育沟通产生各种或积极或消极的影响和挑战。从系统论的视角来看,思想政治教育沟通环境是思想政治教育环境的一个低层级构成要素,思想政治教育环境又是教育环境、社会环境、生态环境的一个低层级构成要素,它们之间构成了一个以大学生思想成长为核心、环环相套的圈层结构体系。"因大学生群体处于一个相互嵌套的系统之中,研究高校思想政治教育的生态环境优化,就必然要逐层理顺系统之间的内部联系及影响,从而促进高校思想政治教育环境的良好发展。"①

(一) 社会发展对沟通环境演变的多维影响

社会发展从经济、政治、文化、生态等多个维度对思想政治教育及沟通环境产生深入而广泛的影响,这种影响或作用有时以直接作用的方式,有时以间接作用的方式进行。

1. 经济全球化强势推进产生的影响

经济全球化是以西方发达国家主导的,以打破商品贸易的国家壁垒为手段,以转嫁国内矛盾、获取超额利润为目的的经济发展趋势。它在资本主义发展历史上,发挥了十分重要的作用。经济全球化的外部表现,就是世界市场一体化。正如马克思所说:"资产阶级,由于开拓了世界市场,使一切国家的生产和消费都成为世界性的了。"②进入 21 世纪以来,世界经济发展遇到前所未有的大变局,资本主义主导的经济全球化进程遭到重大发展困境和危机,以"英国脱欧""特朗普当选"以及一系列"退群"行为为标志,那些以经济全球化为重要发展平台的国家,正在兴起一股"反全球化"或者"逆全球化"浪潮。当资产阶级束手无策之际,无产阶级占统治地位的社会主

---

① 徐蔡余:《高校思想政治教育环境的生态优化研究》,《江苏高教》2017 年第 10 期。

② 《马克思恩格斯文集》第 2 卷,人民出版社 2009 年版,第 35 页。

义国家开始扮演先前资本主义国家的角色，"从社会自由这一前提出发，创造人类存在的一切条件"①，探索并推行社会主义的经济全球化"蓝图"——构建人类命运共同体。世界经济全球化的这一历史性巨变，从思维方式、现实生活等方面，变革着高校思想政治教育工作的环境。

正如英国社会学家吉登斯所说："不管我们生活在哪，也不管我们是如何有权有势或者一无所有，许多新危险和不确定性无不对我们产生影响，它们是与全球化紧密联系在一起的。"② 在经济全球化的影响下，我国当前正进入到一个新情况、新问题不断凸显、机遇与挑战错综交织的新阶段，标志着我国经济社会的发展、政治文化的发展以及人的发展等方面，都面临着种种新的挑战和影响，尤其表现在人们的思想行为方面。诸如自由主义、拜金主义、享乐主义、利己主义等社会思潮，在人们的生活态度、思维方式、消费观念等方面产生深刻的影响，思想政治教育工作亦不例外。

2. 国内国际格局新变化产生的影响

在对中国社会发展面临的世界局势做出判断时，习近平认为："随着冷战结束，两大阵营对立局面不复存在，两个平行的市场随之不复存在，各国相互依存大幅加强，经济全球化快速发展演化。"③ 从上述判断中我们可以看出，整个国内国际环境正在或已经发生了深刻地变革。世界经济政治发展的总体趋势，正在从以对抗、斗争为特点的国际关系向以互助、合作为特征的新型关系转变。但是，世界格局总体态势的变化并不代表局部或某个领域内的冲突与对抗。就国家意识形态安全和思想政治教育领域来看，某些西方敌对势力不甘心、不愿意看到以中国为代表的社会主义国家地位和国际影响力日渐加

---

① 《马克思恩格斯文集》第1卷，人民出版社2009年版，第16页。
② ［英］安东尼·吉登斯：《失控的世界——全球化如何重塑我们的生活》，周红云译，江西人民出版社2001年版，第21页。
③ 《习近平谈治国理政》第2卷，外文出版社2017年版，第211页。

大，妄图借助所谓的"民主""人权""宗教""民族"等问题，对我国进行渗透和分化，且大有愈演愈烈之势。近年来，这种分化和图谋越来越呈现出隐蔽特性，在经济、文化等各个非政治、非阶级领域内表现出来。在经济领域内，表现为经济封锁和贸易摩擦，这种摩擦的直接表现为由于各国经济发展水平、技术发达水平不同而导致的贸易差额，间接表现为各个国家综合经济实力、经济政策和产业布局等之间的竞争和冲突。在文化领域内，表现为价值渗透和文化冲突。

改革开放 40 多年来，我国社会主义市场经济经历了一个由弱到强、由不完善到逐步完善的发展过程。与我国传统计划经济体制相比，市场经济体制能够在更大范围、更多领域内充分发挥其资本调配的作用。"市场化改革的实质就是民主化、多元化、分工化、专业化、协同化、规范化、法制化和社会化。"① 从某种意义上讲，市场经济体制与社会制度之间并不存在强相关，即市场经济不仅可以在资本主义制度下发展，而且也可以在社会主义制度下得到更好的发展。市场经济发展阶段越高、生产力社会化程度越大，其与资本主义制度之间的矛盾就越突出，与社会主义制度之间的契合度就越明显。经过几十年的发展完善，市场经济在我国经济社会发展中的作用越来越突出，已经成为资源配置的决定性因素。由社会主义市场经济发展所带来的新变化，并不局限于经济领域内，而是涉及社会生活的每个方面，尤其是对人们思想观念、价值追求、个性独立等方面的影响，为创新高校思想政治教育工作提供了条件。但需要强调的是，机遇与挑战并存，新形势也对思想政治教育沟通环境的构建提出了更高要求。

3. 多元文化新态势产生的影响

无论器物文化还是精神文化，作为人类社会发展的产物，都与社会生产、制度进步和精神创新有着千丝万缕的联系。文化总是具有一定的独立性，相对于物质性的社会存在来说，在整体发展趋势上保持

---

① 黄恒学、彭组峰：《论建立和完善中国特色社会主义市场经济体制的若干重大理论问题》，人民网，2018 年 09 月 27 日。

基本一致，但在特定的历史发展阶段或时期，文化又总是或超前或滞后于物质性社会存在的发展变化。"正因为文化具有这种独立性，所以我们在研究一个国家、一个民族的历史发展的时候，不仅把它当做一个人类社会共同体，还必须把它当做一个特殊的文化共同体。"①由此可知，不同国家、不同民族、不同地域的文化，都有其特殊性。文化的特殊性的存在，恰恰表现为文化的地方性，即文化与本土经济生产、政治制度、社会环境之间的高度契合关系。不同国家、民族、地域之间的交往是综合性的，它们在广泛开展经济合作、政治交往的同时，也在进行文化与文化之间的互动与交流。"文化的差异为整合带来了一定的难度，但也正因文化的多样性，才使得19世纪时以欧美国家为主导的单一文化背景被打破，从而使文化的发展焕发出了更大的活力。"②同时，文化的差异也为不同文化间的交流与碰撞奠定了基础。

多元文化交融汇聚的新态势既是文化发展的本质表现，也是经济社会一体化发展的客观要求。但是，多元异质文化间的交流与融通是一把"双刃剑"，一方面有利于不同文化间的借鉴和学习，促使不同文化之间的趋同性，以适应经济全球化的整体趋势；另一方面，这成了文化渗透、价值"输出"的工具，尤其是发达国家向发展中国家推行"文化殖民"策略，以构筑具有普适价值的文化品牌。发达国家在进行文化输出时，往往凭借其强大的经济和科技实力，不间断地向发展中国家"兜售"其文化产品，输出其意识形态和价值观念，意在颠覆发展中国家的思想文化和价值观念，影响思想政治教育的目标和方向，其实质是文化交流掩盖下的一种文化侵略，具有较强的隐蔽性、渗透性。随着互联网技术的普及和发展，"地球村"成为一个全球文化共同体的标志和符号，思想信息的交流更加开放、广泛和迅捷。因此，多元文化的交融和发展，从正面和负面两个维度，影响着

① 司马云杰：《文化社会学》，华夏出版社2011年版，第21页。
② 关晓晨：《全球化背景下的文化整合与文化交往》，《现代交际》2016年第3期。

思想政治教育工作的每一个环节，进而影响着思想政治教育的效率和效果。

4. 知识经济新境域产生的影响

知识经济时代的到来，把"知识""智力""信息""文化"等非物质性要素推到社会生产要素最重要的位置上，成为第一资源要素。知识经济的新型要素资源，或者单独发挥作用，形成新型的知识经济产业，或者融入传统产业而发挥作用，促使传统产业的转型升级。"当今时代，经济社会呈现出高速发展的态势，而信息文化产业又是市场中发展最快、产值最高的突出产业。由这一现象也可以看出，知识、信息和文化等要素在当前知识经济时代中占据着越来越重要的位置。"[1] 知识经济蓬勃发展的当下，无论是发达国家还是发展中国家，人类社会都正在经历一个伟大的历史变迁期。知识经济时代的到来，不仅给人们的经济、政治、文化、生活方式和思维方式带来颠覆性巨变，而且促使整个社会发展对新型人才标准做出重新定义，"以信息技术为核心的知识经济时代，社会对人才的知识技能水平有了更高的要求，且逐步由以知识积累的评价方式向知识与技能并重的评价方式转变"[2]。对此，我们需要及时调整人才培养的目标和举措，培养高素质的社会急需人才，以适应知识经济发展所产生的新产业新需求。

知识经济一经产生，就反过来对人们驾驭知识经济的能力提出挑战。首先，信息技术的高度发展和广泛应用，使得人机对话的时间越来越多，人际间的交往越来越少。其次，信息境域中的高速度、高效率造成了大学生的高不适应率。最后，伴随信息高速公路和多媒体技术的发展，网络电子图书馆、电子出版物和远程教育等走进我们的日

① 胡蔚然：《试论知识经济时代下的高等教育管理研究与改革》，《教育现代化》2017年第51期。
② 王铭娴、程田玉秀：《知识经济时代本科生人才培养目标概论》，《新课程研究》2018年第7期。

常生活之中，深刻变革了文化间交流的方式。对此，我们必须在马克思主义的指导下，对之进行积极主动的回应，借助新型发达的信息技术和平台，发现知识经济时代下人际交往和沟通的新特点，创新思想政治教育工作新渠道，以不断优化教育教学效果。

5. 新媒体技术普及产生的影响

新媒体不是一个相对于"旧媒体"而言的概念，从新闻传播学的角度来看，它是各种现代网络媒体的总称。与传统媒体相比，新媒体最突出的特点在于信息传播方式、信息互动过程和信息接收反馈机制上的不同，其核心是"个体参与""人机互动"和"即时传播"等。同时，新媒体时代下，信息传播的内容也呈现出日趋分散化和个性化的态势，新媒体日益成为人与人之间沟通交流和思想信息传播的主流方式和渠道。从网络媒体的角度来看，互联网已经成为人们传播信息主要渠道，"截至 2015 年 12 月，中国网民规模达到 6.88 亿，互联网普及率达到 50.3%，中国居民上网人数已过半"①。新媒体已经成为人们日常生活中必需的一部分，"低头一族"现象无论在办公场所、地铁、广场还是高校校园内，都成为一道引人注目的风景。除此之外，在现代社会生活中，无论是线上商品交易还是线下商品交易，手机网上支付都已经成为十分普遍的手段。"截至 2015 年 12 月，手机网上支付用户规模达到 3.58 亿，增长率为 64.5%。"毋庸置疑，从上述数据和信息来看，我国已经进入到新媒体时代并逐步深入。

新媒体不同于传统媒体的地方，不仅仅体现在传播媒介的变化上，而且体现在信息传播的方式上。新媒体时代，信息传播方式具有三大特点和优势：一是信息交互的平等性。在传统媒体时代，由于对信息源的控制和把握，信息总是从一点向多点的自上而下的传播。在新媒体时代下，由于信息内容的生成和传播门槛比较低、限制比较少，人们被置于同一个媒体和平台之上，因而，平等交互成为新媒体

---

① 《中国互联网络发展状况统计报告》，http：//www. cac. gov. cn/2016 - 01/22/c_1117860830. htm.

时代人际交往的主要特点。二是信息发布的分散性。随着新媒体的日益发展，尤其是以手机为平台自媒体的发展，使得人人都成为信息产生和发布点，每个人都可以随时随地发布、评论、关注各种信息和新闻，这种日趋分散的信息发布传播特点，挑战着网络管理的水平，同时也在提高着每个人对信息的辨别能力。三是信息传播的即时性。新媒体在信息传播上的最大优势在于即时性，相比于传统媒体信息滞后来说，这种即时性往往给信息受众以"在场"感，能够充分满足人们的"求知欲"，因而，受到人们的普遍喜爱和接受。新媒体所具有的这些优势和特点，不仅变革着人与人之间的交往方式，而且深刻影响着人际沟通的效果，对于思想政治教育工作来说，新媒体正在以一种全新的力量影响着教育方式、教育过程和教育效果。在这一点上，正如科学技术对于社会生产力的作用一样，新媒体也在思想政治教育领域内扮演着类似的角色，发挥着同样的作用。

正如张耀灿教授所说，高校"思想政治教育环境是一个极为广泛而又复杂的系统，它是由不同层次的环境因素相互联系构成的有机整体"[1]。无论国际、国内经济社会中任何重大变化，都会通过相应的渠道渗透到教育环境内，进而对思想政治教育沟通过程发挥作用。同时，高校思想政治教育系统内的任何变化，无论是沟通主体的思想波动、沟通内容的重构还是沟通方法的创新，也都会在思想政治教育的环境构成上有所反映和体现。环境在变化，思想政治教育的目标、主体、客体等要素也在变化，因此，在处理思想政治教育沟通实践与沟通环境之间的关系时，必须置之于一个动态生成的过程中来认识，并站在动态生成的立场上，去应对思想政治教育工作中出现的新情况新问题。

(二) 沟通主体面临现实环境的多维挑战

当整个世界都处于变动不居的状态时，任何一个事物或过程都会

---

[1] 张耀灿：《思想政治教育学原理》，高等教育出版社1999年版，第144页。

随着时间的流逝而发生改变，这一过程不受人们主观愿望的影响和制约，遵循事物自身运动变化和发展的规律。思想政治教育的沟通实践是一个关乎人的思想成长和行为养成的过程。在沟通过程中，沟通主体不仅是组织者和实施者，而且是参与者和亲历者，无论是教师主体还是学生主体，都在这一过程中遵循各自对教育教学规律的认识和把握，并按照各自熟悉和擅长的方式参与其中，总之，都在遵循人们思维成长的规律。"要精确地描绘宇宙、宇宙的发展和人类的发展，以及这种发展在人们头脑中的反映，就只有用辩证的方法，只有不断地注意生成和消逝之间、前进的变化和后退的变化之间的普遍作用才能做到。"① 不管是客观世界的演变与发展还是人的思想的成长或蜕变，两者之间的相互交织共同营造起了思想政治教育的沟通环境，思想政治教育的沟通主体必须不断做出调整，以适应不断变化的沟通环境。

1. 教师主体的因应变化

作为思想政治教育沟通主体的教师，其主体性体现在沟通实践的发动者、组织者、实施者以及评价者。教师主体能否对沟通环境做出及时、准确的反应，能否采取正确恰当的沟通方式，都会直接影响思想政治教育教学的实际效果。

第一，教师主体的主体意识有待加强。所谓主体，是相对于客体而言。在具体社会实践过程中，主体是实践活动的发起者、组织者和实施者，从思想政治教育的目标、内容、方法、途径等方面，因地制宜、因人而宜的开展工作。面对社会发展节奏逐渐快速、人们思想变化日益多元，作为沟通主体的教师必须做出因应变化，并在不断变化过程中，遵循思想政治教育的沟通规律，探索提高沟通效果的具体方法和途径。正如马克思所说："动物不把自己同自己的生命活动区别开来。它就是自己的生命活动。人则使自己的生命活动本身变成自己意志的和自己意识的对象。他具有有意识的生命活动。"② 对于思想

---

① 《马克思恩格斯选集》第 3 卷，人民出版社 2012 年版，第 793 页。
② 《马克思恩格斯选集》第 1 卷，人民出版社 2012 年版，第 56 页。

政治教育沟通实践来说，教师主体是否具有强烈的自主意识，是否具有实施思想政治教育较强的自主能力，是否具有较强的自主评价方式和手段等，对于改进思想政治教育教学工作，提高沟通效率和效果具有十分重要的作用。

第二，教师主体的主导地位逐渐弱化。从传统思想政治教育到新媒体时代思想政治教育的一个重大转变，即沟通主体主导地位和作用逐渐弱化。新媒体技术对于青年大学生来说，比教师更加容易学习、接受和应用，他们很快"成为新媒体最早的接受者、使用推广者"①，教师则由于年龄大、工作忙等原因，在接受和应用新媒体技术方面落后于学生。由于各种新型媒体的普及和推广，尤其是手机，教师的信息资源优势逐渐弱化，学生的信息资源弱势逐渐减小。从接受和运用新媒体获取信息的角度来看，学生在获取方式多样性方面超过了教师。信息资源优势的减弱，直接影响着教师主体在思想政治教育沟通实践中的主导地位，教师权威越来越难以再现它在传统教育中的作用，"学生越来越难以管理了"成为众多教师主体的感叹。如何化解这一由于沟通环境演变而滋生的新问题，成为当下思想政治教育工作的一个现实难题。

第三，教师主体的自我素质需要提升。教师作为一个特殊职业，需要具备一定的专业知识、专业技能、专业精神等。正因为教师主体的专业性，使得教师主体在思想政治教育沟通实践中始终保持其主导地位。但是，新媒体时代下，教师在与学生相比较中的这一"先天优势"逐渐式微。教师只有积极融入新媒体时代背景下思想政治教育的新形势新境域中，不断地加强学习、弥补不足，重塑其在教育教学实践中的主导地位，才能发挥其在教书育人上的主导作用。为此，教师除了必须具备相应的专业素养之外，还需要不断提升网络信息技术的驾驭能力。新媒体时代思想政治教育教师主体应当具备"一定的信息

---

① 王虹、刘智：《新媒体时代高校思想政治教育创新研究》，中国社会科学出版社2012年版，第57页。

技术能力，要有基本工具的操作能力""信息获取和选择的能力""对网络知识的快速建构能力和自我建构能力"①。教师主体自觉提高自身素质，除了适应思想政治教育沟通环境的新变化之外，还要主动应对教育对象，即学生在新的环境下产生的新特点和新要求。在新媒体时代下，学生的自主性得到进一步确立，其自我意识也得到进一步加强。这一点，有利于强化教师与学生之间的平等交流和对话；但是，学生对于教师的教学设计、教学内容、教学方式等都会提出更多更高的要求和预期。因此，在具体思想政治教育沟通过程中，教师主体还需要提升对教育教学实践过程的掌控能力和随机应变能力。

2. 学生主体的因应变化

第一，学生主体自觉性有待提升。改革开放以来，伴随着社会主义市场经济日趋完善，个体或企业的主体地位和作用得到强化的客观趋势，为社会个体自觉性的建立营造了良好的社会环境。在市场经济领域内，每一个体或公司的利益获取，都取决于它与其他个体或公司之间的经济交往，"在微观层面上，个人、公司和市场都试图通过研究其他人和公司的行为来增加自己的收益"②。经济生活的变化，通过政治、文化、生态和社会等领域的变化，演化成为思想政治教育工作的重要环境因素，影响着每一个社会个体及其思想观念。在以往思想政治教育工作中，学生作为沟通主体的地位没有得到应有尊重，其应有的主体性作用也未能得到应有发挥，教师与学生之间双向互动的沟通渠道，被教师向学生单向的信息传递所代替，"人学空场"的形象概括，成为学界对传统思想政治教育的共识。然而，随着经济体制改革的逐步深入和互联网技术的飞速发展，学界在反思传统思想政治教育工作和探讨如何提高教育教学效果的过程中，越来越认识到确立学生主体地位的重要性，"学生不再是洛克笔下的'白板'，也不再

---

① 贺祖斌等：《教师教育：从自为走向自觉》，广西师范大学出版社 2007 年版，第 164—165 页。

② ［美］梅拉妮·米歇尔：《复杂》，湖南科学技术出版社 2011 年版，第 11 页。

是任由教师灌输的'知识容器',而是具有将信息、经验、知识进行自组织而生成新质的主体"①。除了教师在观念上转变对学生主体性的认识之外,思想政治教育环境的新变化也激发了学生自身的主体意识、沟通意识。对此,教师需要把握时机,对处于信息敏感期内的学生善加引导,帮助他们确立正确的自主意识和自主观念。学生作为思想政治教育沟通主体,其主体性主要体现在与教师之间的沟通过程和互动环节上。新媒体时代下,伴随教师主导作用日渐弱化的是学生主体作用的日渐增强,学生借助于多元化媒体渠道,不仅能够获取教师掌握的思想信息,而且能够获取到教师还没有掌握到的思想信息,致使思想政治教育沟通过程中,教师与学生之间矛盾和冲突日渐激烈,学生如何正视自己在思想政治教育沟通实践中的角色定位,如何"自知",都会直接影响到思想政治教育沟通的效果。

第二,学生信息选择力有待培育。改革开放以后,我国社会快速发展反映在思想政治教育工作上,体现为思想信息传播途径的多元化。相比于以往思想政治教育,学生面对着日益复杂、日趋多样的思想信息。这些思想信息从内容上来说,有正统与非正统之分;从形式上来看,有规范表述与非规范表述之分;从是否符合学生思想成长规律来审视,有好与坏之分,如此等等。当良莠不齐的众多思想信息充斥于学生生活之中时,学生是否能够做出正确判断和选择,就显得特别重要。"在教育实践中,受教育者常常根据自己的知识结构、认知需要、价值取向来选择、接受思想政治教育内容,他们原有的知识水平包括知识的多寡、认识的深浅、能力的强弱等,决定着思想政治教育的内容在多大程度上成为自己的认识对象,直至影响他们对思想政治教育内容的理解和判断。"② 然而,从当下学生素质的实际来看,学生不仅未能充分发挥其沟通主体的作用,而且对于各种思想信息的

① 张浩:《趋向复杂:"思政课"教学改革的进路致思》,《周口师范学院》2011 年第3 期。

② 熊建生:《思想政治教育内容结构论》,中国社会科学出版社2012 年版,第113 页。

判断和选择也缺少正确的依据和科学的方法。因此,创新思想政治教育方式方法,应当从培育学生思想信息选择能力着手,从批判错误的思想信息与接受正确的思想信息两个角度,锻炼、培养学生的选择判断能力。

第三,学生价值判断力有待增强。大学阶段是青年学生成长成熟、迈向社会的重要阶段,也是培养经济社会发展所需合格人才的重要阶段。通过高校思想政治教育工作的开展,不断丰富青年大学生的理论知识,持续提升学生价值判断能力,对于培养全面发展的社会人才具有十分重要的意义。科恩认为:"青年期最有价值的心理成果就是发现了自己的内部世界及价值,对于青年来说,这种发现与哥白尼当时的革命同等重要。"① 改革开放四十年来,面对西方世界生活方式、思想观念和价值观的多元冲击,我国青年大学生经历了一个由不适应到逐渐适应的过程,他们也曾迷茫,也曾困惑,这一历史过程直接对学生价值判断力的提升,提出了迫切要求。如对享乐主义价值观的认同度,在青年大学生中占有较高的比例,他们大都认为"吃得好、住得好、穿得体面"是人生的主要追求,对"报效祖国""服务社会"等主流价值观的认同反而较低,认为那是远离他们现实生活的抽象存在。他们把满足自己的需要当成人生追求的价值所在,认为"人是一个以自己为目的的动物,无论是其物质生产活动、社会关系活动还是自我建构活动,其一切行为都是为了满足自己的某种需要,安顿自己的情感。"② 再如,当学生必须面对"对"与"错"的价值选择时,当他们必须面对"义"与"利"的价值判断时,相当一部分学生总是处于左右摇摆状态之中,究其原因,也是因为他们缺乏价值判断的基本准则所致。因此,提高学生价值判断和选择能力,也是

---

① 胡文仲主编:《美国价值观:一个中国学者的探讨》,外语教学与研究出版社2001年版,第97页。

② 谷佳媚:《思想政治教育沟通的理论反思与建构》,人民出版社2014年版,第139页。

思想政治教育工作的重要目标。

第四，学生理想信念正面临挑战。理想信念教育是思想政治教育阶级属性的重要体现，是统领思想政治教育的核心内容，也是检验思想政治教育教学效果的标尺和基石，贯穿于思想政治教育教学实践过程的始终，伴随着社会成员成长发展的整个历程。对于青年一代的理想信念，习近平同志认为，"广大青年要坚定理想信念，志存高远，脚踏实地，勇做时代的弄潮儿，在实现中国梦的生动实践中放飞青春梦想，在为人民利益的不懈奋斗中书写人生华章！"①从青年大学生理想信念的调查情况来看，我国高校学生的总体情况还是不错的，他们中的大多数能够接受马克思主义的理论指导，能够坚持"四个自信"，坚定拥护中国共产党的领导，相当一部分学生还在大学期间递交了入党申请书。进入 21 世纪以来，尽管我国高校一刻也没有放松对学生理想信念的教育工作，但是，多元文化和价值观念的冲击和碰撞，挑战着高校思想政治教育和学生理想信念教育工作，学生的思想活动经常处于多变和差异状态中，也易于受到外部环境因素的影响和干扰，尤其是带有一些深层次理论分析的问题。比如学生对"资本主义必然灭亡，社会主义必然胜利"信念的认识，由于对资本主义社会经济制度、政治制度和文化制度等缺乏深入系统的了解，对社会主义初级阶段所面临的现实难题缺乏客观的分析和足够的心理准备，因此，往往凭借着"听到的""看到的"等直感感受做出判断，他们的"社会主义理想信念"也就不够坚定，易于摇摆不定、动荡不居。随着世界两大阵营在各个领域的博弈日益激烈，对外开放程度不断深化，新媒体技术的进一步发展，学生理想信念教育工作面临的挑战就越多，需要思想政治教育工作者正视问题，积极面对。

---

① 习近平：《决胜全面建成小康社会 夺取新时代中国特色社会主义伟大胜利》，求是网，2017 年 12 月 03 日。

（三）沟通客体面临现实环境的多维挑战

思想政治教育沟通的客体既指思想政治教育内容，也指介于沟通主体之间的思想信息。"信息是思想政治教育沟通活动中教育者与被教育者之间产生互动的介质，是一种观念形态，……它是沟通活动中的基本要素之一，在沟通活动中居于核心地位。"[1] 无论是思想信息的内容还是其表现形式，都会受到思想政治教育沟通环境的影响和制约，并随着沟通环境的改变而呈现出新的形态。

1. 思想信息内容上的因应变化

在思想政治教育沟通实践中，思想信息所承载的内容，就是思想政治教育的内容。它是一定社会或阶级对社会成员在思想政治素质方面提出的要求，通过教育者的创造性活动，使教育内容在特定沟通实践中的具体呈现。从这个意义上讲，思想信息承载的内容，在本质上等同于思想政治教育内容。"新媒体时代，信息的海量性和复杂性、资源的共享性与开放性、交往模式的变化等特征错综复杂地交织在一起，传统的高校思想政治教育内容不能完全舍弃，但应该结合时代特点进行充实和重组。"[2] 思想政治教育内容的选择、重组和建构，又取决于特定的教育教学目标、教育主体、教育方法和环境等因素。一旦社会环境发生了改变，社会对于人才的评价标准也会随之而改变，政治教育、思想教育、道德教育、心理教育、法治教育等各方面内容在思想政治教育内容体系内的地位和作用也会随之改变。比如，在《中国普通高等学校德育大纲（试行）》规定的 10 条内容中，政治教育的内容有三、四条之多（如马克思列宁主义、毛泽东思想和邓小平理论教育，爱国主义教育，党的路线、方针、政策和形式教育，民主

---

① 熊建生：《思想政治教育内容结构论》，中国社会科学出版社 2012 年版，第 154 页。

② 季海菊：《新媒体时代高校思想政治教育的解构与重塑》，东南大学出版社 2014 年版，第 133 页。

与法制教育等等）①，但与学生思想道德养成实践的内容却未有涉及。在我国经济社会发展的新时期，应用型、创新型人才培养成为高等学校的重要职能，因而突出思想政治教育的实践内容和实践过程，强化学生综合素质的提高，成为思想政治教育沟通内容因应变化的时代趋向。

2. 思想信息形式上的因应变化

理论化的思想政治教育沟通内容，在沟通主体之间的传递，不能直接实现。沟通内容只能依靠沟通主体的创造性活动进行"编码"——转化为思想信息，并通过相应的传播"载体"——符号来实现。"所有的沟通信息都是由两类符号所构成的：语言符号和非语言符号。"② 在以往的思想政治教育沟通过程中，思想信息主要以语言符号为主，因此，"我说你听""我打你通"式的理论灌输，成为思想信息沟通的主要形式。但是，"主要形式"并不等同于"唯一形式"，一旦把"语言符号"当成了思想政治教育沟通内容的唯一形式，就会陷入"知识袋""美德袋"的理性假设之中，从而走向"理想化"的沟通实践。随着新媒体时代的到来，思想政治教育沟通实践中，无论是语言符号还是非语言符号，都得到广泛的创新和发展。其中，语言类符号除了传统的形式外，还有了如段子、歌曲、视频等形式；非语言类符号得到格外的重视和开发，图片、模型、雕塑等得到广泛应用且日趋生活化。"如果说西方学界科学和理性的过度发展遮蔽了日常生活世界，导致生活意义的丧失；那么，在中国则主要是宏大的、绝对控制的理想主义和教条化的意识形态对日常生活的忽视和贬低，导致日常生活世界的被遮蔽。"③思想信息的符号从数量到种

---

① 朱新均：《普通高等学校德育大纲论丛》，高等教育出版社 1998 年版，第 119—120 页。

② 谷佳媚：《思想政治教育沟通的理论反思与建构》，人民出版社 2014 年版，第 154 页。

③ 徐湘荷、申玉宝：《德育回归生活世界问题的追问》，《教育导刊》2006 年第 12 期。

类，都随着社会发展和环境的改变而持续增加，教育过程与生活实践的有机对接，已经成为思想政治教育沟通客体应对环境变化的基本途径。

3. 思想信息与沟通环境间的互动变化

我们讲高校思想政治教育的时代性特征时，除了反映在教师和学生思想和心理变化之外，最突出地体现为思想政治教育内容的"与时俱进"，即保持与时代和社会大致同步的特征。正如马克思、恩格斯所说："发展着自己的物质生产和物质交往的人们，在改变自己的这个现实的同时也改变着自己的思维和思维的产物。"[①] 思想政治教育沟通的内容或思想信息必须不断调整内容和表现形式，以适应快速发展着的沟通环境。当然，思想政治教育的沟通环境相对于沟通实践过程来说，是沟通实践得以实现的现实"处境"，因而，必须借鉴唯物辩证法关于对立统一规律的理论和方法，从相互生成、相互制约、相互作用的动态变化中，来把握思想信息与沟通环境之间的关系，在与沟通环境的互动中，丰富和发展思想信息的内容和形式。

（四）沟通方式面临现实环境的多维挑战

马克思主义把人的本质界定为"一切社会关系的总和"，揭示了人与人之间建立在物质生产实践基础上的包括生产、消费、分配和交换等关系的实质。人际间一切关系发生的前提是人与人之间的沟通交流。因此，一切能够影响到个人或群体沟通能力或沟通效果的因素，都会直接或间接地影响到沟通方式，进而影响到沟通的效果。处于急剧变迁中的社会环境、日新月异中的新媒体已经成为挑战思想政治教育沟通方式和沟通效果的两个重要方面。

1. 社会环境演变带来的挑战

思想政治教育沟通方式是沟通主体之间达成良好沟通的基本手

---

① 《马克思恩格斯文集》第1卷，人民出版社2009年版，第525页。

段、具体方法，还包括了运用这些手段和方法的技能、技巧等。科学的沟通方法可以有效保证沟通过程顺畅有序，沟通效果达到预期目标。但是，如果没有掌握正确的沟通方法的话，就"只能心里有数了"。在以往的思想政治教育沟通实践中，由于思想政治教育学科自身的政治性和意识形态性，教师主体与学生主体在思想信息资源掌握上的不平等，这些事实在客观上使得"灌输式""注入式"等单向传递方式得到普遍选择和推广，教师与学生之间互动沟通与交流机制长期没有得到足够的重视，因此，思想政治教育沟通目标的实现，在一定程度上打了折扣。伴随我国社会主义现代化建设事业的飞速发展，人们的自主意识日益增强，这一变化不仅反映在经济领域，而且在思想政治教育工作中也得到显现，无论教师还是学生，他们的主体意识和主体自觉都随着整个社会发展而得以提升。正如邓小平所说的那样，"时间不同了，条件不同了，对象不同了，因此解决问题的方法也不同"[①]。新的社会环境对教师和学生都提出了新的要求，对教师和学生的主体地位和作用赋予了新的内涵，进而对改革和创新思想政治教育沟通方式方法也提出了新的要求。思想政治教育社会环境的新变化，一方面要求确立学生的主体地位，提出教师与学生平等交流的新观点，在双方互动沟通的过程中，实现思想信息的有效沟通，真正实现教学相长的目的；另一方面要求强化学生的主体作用，提出教师主导、学生自主的教育教学新理念，突出学生主体的自我学习、自我实现的重要性，实现"要学生学"到"学生主动学"的转变。同时，新的时代背景下，思想政治教育工作与经济社会发展之间的互动性增强，"象牙塔"式的比喻已经不复存在，因此，从思想政治教育沟通实践的内容、方法、途径到评价等环节上，充分体现出生活化教育的特点和规律。"没有生活做中心的教育是死教育。没有生活做中心的学校是死学校。没有生活做中心的书本是死书本。"[②] 正因如此，当

---

① 《邓小平文选》第 2 卷，人民出版社 1994 年版，第 119 页。
② 陶行知：《陶行知全集》第 2 卷，四川教育出版社 2005 年版，第 650 页。

下的思想政治教育沟通工作必须积极应对社会发展带来的新变化和新进展，不断拉近两者之间的距离，让思想政治教育工作更加生活化，生活更加理性化。

2. 网络媒体发展带来的挑战

进入 21 世纪以来，互联网、自媒体技术和平台日新月异的开发应用，在相当大程度上变革着整个社会特别是高校学生的生活态度和学习方式。正处于青年时期的大学生对于这一充满变数、便捷快速，集生活、学习、娱乐于一体的新型媒体，表现出了极大的兴趣和热情。尤其是随着大屏幕智能手机在高校的普及，那些无时无刻不在盯着手机的学生，被赋予一个共同的称谓——"低头一族"，且备受批评。一时之间，"如何创新思想政治教育沟通渠道和方式方法""如何让学生成为'抬头一族'""如何让学生在课堂上放下手机认真听讲"等问题，拷问着传统思想政治教育沟通的方法和效果。"新媒体的开放性特征，使各种非主流声音，各种政治的、社会的谣言甚至危害国家安全的信息从网上到网下到处流传，给大学生群体造成十分消极的影响。"[1] 高校思想政治教育工作必须直面由之带来的现实挑战，研究网络时代下思想政治教育沟通的新特点、新渠道和新方式，在网络与思想信息沟通过程之间探寻优势互补之路。事实上，新媒体条件下，信息的自由传播、信息的自由创造、信息的迅捷传递、信息的即时反馈等特点和优势，对于思想政治教育沟通实践来说，不仅仅是挑战，更是创新思想政治教育沟通方式的重要机遇。

（五）沟通效果面临现实环境的多维挑战

思想政治教育的沟通效果是在教师与学生之间、教与学之间的平等对话中达成的，表现为教学相长——教师通过沟通对思想信息会有更加深刻、更加全面的理解，学生通过沟通掌握更多的思想信息知识

---

[1] 王虹、刘智：《新媒体时代高校思想政治教育创新研究》，中国社会科学出版社 2012 年版，第 55 页。

和方法,激发自己更多的思考和增进自我的成长。但从思想政治教育工作的目标和任务的角度看,思想政治教育沟通效果主要体现在学生主体的发展和成长上。具体来说,这一效果通过学生主体对由教师传递来的思想信息的接收、内化和外化效果表现出来。

1. 对思想信息接收效果的挑战

思想政治教育沟通的实际过程,是一个由思想信息的发布者、接收者、思想信息以及由其他有形无形物质构成的沟通环境等要素构成的复杂开放系统,其复杂性主要通过"动""静"两个维度呈现出来。所谓"动",就是指沟通系统的时间维度或纵向维度,是指思想政治教育沟通是一个由前到后,由不完善到逐步完善,由效果不佳到逐步改善的动态过程,在这个整体过程中,前面环节的完成质量直接影响着后面环节的实现效果。所谓"静",就是指沟通系统的结构维度或横向维度,是指思想政治教育沟通是一个由诸多要素,通过一定方式构成的统一整体,要素与要素之间、要素与系统整体之间具有千丝万缕的联系,具有"牵一发而动全身"的特点。因此,在思想政治教育沟通的一个具体过程中,信息接受者能在多大程度上接收思想信息,受到诸多主观或客观因素的影响,尤其是沟通环境方面的影响,也正因为如此,才有了"孟母三迁"的故事。沟通环境是否能够激发思想信息接收者的兴趣和认同,直接影响到接收的效果。

2. 对思想信息内化效果的挑战

思想政治教育沟通不能止步于思想信息的接收,否则就会落入"知识容器"的范畴。接收信息只是思想政治教育沟通实践的第一步,为思想信息的内化创造条件。"思想政治教育接受主体通过参与传导者所设置的情境而产生喜、怒、哀、乐等情感体验,达成对接受客体的深刻理解和领悟,并将活动中产生的认识和经验等内化,使之成为自己人格的一部分。"[1] 作为沟通主体的学生既不是白板,任由

---

① 李颖:《基于哲学解释学视角的思想政治教育接受研究》,浙江大学出版社 2013 年版,第 71 页。

教师描画，也不是一个电脑硬盘，任由教师存储。在他们参与思想政治教育沟通实践活动之前，已经接受了十余年的生活锻炼、学校教育和社会熏染，不仅掌握了正式学校教育的科学文化知识，而且还掌握了大量非正式的、体验式的、零散式的知识和经验，所有的知识经验、价值观念和思维方式等，构成了学生主体的"内部模型"——"主体能够预知某些事情。要理解预知，先要理解本身就极为复杂的一种机制——内部模型。"① 对于信息接受主体来说，当他面对来自他之外数量巨大、种类繁多的信息时，首先要做的就是"选择"，其次要做的就是"吸收转化"。在接受主体选择、吸收转化的过程中，发挥主要作用的就是霍兰说的"内部模型"。例如有人想买一辆汽车，根据其以往的知识、经验，以及自己的经济条件、用途等前提，在他离开家去往汽车市场之前，他已经形成了想要购买那辆汽车的"预期"——价格十万元左右、红色、国产、两厢、轿车等。当他走进汽车市场之后，面对各种品牌、外观、颜色、价位、功能等信息的刺激，内部模型首先进行信息的筛选，摒弃掉大量无关信息；然后内部模型根据市场收集到的真实信息，按照"刺激—反应"规则进行调整，经过多次的调整之后，内部模型在原来的基础上有了新的变化，这种变化表现在接受主体的外在行为上，就是主体的学习和成长。对于思想政治教育沟通中的内化过程与此类似，学生经过思想信息的选择、接收、内化后，新的信息与原来的内部模型融合为一体，形成新的内部模型，表现为学生主体的学习和成长。由此可见，沟通环境对于思想信息内化发挥重要的影响和作用。

3. 对思想信息外化效果的挑战

从社会成员的个体发展角度看，每一位学生借助思想政治教育不断提高自身素养，适应社会发展，促使自己成为一个理想中的人；从社会成员的社会发展角度看，每一位学生都在与社会发展的互动中，

---

① ［美］约翰·霍兰：《隐秩序：适应性造就复杂性》，周晓牧、韩晖译，上海科技教育出版社 2011 年版，第 31 页。

把握社会发展的未来需求，力争在现实实践生活中做到顺势而为。一个人是否具备了这一要求，最终通过他的言谈举止、衣着外表、做事风格等外在行为表现出来。因此，思想政治教育沟通过程通过信息的接收、内化阶段之后，还需要进一步将学习和内化的内容通过自己的言语行为表现出来，才能真正实现思想政治教育沟通的目的。然而，在以往的思想政治教育工作中，由于我们对教育教学目标认识上存在误区，过于偏重思想信息的传递、接收过程，认为学生只要掌握了思想知识就等同于思想素质提高了、德性言行养成了。"对思想政治教育接受目的的忽视，常会导致思想政治教育目的与接受目的无法实现有效的对接，进而影响思想政治教育效果。"① "归根结底，这个理论的根本毛病出在二元的划分；换言之，不该把行为和能力与教学素材分离。"② 对于思想政治教育沟通活动的学生主体来说，无论是来自社会大环境的思想信息刺激还是来自思想政治教育沟通小生境的思想信息刺激，都需要在"刺激—反应"规则下，与学生主体的内部模型进行相互作用，即"内化"；内部模型在学习和成长之后，又以一种新的认识和思考问题的方式"外化"，表现为学生认识、分析和解决问题的创新和提高。然而"外化"环节缺失，新的内部模型得不到充分的"锻炼"和完善，其稳定性难以持久，经过一段时间后，就会恢复到原来的样子。因此，学生的行为和能力，不仅不能与教学素材相分离，也不能脱离社会实践活动的过程。

整合上述几个方面的论述和分析，沟通环境对于思想政治教育实践来说，无论从实践过程的整体层面还是要素、环节等局部层面，都产生着这样或那样的影响。沟通环境自身或快或慢地变化，都通过各种途径、各种方式渗透到思想政治教育沟通实践中来，无论它是否得到重视和关注。正因如此，作为思想政治教育工作的管理者、组织

---

① 李颖：《基于哲学解释学视角的思想政治教育接受研究》，浙江大学出版社 2013 年版，第 78 页。

② ［美］约翰·杜威：《民主与教育》，薛绚译，译林出版社 2012 年版，第 59 页。

者、实施者、参与者，都应该持一种更加开放、更加多元的态度来正视沟通环境及其作用，把环境挑战看作是改进工作、促进沟通的重要机遇和积极因素。同时，我们还应当认识到，沟通环境与思想政治教育沟通实践之间的互动性、互促性。作为具体实施思想政治教育沟通活动的教育者，应当积极选择、建构有利于提升沟通效果的环境，充分发挥环境育人的效能。

四　微视角下思想政治教育沟通环境的优化策略

思想政治教育沟通环境是沟通实践系统的重要因素之一，与沟通主体、客体、方法、评介等环节具有各种各样的联系和互动。它不仅影响着沟通主体的思想和言行，而且影响着沟通内容的建构、沟通方法的选择以及沟通评价的方式等。新媒体时代的到来，进一步丰富了思想政治教育沟通环境的内容，从物质环境、文化环境进一步延伸到网络环境。网络环境的形成和作用，为创新思想政治教育沟通方式、改进沟通方法，不断提高沟通效果开辟了全新的领域和路径。

（一）优化思想政治教育沟通环境的基本遵循

思想政治教育沟通环境作为教育教学实践的重要构成，不仅与其他构成要素之间存在着密切的联系，而且有其自身存在和发展的规律。因此，为了更好地开展思想政治教育工作，不断提高思想信息沟通的效率和效果，我们必须在遵循思想政治教育发展和青年大学生思想成长的客观规律、尊重人际沟通的基本规律的基础上，不断优化思想政治教育的沟通环境。

1. 遵循实事求是的原则

无论自然界还是人类社会，都是物质世界的一部分，都必须遵循物质统一性原理，需要按照物质世界运动发展的一般规律，回归现实社会生活本质，分析和解决各种理论和现实问题。正如马克思所说：

"法的关系正像国家的形式一样,既不能从它们本身来理解,也不能从所谓人类精神的一般发展来理解,相反,它们根源于物质的生活关系。"① 因此,从经济社会发展的大形势出发,从教师和学生现实生活的具体情况出发,基于社会个体认识和改造客观世界动机和目的,可以帮助人们获取正确的认识并进一步转化为指导人们实践的思想路线和思想方法。思想政治教育实践系统的构成和演化,只是整个人类社会运动发展的一个组成部分,其发展变化同样遵循人类社会发展的一般规律。思想政治教育沟通环境又是这一系统的子系统,同样遵循客观世界发展的一般规律。因此,思想政治教育管理者、沟通实践的组织实施者,在构建或优化思想政治教育沟通环境时,理应遵循实事求是,一切从实际出发的基本原则,这是我们开展一切工作,包括建构或优化思想政治教育沟通环境在内,都必须坚持的第一原则。同时,也只有当我们坚持了这一原则时,建构起来的沟通环境才能与沟通实践的其它要素密切配合,才能真正、有效地发挥沟通环境在沟通实践活动中的最大作用。反之,如果我们在工作中违背了实事求是的原则,就会犯这样或那样的错误,容易陷入教条主义的歧途。

2. 遵循教育教学目标的原则

思想政治教育的沟通过程是人类社会的一项特殊实践活动。它除了必须遵循真理原则——按照事物发展的客观规律办事外,还应当遵循价值原则,即人们"按照自己的尺度和需要去认识世界和改造世界"。其中,价值原则具体表现为人的活动的目的性。基于马克思主义关于社会实践的基本观点,思想政治教育沟通实践也需要在遵循思想政治教育一般规律的前提下,按照具体目标来组织、开展思想政治教育实践活动,当然包括沟通环境的建构和优化。第一,沟通环境的建构和优化,必须以服务思想政治教育根本任务为前提,维护社会主义意识形态安全、坚定正确政治方向,确保沟通环境的时代性和先进

---

① 《马克思恩格斯文集》第 2 卷,人民出版社 2009 年版,第 591 页。

性，这也是高校完成人才培养任务的根本保证。新媒体时代高校思想政治教育工作，必须从现实生活与虚拟空间两个维度，构筑起维护思想政治教育正确导向的"防火墙"，尽可能地减少西方社会思潮、宗教等的干扰，帮助学生树立科学的世界观、人生观和价值观。把牢固树立"四个自信"、坚定"四个意识"、做到"两个维护"等内容融入沟通环境之中，确保其对沟通环境的引领作用。第二，沟通环境的建构和优化，必须经得起各种外来因素的侵扰，以免偏离思想政治教育的主旨和方向。随着我国改革开放的日益深入，国外各种腐朽的、消极的思想观念，各种腐化的、奢靡的生活方式汹涌而来。同时，国内传统文化中那些封建的、落后的文化也借着文化传承和创新的东风泛滥起来。国内外相互交织起来的种种挑战，使得思想政治教育工作局面越来越复杂。因此，沟通环境的建构和优化，必须为沟通实践活动构筑起一道"防火墙"，积极应对复杂多变的环境影响，从而确保思想政治教育沟通工作的正确方向。第三，沟通环境的建构和优化，必须以人才培养为导向。我们在建构和优化沟通环境时，还必须紧贴经济社会发展的现实，把服务地方和社会发展作为重要参考因素。"在我国，就必须结合时代背景，结合社会主义初级阶段的特点，尤其是人的发展的现状和要求做出定位。也就是说，必须以促进人的全面而自由发展为最高指导和最终的价值旨归确定更为具体的思想政治教育目的。"① 否则，我们的工作就会成为镜中花水中月，从而步入抽象化、空想化的境地。

3. 遵循创新发展的原则

"辩证法的规律是从自然界的历史和人类社会的历史中抽象出来的。"② 思想政治教育沟通实践是一个沟通主体间的互动交流活动，同样遵循唯物辩证法的基本规律，无论是沟通主体、沟通客体还是沟

---

① 曹清燕：《思想政治教育目的研究：基于马克思主义人学视角》，中国社会科学出版社 2011 年版，第 214 页。

② 《马克思恩格斯选集》第 3 卷，人民出版社 2012 年，第 901 页。

通环境，都处于不断变化和运动发展之中，尤其是具有主观意识和自主创新观念的主体。沟通主体在实施思想政治教育沟通实践活动时，能够根据教育目标对沟通环境进行创造性设计、布局和建构。教师和学生在建构和优化思想政治教育沟通环境时，"他们在参与思想政治教育过程中首先都要经历'意识活动过程'，把社会的政治思想道德规范转化为个人政治思想道德认识，纳入已有观念系统"①，因此，沟通环境本身就被赋予了沟通主体的思想，体现了沟通主体的主观意识和创新精神。创新思想政治教育的沟通环境，主要从两个维度进行拓展：一是物质世界是一个永恒发展过程统一体的维度。正因为世界处于持续运动过程之中，就要求教育者在创建沟通环境时，也必须"以动制动"，而不能"刻舟求剑"。二是沟通主体是人，人的思想也处于不断成长的过程之中。因此，沟通环境的构成只有与人的思想成长相适应，才能最大程度上发挥环境育人的功能。

4. 坚持主体参与的原则

沟通环境作为思想政治教育的有机构成，与沟通主体及其他构成要素之间既相互制约又相互支持，共同构成思想政治教育的复杂系统。"虽然这些复杂系统在细节上有所不同，但是，在发展变化中的协调性问题，对每个系统而言都是主要的不解之迷。"② 这里所说的"不解之迷"，约翰·霍兰给出了答案，就是造成系统复杂性的"迷"或原因，就是"适应性主体"和"主体的适应性"，即"适应性造就复杂性"。因此，只有紧扣沟通主体及其在思想政治教育沟通系统中的表现特点和作用，才能建构起一个最具"适应性"的沟通环境。坚持主体参与性原则，主要从以下方面着手：一是主体需要优先原

① 杨建义：《大学生思想政治教育路径研究》，博士学位论文，福建师范大学，2008年。

② ［美］约翰·H. 霍兰：《隐秩序：适应性造就复杂性》，周晓牧、韩晖译，上海科技教育出版社2011年版，第5页。

则。主体需要优先原则实际上是教育目标导向原则的具体体现。思想政治教育的主要目标，就是通过教育教学的方式，帮助学生主体获取一定社会发展所需要的思想政治素养和道德规范知识，帮助学生成为社会发展所需要的合格人才。因此，沟通环境的建构和优化，理应坚持主体优先。二是主体参与建构原则。沟通环境的建构本身也是一个社会实践的过程，只有让教师和学生亲身参与到沟通环境的建构过程之中，沟通环境才能真正体现出沟通主体的特点和需求，才能建构起沟通主体与沟通环境之间最为密切、最为适应的关系，最终达成两者之间的高度契合和有机统一。三是主体价值实现原则。沟通主体的参与，并不能真正保证教师和学生的全身心投入，因此，在建构沟通环境时，需要充分尊重教师和学生的主体地位和作用，把主体发展和自我实现的价值追求与沟通环境的营造统一起来，让他们获得充分的价值获得感。

5. 坚持整体协同的原则

当人类社会发展到 20 世纪时，尤其是自然科学在生物学领域内取得突飞猛进的发展，使得以往行之有效的、以分析方法为主的科学思维和科学方法难以奏效。奥地利生物学家贝塔朗菲指出，"我们被迫在一切知识领域内运用'整体'或'系统'概念来处理复杂性问题"[①]。毫无疑问，思想政治教育沟通实践是一个复杂系统，只有运用整体的而不是分析的思维和方法，才能获取关于思想政治教育实践活动全面、客观、准确地分析和判断。坚持整体协同原则，是确保教育目标实现的根本途径之一。思想政治教育目标的实现，系统的任何一个构成要素或环节都必须处于最合适的"位置"并发挥最合适的"作用"，紧密配合、相互协作，才能真正达成这一预期的结果。坚持整体协同原则，也是要构建全员育人合力环境的理论支撑。思想政治教育沟通环境是一个多因素构成的整体，从内容方面看，既有政治

---

① [奥]冯·贝塔朗菲：《一般系统论——基础发展和应用》，林康义等译，清华大学出版社 1987 年版，第 48 页。

的、经济的还有文化的因素；从性质上看，有发挥积极作用的因素也有消极作用的因素。只有不断强化各要素间的整体协同意识，才能真正实现沟通环境对思想政治教育沟通实践的最大支撑。

（二）优化思想政治教育沟通环境的生活空间

1. 赋予校园建筑人文关怀

家庭是人生的第一所学校，它对学生思想成长发挥着隐性教育的功能，帮助学生形成"什么是可以做的，什么是不可以做的""哪些行为会得到奖赏，哪些行为会受到批评"的基本判断进入学校以后，尤其是高等教育阶段，学生已经具备了相对成熟的价值评价方法和准则，会主动地在复杂社会生活中做出"有利于自己"的选择——至少他们自己认为是。高校思想政治教育工作正是通过显性教育的途径，帮助学生巩固并强化正确的方面，纠正或剔除错误的方面。学校存在的社会意义和价值，主要在于培养学生各种专业能力、养成各种良好思维习惯。校园是一个教书育人的综合体，其最直观的呈现就是物质性的建筑、道路、树木、花草等。同时，校园又是学生生活学习的主要场所，校园中的一花一草、一楼一路，都会成为学校开展思想政治教育工作的重要载体。苏霍姆林斯基曾说过："一所好的学校连墙壁也能说话。"当然，这里的"说话"并不是真的开口讲话或装上喇叭，而是能够承载和传播一定的文化信息。因此，校园在建设的过程中，更多地关注学生生活和成长，不断增强校园硬件设施的人文情怀，为开展思想政治教育沟通活动创设良好环境。处于良好环境中的教师和学生，受到校园硬件设施人文情怀的长期浸润，不仅可以提高师生们的审美情趣、文化涵养，而且可以增进师生对学校、对主流价值观的认同。因此，高校校园的设计和布局，必须围绕着学生生活、学习的现实需要，充分体现思想政治教育工作的基本导向，从而建构起具有稳定、持久思想政治教育功能的沟通环境。

2. 增强校园文化价值引领

相比于校园硬件设施的人文关怀，校园软件设施的价值引领对于高校思想政治教育工作来说，具有更大的意义和价值。校园文化是一个由多元文化相互交织、相互渗透、相互影响的文化场域，通过隐性渗透的方式，影响着思想政治教育沟通的主体观念、客体构成和方法选择，进而对沟通效果产生积极或消极的影响。反之，生活在特定文化场域中的教师和学生，他们对于文化的选择、建构和认同等行为，也会反过来影响校园文化的营造和发展。"这一'文化场'具有'黏合剂'功能，其所蕴涵的关系质态和文化内涵能够促使社会成员与思想政治教育进行积极'耦合'，使思想政治教育活动呈现为形成性的、可理解的、反思性的互动过程。"[①] 因此，我们需要有目的有意识地强化校园文化的育人功能，具体来说，可以通过以下方面着手：一是持续强化政治意识形态的核心影响。习近平说："古今中外，每个国家都是按照自己的政治要求来培养人的，世界一流大学都是在服务自己国家发展中成长起来的。我国社会主义教育就是要培养社会主义建设者和接班人。"[②] 因此，高校校园文化建设过程中，必须重点突出社会主义意识形态的教育和引导，把树立共产主义远大理想、实现中华民族伟大复兴等内容纳入到校园文化中来，引导学生从党和国家的辉煌历史中去发现建设中国特色社会主义道路的客观必然性，从中国特色社会主义现代化建设的伟大实践中，接受并认同中国共产党的领导核心作用，坚定"四个自信"，坚持"两个维护"。二是持续强化经济社会发展的现实诉求。培养全面而自由发展的社会人才，除了拥有正确的政治方向、坚定的政治立场外，还要掌握应对经济社会发展复杂局面和解决各种现实矛盾的知识和能力。三是持续强化思想政治教育的主体需要。校园文化与思想政治教育沟通主体之间的契合

---

① 张立平：《思想政治教育文化环境建设的原则向度及趋势探析》，《理论月刊》2018年第 2 期。

② 习近平：《在北京大学师生座谈会上的讲话》，《人民日报》2018 年 5 月 3 日。

与共鸣,是不断增强两者之间互动交流、互促作用的核心和关键。因此,建设优秀校园文化,最大程度上增强学生主体对校园文化的接受、内化,是帮助他们提高思想政治素养的有效途径。

3. 发挥网络媒介正面效用

"校园网络的文化特征与大学生思想形成发展规律要求具有相符性,它为教育主客体之间在互联网上实现有效互动提供了可能。"① 青年大学生是校园网络用户的主体,对于网络平台的运用、网络信息的获取、网络交际的参与,不断强化着他们与网络生活之间的"相符性"。然而,网络媒介是一个开放的信息交流平台,各种网络信息内容良莠不齐,各种网络传播手段千差万别。因此,建立健全高校校园网络思想政治教育平台,开辟教师与学生相互沟通的网络阵地,加强网络信息的监督与管理,增强学生信息辨识能力,成为高校发挥网络媒介正面效用的可行途径。一是借助现代网络媒体,搭建思想政治教育沟通的网络平台。高校思想政治教育在面对新媒体挑战的同时,还需要主动把握现代网络媒体的本质和规律,运用新媒体在信息传播上的综合优势,构筑高校思想政治教育的新媒体平台——"集文字、图像、声音、视频于一体的'多媒体'"②,这既是大势所趋,也是实现思想信息沟通的必然选择。二是加强网络信息的监督与管理。对于开放式网络信息平台,如何强化思想信息的监督与管理,防止错误思潮和宗教势力对青年大学生的误导,为学生提供一个纯净、健康、向上的网络环境。三是不断增强学生的网络信息辨识能力。为了持续强化网络媒介的正面作用,需要我们加强学生网络运用方式的引导和教育,提升学生的媒介素养和辨识能力,逐步增强学生利用网络媒介提升自我修养的自觉。

---

① 张瑜等:《高校网络思想政治教育发展与创新研究》,人民出版社 2014 年版,第198—199 页。

② 王虹、刘智:《新媒体时代高校思想政治教育创新研究》,中国社会科学出版社2012 年版,第 7 页。

（三）优化思想政治教育沟通环境的主体担当

1. 履行各级政府的社会职能

思想政治教育目标的实现，除了依靠校园内或课堂上进行的教育教学活动之外，还有一个非常重要的方面，就是整个社会大环境的优化。从理论上讲，环境会改变人，人也在改造环境，但对于思想政治教育的社会大环境来说，环境对于人的作用远远大于人对于环境的影响。维系思想政治教育沟通活动的社会大环境的营造，需要各级政府的主动参与。社会环境对思想政治教育沟通实践能否最大限度地产生积极的、正面的作用，取决于政府组织的态度和治理水平。在这一点上，就像一个人与社会制度的关系。社会制度"既是通过自身的事实性/史实性的强大压力，也是通过通常与它们自身相连的最重要的控制机制，对他拥有强制性的权力"①。当已经接受了正面的思想政治教育的学生走出校园，进入社会的时候，迎面遇到的也是一个既存的社会环境——或积极的或消极的，他尝试运用在学校内习得的理论和方法去认识、分析和理解他遇到的一切问题。一旦他学到的知识有效地解决了他的问题时，就会受到相应的激励；一旦他学到的知识与现实之间大相径庭时，就会产生质疑和负面情绪。因此，确立各级政府在思想政治教育环境构建中的主体地位，发挥其主体作用，努力营造良好地教育沟通环境，不仅必要而且必需。从另一个角度说，这也是政府组织的职责所在，是分内的事。发挥政府组织的主体作用，可从以下方面切入：一是持续加强党风廉政建设工作，营造一个风清气正、廉洁高效、健康有序的政治生态；二是充分发挥社会主义市场经济的资源配置作用，积极构建努力向上、开拓进取、公平正义的经济环境；三是推进中国特色社会主义文化建设，传承创新优秀传统文化，积极倡导以和善相处、团结友爱为主体的文化环境。

---

① ［美］彼得·伯格、托马斯·卢克曼：《现实的社会构建》，汪涌译，北京大学出版社 2009 年版，第 52 页。

2. 强化多元媒体的责任担当

对于思想政治教育沟通环境来说，除了由经济政治文化等构成的现实环境外，还有一个由多元媒体共同构成的媒介环境，而且，随着新媒体技术日益成熟和推广，媒体环境对思想政治教育沟通过程的影响越来越深刻，已经成为思想政治教育沟通过程中不可或缺的重要组成部分。因此，不断强化多元媒体的责任担当，对于建构和优化思想政治教育沟通环境来说，具有十分重要的意义。"形形色色的媒介——电台、电影、电视和包括像杂志、报纸和连环漫画册在内的印刷品——要么以视觉为主或以听觉为主，要么两者兼用，同时对方方面面的情绪、情感和观念等产生影响。"① 对于那些生活于多元媒体相互交织时代下的青年大学生来说，如何透过纷繁复杂、变化多端的媒体迷雾，找到理解现实生活的理性钥匙是极其重要的事。因此，强化媒体的责任担当和自我约束，不断营造思想政治教育沟通的良好环境，就显得尤为关键。一方面要不断彰显主流媒体的引领作用，积极占领信息传播的主要渠道。主流媒体要不断创新栏目形式，以适应青年人的思想和心理特点。同时，主流媒体还要重构媒体信息的内容，使之走出"高冷"误区而走进学生的生活、学习。比如中央电视台推出的《中国诗词大会》栏目，不仅形式新颖而且内容积极健康，吸引着包括青年大学生在内社会各界的普遍关注，发挥了思想政治教育的重要功能。另一方面要不断强化对非主流媒体的管控和约束，不断提高非主流媒体的社会责任感。通过有效地管控和约束，把非主流媒体引导到正确的发展方向上来，弘扬社会主流价值观，抵制各种腐朽文化的侵蚀，使之成为主流媒体的有益补充。总之，围绕着思想政治教育教学的基本目标，基于不断增强沟通效果的需要，构筑一个由多元媒体共同参与、相互补充的媒体共同体，积极发挥其综合育人效力。

---

① ［美］凯尔纳：《媒体文化：介于现代与后现代之间的文化研究、认同性与政治》，商务印书馆 2013 年版，第 10 页。

3. 发挥教师主体的主导作用

"现实的个人"只能是存在于具体现实的、改造客观世界的社会实践中的人，同样也是具有丰富情感、生活体验的人。高校不是"象牙塔"般地梦幻之地，生活在高校中的师生也不是飘流到"孤岛"上鲁滨孙。因此，发挥思想政治教育主体作用，必须回归到具体、现实的社会生活中来。"日常生活世界不仅是一个被社会中的普通人在其主观上觉得具有意义的行为中视为理所应当的现实，它也是一个缘自人们的思想和行动并一直被其视作是真实的世界。"① 思想政治教育沟通的环境亦是如此，也是一个缘自沟通主体的思想和行动并自觉发挥主观能动性、创造性的"真实的世界"。生活其中的那些把握沟通目标、沟通内容和选择沟通方式主动权的教师主体，围绕思想政治教育沟通目标的实现，针对不同的学生群体特点，选择或建构与之最契合的沟通环境，发挥着十分重要的主导作用。教师在沟通过程中的主导作用，首先体现在对学生主体的引导上。"在思想政治教育沟通过程中，教育者要大力引导受教育者进行自我教育，让受教育者变成自己教育自己的主体，通过自我设计、自我评价、自我激励、自我调控而达到自我完善。"② 其次体现在思想信息的建构上。思想政治教育内容丰富多样，但之前照本宣科、以不变应万变的教育理念倍受诟病，教师的主导作用也大打折扣。教师主导作用的一个方面，就是要围绕思想政治教育沟通主体的年龄层次、个性特点、生活经历、知识背景，来实现教材体系向教学体系的转化，赋予思想信息以主体特色，进而不断增强教师与学生对教育内容的认同。最后体现在沟通方式的变革上。沟通方式是连接不同沟通主体之间的桥梁，是实现思想信息在不同沟通主体之间传递的重要途径。通过在选择或变革具体的

---

① ［美］彼得·伯格、托马斯·卢克曼：《现实的社会构建》，汪涌译，北京大学出版社 2009 年版，第 18 页。

② 谷佳媚：《思想政治教育沟通的理论反思与建构》，人民出版社 2014 年版，第 124 页。

沟通方式时，不仅需要考虑思想信息的特点，而且还要考虑沟通主体的思想状况，以及沟通环境的布置等，教师在其中的主导作用得到充分发挥。

4. 提升学生主体的参与能力

在思想政治教育沟通活动中，学生不仅是接受教育的主体，而且是信息反馈的主体，他们在与教师的互动交流中，发挥着重要作用。相比于教师主体在思想政治教育沟通实践中的主导地位和重要作用，学生的主体作用主要体现在积极参与沟通实践。在学生主体参与思想政治教育沟通活动的过程中，发挥作用的性质、大小，主要取决于学生自身的思想品德素质。"在具体的现实的思想品德建构活动中，思想品德素质中的各种要素都要投入到活动中，综合表现为主体的整体个性、人格等，并对建构活动的过程发生功能性影响。"① 具体来说，教师主体在组织实施思想政治教育沟通活动时，应创造一切条件和机会，提升学生主体的有效参与。第一，把大众媒介引入思想政治教育过程之中，为学生通过网络学习提供便利条件。教师要"充分考虑当代青年在大众媒介环境下成长的客观事实以及他们对媒介的情感特征、认知方法的独特性等，构建多层次、多渠道的媒介教育体系，加强媒介特征和内容的教育，培养学生反思和批判媒介信息的能力"②。青年大学生思想活跃，动手能力、接受新生事物的能力都比较强，因此教师要充分考虑学生的这一特点，把"媒介"引入沟通过程中来，以增强学生参与的积极性。第二，确立"开放课堂"理念，不断强化沟通过程与社会环境之间的信息交互。所谓"开放课堂"，不是指把课堂置于一个开放、开阔的广场上进行，主要指思想信息沟通过程的开放，体现在沟通内容、沟通方式、沟通环境和信息反馈的开放。如在思想政治理论教学中，增加一个"我评时事"的小环节，让学

---

① 褚凤英：《思想政治教育活动研究》，人民出版社 2011 年版，第 108 页。
② 邵庆样：《媒介教育：信息社会创新思想政治教育的有效途径》，《学校党建与思想教育》2006 年第 2 期。

生成为热点新闻、重要事件的评论员，把学生关注的热点、难点问题引入到师生沟通的过程之中；再如组织学生辩论赛，增加一个选手选拔环节，在这个环节中，借鉴近年来在电视媒体上一档选秀栏目《中国好声音》的方式，调动学生的兴趣和参与积极性。第三，在沟通情境上，突出师生共建的理念。思想政治教育沟通活动的实施，需要一个特定的情境，如进行爱国主义教育，需要到烈士陵园或英雄纪念馆中来进行，通过沟通情境的创设和熏染，增强思想政治教育的感染力和渗透力。在这一过程中，应当充分调动学生的主观能动性和创造性，让他们成为沟通情境创设的主力军，把思想政治教育的沟通活动与创设情境的实践活动统一起来，在调动学生积极参与的过程中，不断优化沟通环境。

五 微视角下思想政治教育沟通环境的实践创新

新媒体是以微博、微信等为代表新型媒体的统称，以现代网络技术为支撑，以手机、平板电脑等自媒体为平台，在人与人之间搭建起一条全新的社交桥梁和全新的信息传播、共享渠道。新媒体的普及和广泛使用，对思想政治教育沟通工作产生了深刻影响。"新媒体以其独有的传播方式和特点，为新媒体时代高校思想政治教育开辟了新领域，丰富了高校思想政治教育的手段和方式。"[1] 从传统媒体时代到新媒体时代的最大变化，就是信息来源极大丰富、信息传播极其便捷、信息交互极其广泛。思想政治教育沟通的实质，是思想信息在沟通主体之间传递和交流。由于新媒体引发的新问题普遍具有"新媒体"的基本特征，故而深入探究"微问题""微课堂""微环节""微活动"等问题，成为新媒体时代下思想政治教育面临的新问题，化解新矛盾，不断改进沟通方式，提升沟通实效的现实举措。

---

① 季海菊：《新媒体时代高校思想政治教育的解构与重塑》，东南大学出版社 2014 年版，第 24 页。

（一）发现"微问题"以激发沟通热情

高校思想政治教育工作具有很强的现实针对性，它要求从理念、内容、方法和途径都必须充分反映时代发展的最新变化和进展。如果我们的思想政治教育工作脱离了实际，未能及时准确地反映经济社会发展的现实状况，就会极大地削弱思想政治教育在实践教学环节的效果，甚至起到反面作用。因此，借助新媒体平台，发现并收集学生普遍关注的热点难点社会问题，构筑起"问题导向"式思想政治教育理念、方法和实践模式，十分必要且意义重大。

一是围绕教学目标，引导学生发现问题。在思想政治教育教学中，教学目标是整个教育实践过程的价值导向，即达到什么目的。围绕教育教学目标的实现，教师主体需要紧扣新媒体时代下思想政治教育的新形势新变化，牢牢掌握思想政治教育活动发展方向的主导权，以确保实践活动不会偏离正确的大方向，不会陷入因小失大的误区。同时，教师主体需要不断提高自身管理新媒体的素质，从思想上紧跟新媒体的发展趋势，准确把握新媒体时代思想信息发布和传播的基本规律，熟悉思想信息获取的主要渠道和方式。在此基础上，教师主体还要学会尊重学生的主体地位，充分调动学生主体的参与积极性。由原来的教师提出问题、分析问题到解决问题的教育教学思路，转变为由教师引导、学生自主地从新媒体平台上发现问题，不断提高学生主体参与思想政治教育沟通的兴趣。把学生从"知识袋""知识容器"的被动预设，转变为一个可以自主选择、初步分析的主动者、合作者。

二是依托问题特点，创新思想沟通方式。改革开放以来，中国特色社会主义社会发展进入到一个快速发展、转型的新时期。中国仅仅用了40余年的时间，完成了从西方国家几百年完成的发展目标。社会环境的飞速变化，使得诸多社会矛盾和问题得到不及时解决，各种各样的信息充斥网络，各种信息鱼龙混杂、相互交织。再加上西方媒体有意识地向我国进行意识形态、价值观念的渗透，更加剧了这一复杂情形。对于青年大学生来说，如何从网络平台上铺天盖地的信息中，捕捉到恰当的、符合教育教学目标的信息，这个过程本身就是一个很好的学习、锻炼机会。同时，从信息内容分类来看，有经济领域的问题、政治领域的问题、文化领域的问题和社会领域的问题，如此等等，不同领域的问题又各有特点，不同类型的问题又需要采取不同的沟通交流方式。如有关中美贸易摩擦问题，最好的沟通方式是小组讨论；有关我国基础教育改革问题，最好的沟通方式是分组社会调查。因此，在教师的指导下，发挥学生的自主意识和作用，依托各类问题的自身特点，选择或创新思想沟通的有效方式和便利渠道，又构成了激发学生参与兴趣的重要环节。

三是分析问题关键，增强学生思维能力。从社会发展的现实中发现问题、分析问题并解决问题，是激发学生兴趣，提高学生参与思想政治教育沟通实践的重要举措。新媒体时代下的思想政治教育工作中，教师的角色和定位由前台的主讲者，变成了后台的主导者；学生的角色和定位由思想信息的被动接受者，变成了前台的参与者。从教师发现问题、分析问题再告诉学生解决问题的方法，转变成了学生发现问题、分析问题并尝试解决问题。当然，由于学生思想还处于成长过程之中，对问题的认识还不够深刻，对问题的选择还不够准确，因此，还需要教师在幕后辅助和指导。"在沟通活动中，沟通双方之间构成了平等的互主体关系。就是说为了达到彼此的认同、理解、互惠，从而使各自的功能综合起来，充分发挥教育者主体与受教育者主体双方的积极性。"① 在教师主体的指导下，学生可以围绕问题的核心和关键，把批判性思维运用到分析和解决问题的构思中，深度提出解决问题的最佳途径。

---

① 谷佳媚：《思想政治教育沟通的理论反思与建构》，人民出版社 2014 年版，第 221 页。

(二) 打造"微课堂"以创新沟通方式

课堂教学是高校实施思想政治教育的主要方式,通过课堂教学的实施,主要完成理论知识体系的教学任务。作为课堂教学的重要补充,社会实践教学则重点强化理论知识的实际运用,这两个环节之间相互支撑、相得益彰。新媒体时代下,思想信息碎片化多元传播的特点,为我们提供了创新思想政治教育沟通方式方法的借鉴和启示,着力打造"微课堂"。

一是"化整为零",凝练思想沟通关键点。为了解决传统思想政治教育课堂教学中存在的问题,结合当代大学生思想活跃,对事物缺乏持续关注的特点,教师应当调整课堂教学的基本思路,运用化整为零的方法,把一个本该占用 30 分钟的大问题,分解成 4—5 个小问题,且每个小问题都能构成一个完整的知识点。这样做的好处是显而易见的,一方面解决了学生不易持续关注教学内容的问题;另一方面,每完成一个知识点的教学任务,就像打仗时攻克了一个小山头,这种获得胜利的喜悦感、成就感,就会转变成学生继续学习的自觉动力和自我激励。"在大学生思想政治素质建构过程中,主体的经验、感受、接受能力,主体的各种交往活动,实践环境,都会对大学生思想政治素质的生成与建构产生深远的影响。"[①] 相反,在以往的教学中,有不少学生反应,一节课听下来,心神疲惫,头脑发困,学生缺乏学习动力,教师也失去教学乐趣,课堂教学成了完成任务的过程而不是师生互动、心情愉悦的过程。因此,采取"化整为零"的方法,把课堂教学内容的关键点以"点"的形式呈现出来,根据每一个"点"的性质和特点,采取不同的教学方法,教师与学生在每一种教学方法中,根据需要分别扮演不同的角色——或主讲或参与或体验。"微课堂"理念的实施和教学方法的创新,必将为思想政治教育的有

① 闵永新:《大学生思想政治教育整体有效性问题研究》,中国社会科学出版社 2012 年版,第 200 页。

效沟通开辟一条全新途径。

二是"点面贯通",紧扣思想沟通基准线。沿着新媒体"碎片化"信息便于传播的思路,采取思想信息的"点"状沟通与传播,能够与青年大学生的心理和思想成长规律更好地契合,从而实现沟通效果的较大提升。但是,如果我们仅仅做到了这一点,不免会误入另一条"歧途",即思想信息沟通内容的零散化、不系统,难以真实反映思想政治教育理论的全貌。在"微课堂"上,教师扮演的角色和功能定位日渐退隐幕后,学生扮演的角色和功能定位日渐居于台前。为了避免这一问题的出现,教师需要在做好"化整为零"的基础上,还必须做好"穿针引线""点面贯通"工作,紧扣思想信息沟通的基准线,把各个关键知识点之间的相互关系联结起来,维护思想政治教育内容的整体性和系统性,一句话,就是要不断增强思想政治教育内容的科学化、综合化。"思想政治教育课程内容和结构的综合化主要表现为内容和结构的一体化、系统化,实现综合化的基本途径是课程的内容和结构各自整合、消除各自所包含要素和对象的差异性、增强其共性和相互包容性。"[①] 对于教师这一沟通主体来说,沟通内容的更新和优化是显性的,而各个知识点之间的结构和关联是隐性的。教师应当基于教学目标的整体性、理论自身的逻辑性和学生思想成长的规律性,在不同知识点之间、在知识点与课堂整体之间,建立起或明或暗的线索,避免课堂教学内容的零散化,增强课堂教学内容的系统性。

(三) 设计"微环节"以提高课堂参与

思想政治教育的课堂教学不是一个预设的、静态的可完全管控的过程,而是一个基于师生"教""学"相长的,以沟通内容为客体对象的动态生成过程。因此,在课堂教学中,教师讲、学生听的传统方

---

① 宇文利:《现代思想政治教育课程论》,北京大学出版社 2012 年版,第 177 页。

式不能真实反映出教学过程的真相，因而直接影响到教学效果的实现。事实上，处于同一课堂教学特定情境中的教师主体和学生主体，都是具有自主意识和能力的社会个体，他们处于同一沟通环境之中，面对同一沟通客体，参与同一沟通环节和过程。在新媒体时代下，思想信息的沟通主体处于独立、平等的状态，沟通环节更加复杂多样，沟通效果更加快捷明显。因此，新媒体时代下，借鉴"微"媒体信息传递的特点和规律，构建沟通主体之间的民主平等、互动交流、和谐对话式的主体关系，理顺课堂教学的每一个环节，有利于师生思想政治素质的共同提升。

一是精心设计"微环节"，努力做到细致入微。苏霍姆林斯基在给教师的建议中说到，"思想与信念的本性是，人总是相信和看重通过自己的劳动、自己的深思熟虑所获得的东西。如果想使学生的知识转变为强烈的共产主义信念，就要像防火一样避免死记硬背、死啃书本，避免不假思考地'生吞'现成的大道理"①。教师在设计思想政治理论课课堂教学环节时，不能把它仅仅看作是课堂教学实施的阶段，而是负载着思想信息和教育功能的载体，因此，教师必须要全面构思、精心设计，充分考虑学生的参与度和学生学习的自主性。通常情况下，思想政治理论课课堂教学应该包括五个环节——预备、探究、交流、实践及拓展，各个环节依次进行。其中，"预备环节"教师要提前根据教学目的和教学内容，预设课堂教学中需要着重探究的问题，并把这些问题交给学生；学生通过个人或分组形式，根据教师预设的问题进行自主预习，并把预习过程中发现的问题记录，准备带入课堂中进行讨论和交流。"探究环节"是以问题为导向、师生共同参与的互动式教学环节。学生按照提前分好的小组，在教师指导下对教学问题开展深入研讨并形成初步的观点和小组结论。"交流环节"是以小组的形式进行互动交流，各个小组派一名代表阐述自己的观点

---

① ［苏］B. A. 苏霍姆林斯基：《给教师的建议》，周蕖、王义高等译，长江文艺出版社2014年版，第264页。

并对其他小组的观点进行分析、提出质疑。通过互动交流，让学生自己批判性的反思自己小组在探究过程中取得的成绩和不足的同时，借鉴学习其他小组好的做法和观点，达到学生共同提高的目的。"实践环节"是对学生理论学习效果的检验，对学生应用能力的锻炼和提高过程。同时，通过实践环节，可以增强学生的个体体验，帮助学生获取一种只可意会不可言传的知识，即波兰尼所谓的"默会知识"①，默会知识与系统化的显性知识相互补充，构成了学生整个知识的体系。"拓展环节"既包括理论知识的拓展学习和深入探究，也包括实践活动领域在深度和广度上的拓展。通过拓展环节，可以帮助学生开阔视野，创新思维，从而不断提升学生分析和应对思想政治教育中出现的新情况新问题。

二是整体布局"微环节"，努力做到环环相扣。思想政治教育的根本目的在于消除学生思想观念与社会意识形态之间的矛盾和冲突，这两者之间，在个体成长、发展的目标上达成了统一。"对于思想政治教育来说，它不是使用权力的价值分配、法律、制度、行政等强制性手段，而是采用教育的方式，即通过价值引导，以促进个人形成与社会意识形态具有同质性的思想品德来进行调节。"② 思想政治教育不是一个既存事物的统一体，而是一个由五个环节相继展开的动态过程。在实施思想政治理论课堂教学活动时，教师除了精心设计思想政治教育沟通的每一个环节，使其成为一个具有相对独立性的教育功能载体外，还需要教师立足课堂教学的整体要求，遵循"连贯""持续""统一"的思路，让每一个环节都能发挥承上启下，贯穿始终的作用，简单地说，就是要从课堂教学的整体着手，让每一个教学环节丝丝入扣、紧密关联，从而提高各个环节在育人目标上的一致性，充分发挥他们的育人合力。

---

① Polanyi, *The study of man*, London: Rouiledge & Kegan Paul, 1975.
② 褚凤英:《思想政治教育活动研究》，人民出版社 2011 年版，第 187 页。

（四）开展"微活动"以增强沟通体验

作为社会个体的青年大学生，其思想成长和政治素质的养成，都是一个需要自己深度参与、深切体会的过程。社会实践环节对于思想政治理论课教学来说，其意义远远大于课堂所学理论知识的"检验"和"运用"，比之更为重要的是学生的亲身体验、感悟和反思。新媒体技术平台的广泛应用，为创新思想政治理论课实践教学提供了全新思路。线下通过开展"微活动"、线上开展虚拟实践的形式，不断丰富课堂实践教学的形式和内容，增强学生参与思想信息沟通的真切体验。

一是线下"微活动"充实课堂实践教学。既然实践教学环节对于思想政治教育沟通来说，具有十分重要的意义和价值，教师就需要重新定位实践教学在整个课堂教学中的地位和作用，把它从服务于理论讲授的从属地位，提高到与理论讲授同等重要的位置上来。只有从思想上予以高度重视，才能真正地把实践教学环节做真做实。像传统社会实践那样，把学生带到校园之外，走进实践教学基地的做法，由于各种主客观条件的局限而难以实现，但是教师可以通过在课堂上创设情境，模拟现实生活的真实场景和事物发展的具体情节，再达到实践教学的目的。"创设沟通情境是思想政治教育沟通过程的一个重要环节。改善沟通情境，营造一个和谐沟通交流的小环境，尤其是情感与文化环境，能够潜移默化人的德性生成。"① 如在课堂上开展模拟法庭的"微活动"，让学生在教室内就能身临其境般地感受和体会法律尊严，从而增进学生对法律的认知和敬畏感。再如开展"剧情再现"的电影模拟活动，让学生扮演电影中的角色，亲身体会民族英雄的崇高气节和爱国情操，可以有效增强民族凝聚力。

二是线上"微平台"开创思想沟通新领域。新媒体技术和平台的

---

① 谷佳媚：《思想政治教育沟通的理论反思与建构》，人民出版社 2014 年版，第 246 页。

广泛应用，为开展思想政治教育沟通的网络平台——微平台创造了技术条件。现代社会生活的每一个领域都充满了新媒体的影子，它就像空气一样，与现实世界中的一切事物进行无缝链接，紧密结合。假如我们像外科手术似的，将网络技术的因素从物质世界中剥离，任何事物的发展就会失去生机和活力。基于新媒体技术与现实生活之间的"亲密"关系，要对学生实施有效地思想政治教育，就只能把思想政治教育工作与新媒体平台搭建统一起来。"在新媒体时代，高校思想政治教育者与大学生运用现代化的新媒体技术进行交流和沟通，实现了由局限于课堂进行固定时间和固定空间的思想政治教育向不受时空限制的自由思想政治教育转化，推进了大学生思想政治教育科学化的进程。"[①] 新媒体时代高校思想政治教育沟通"微平台"的建立与运行，应从以下几个方面着手：第一，开发思想政治教育专题微信公众号平台，通过定期推送专题文章、视频、图片等方式，加强社会主义核心价值观教育，强化"四个意识""四个自信""两个维护"等文件精神的引领作用。同时，为了避免纯粹理论宣传过于枯燥单一的问题，可以加大如"感动中国"人物、历史人物，以及重大历史事件的宣传教育，增强学生学习的兴趣。第二，开发手机 APP 沟通软件，在教师与学生、学生与学生之间建立起一个多元、互动无障碍的信息沟通平台，以消除现实生活中不同沟通主体之间在时间、空间上的错位和交叉，不断提高主体之间相互沟通的频率和效果。第三，开发自媒体教育教学业务平台，在思想政治理论课教学的所有环节上，都实现线上线下的无缝对接，从而打破教室空间的壁垒，让现实、有形的思想政治教育工作变得无时不在、无处不有，真正实现全方位、立体式的思想政治教育。

---

① 季海菊：《新媒体时代高校思想政治教育的解构与重塑》，东南大学出版社 2014 年版，第 27 页。

第六章 "微"视角下思想政治教育沟通机制的实践维度

思想政治理论课堂教学是高校开展思想政治教育工作的主渠道、主阵地，是实现教师主体与学生主体思想信息沟通的主要方式。在"微"视角下，沟通主体与沟通主体之间、沟通主体与沟通客体之间、沟通主体与沟通媒介之间、沟通过程与沟通环境之间以一种不同于以往的联结形式紧密地结合在一起，构成了一个由多种要素、多种关系形成的，具有动态生成性质的复杂系统。这种对新媒体时代思想政治教育沟通机制的新认识，如何融入具体的、现实的思想政治教育工作，成为变革思想政治教育方式，创新思想政治教育路径，提升思想政治教育效果的"一把钥匙"，需要我们结合当前高校思想政治教育工作实际，把新的沟通理论和方法转化为可以用来指导高校思想政治教育工作的操作程式和具体方法。本章就是基于上述考虑，以《马克思主义基本原理概论》课中的个别章节为案例，进行创新性实践尝试。

一 微视角下思想政治理论课课堂教学的设计思路

（一）课堂教学设计的基本理念

微视角下思想政治教育课堂教学环节的设计，必须充分凸显思想政治教育沟通主体的主体地位，充分发挥教师和学生的主体作用。在思想政治理论课课堂教学过程中，教师由原来的管控角色转变为组织者、引导者的角色，学生由原来接受者转变为主动者、参与者。同时，教师在设计课堂教学环节时，还应当重点突出问题导向和现实导向，引导学生从被动地接受教育向主动地自我教育逐步转变，增强学生自我教育的主动意识和实践能力。

1. 突出问题导向

微视角下思想政治教育沟通能够顺利进行的基本前提，就是问题导向。围绕师生共同感兴趣的问题，沿着问题发现、问题分析、问题论证和问题解决等环节逐步推进，把教师和学生紧紧地联结在一起，置于一个共同的"问题域"内，各抒己见、求证论辩，使之成为参与双方或多方相互认同的桥梁。突出问题导向，提高学生的问题意识，也是对传统课堂教学中教师"独白式""一言堂"等教学方式的反思。只要找对了问题、抓住了学生的注意力，吸引了学生的兴趣，一个高效率的思想政治教育沟通过程就会随之展开。

2. 强化角色转换

在传统思想政治理论课课堂教学中，毫无疑问，教师是课堂教学活动的管控者，从教学目标的预设到教学内容的选择、教学方法的应用和教学过程的管理等环节，都处于教师的严密监控之下，学生在与教师的互动交流中，往往处于不平等的位置上，只能被动地接受那些由教师单方面为自己选择的内容。随着新媒体时代的到来，不同社会个体在思想沟通或互动交流过程中，借助网络平台，真正达到了地位平等。因此，微媒体视角下思想政治理论课堂教学设计上，必须把教师和学生置于同等地位上，确保他们之间平等互动的交流。同时，在具体实施教学活动时，教师应当由管控者转向主导者或引导者，学生应当由被动接受者转向主动参与者，成为教学活动的主体。教师与学生角色的转换，能够在最大程度上激发学生参与思想信息沟通的积极性、主动性，为提高沟通效果创造条件。

3. 增进互动交流

高校思想政治教育不是二人转里的"单出头""二人转",而是一个全体学生共同接受教育、共同提高思想政治觉悟、共同养成良好德性行为的实践过程。因此,在开展课堂教学活动时,应当充分发挥学生学习的"群团效应",创新互动交流的形式和环境,不断增进个体之间、小组与小组之间的互动交流。比如,对同一问题的认识,双方存在着分歧和论争,只有通过双方之间的有效互动交流,才能逐步达成共识,共同取得学习上的进步。因此,教育者必须重视师生间的沟通,把增进互动交流作为创新思想政治理论课教学的重要理念。

4. 优化沟通情境

任何社会实践活动,都与周围环境之间存在着千丝万缕地联系。人们以自己有意识有目的的实践活动改造着周边环境,环境也在与人之间的对象性关系中改变着人自身。思想政治理论课教学实践不是一个抽象的活动过程,因此,不能像对待物理学中的"理想实验"那样,人为地切断教学活动与教学环境之间的客观联系,必须围绕教学目标的实现,基于教师和学生的素质水平,不断创设和优化课堂教学中主体沟通的情境,使之与教育教学实践高度契合,从而最大限度地提高沟通环境对课堂教学的"参与度",不断增强学生的"真情实感"。

5. 回归价值引领

高校思想政治教育的价值指向非常明确,就是为了培养学生坚定的理想信念、正确的政治立场和科学的世界观、人生观和价值观;就是为了培养经济社会发展迫切需要的全面发展的人才;就是为了培养具有法治观念和道德规范并自觉履行社会责任的社会成员。因此,高校思想政治教育工作必须回归价值引领,用习近平新时代中国特色社会主义思想引领高校思想政治教育工作的全过程、全领域,以社会主义核心价值观为主线索贯穿思想政治教育教学实践活动的始终。

（二）课堂教学设计的基本环节

1. 课堂教学的基本环节

从课堂教学的延续性上来看，一堂完善的思想政治理论课，主要包括五个环节：一是预备环节。预备环节是指在课堂教学开始之前所做的准备工作，当然，这里所说的不是指教师而是指学生的准备工作。教师在预备环节借助新媒体平台，与学生之间进行充分沟通和酝酿，围绕课程教学目标、教学内容来找问题。学生要对找到的问题进行初步分析和思考，带着问题和答案进入课堂。二是探究环节。这一环节以小组活动方式进行。教师根据人人参与、方便讨论的原则，把学生分成若干小组。每个小组围绕学生发现的问题展开深入分析和讨论，初步形成一致意见。三是交流环节。每一个小组派一名代表，向全班同学阐述本组成员对问题的分析思路、立论依据，以及形成的答案和观点等。同时，听取其他同学对本组的意见和建议。四是实践环节。通过探究和交流环节之后，教师要对学生讨论的过程和结果给出自己的评价，引导学生把课程所要学习的基本理论与所讨论问题结合起来。同时，开展情景模拟式课堂实践教学，让学生在课堂内获得只有在现实生活中才能够体验到的感觉和经验，从而激发学生自己的情感和感悟。五是拓展环节。拓展环节往往放在课堂教学结束之后进行，包括理论拓展和实践拓展两个方面。其中，理论拓展主要是拓展阅读，增进学生对所学知识理解的深度和广度；实践拓展主要是拓展学生应用所学知识的素质，提高他们解决现实问题的能力和水平。

2. 课堂教学环节间的关系预设

从上述分析可见，思想政治理论课课堂教学的五个环节，事实上，预备环节在课前进行，拓展环节在课后进行，只有探究、交流和实践环节在课堂上依次展开。如此的课堂教学设计能够得以顺利实施，离不开新媒体网络技术平台的支持，每一个教学环节任务的完成，都需要学生在网络上汲取大量的思想信息。同时，在思想政治理论课课堂教学的具体实践过程中，各个环节之间并不是相互孤立的关系，它们之间在时间前后相继，在逻辑上层层深入，在形式上体现为理论学习与实践体验的相互交织，在方法上遵循学生思想成长和思想政治教育一般规律。当然，最重要的一点就是，所有教学环节的实现，都是基于新媒体平台的支撑。具体如下图所示。

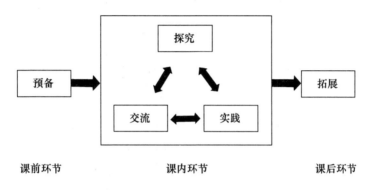

图6-1 思想政治理论课堂教学各环节关系示意图

（三）课堂教学设计的目标评价

1. 价值导向

创新高校思想政治教育教学方式，最终目的都是为了增进师生之间思想信息的沟通效果，为了帮助学生树立正确的世界观、人生观和价值观，为了提高学生分析和解决现实问题的能力。因此，价值导向式目标评价理应成为评价新媒体时代思想政治理论课课堂教学设计优劣的首要指标。价值导向下的课堂教学设计，必须紧紧围绕课堂教学目标价值实现来展开，即围绕着学生思想政治素质提高、道德规范行为养成来组织并实施。

2. 开放导向

新媒体时代与传统时代下思想政治理论课课堂教学的重要区别，在于观念上的差异和不同。传统时代下，对于课堂教学活动来说，教师是设计者、组织者、实施者和管理者，他们遵循一套严格的管理程式，随时准备接受来自学校管理部门的检查和监督。因此，课堂教学是一个封闭式的实践活动，任何外来干扰都被当成"居心不良的入侵者"予以坚决摒弃。但是，新媒体时代下，网络以一种势破如竹的方式，成为高校思想政治理论课课堂教学实践过程的重要因素，教师必须给予正面认识和积极应对。以开放的心态、开放的话题来引导学生参与讨论并自主学习，成为高校思想政治教育教学改革的必然趋势。

3. 效率导向

在传统思想政治理论课课堂教学上，教师与学生之间存在着课前沟通缺失、课堂沟通不畅、课后沟通流于形式的现实，思想信息在不同沟通主体间传播的效率极其低下，极大地影响了思想政治教育教学的实际效果。效率导向是指思想信息在教师与学生之间沟通传递的效率，它最大程度地反映了新媒体技术在信息传播上的优势。教师充分挖掘和运用新媒体技术平台优势，在教师与学生之间、学生与学生之间构筑起一条"信息高速公路"，把思想信息传播的即时性、便捷性在课堂教学中呈现出来。让新媒体技术优势尽可能地发挥出来，这是新媒体时代下创新思想政治教育沟通方式的重要举措，也是评价课堂教学环节设计的重要参考。

二 微视角下思想政治理论课课堂教学的创新设计

以高校《马克思主义基本原理概论》这门课程为例，运用微视角下思想政治理论课课堂教学设计新理念、新方法，以"对立统一规律是事物发展的根本规律"为样本，进一步阐述课堂教学设计的理论和实践。对立统一规律又叫矛盾规律，是唯物辩证法的实质和核心，是与形而上学根本对立的方法论原则。对立统一规律的教学内容主要包括"矛盾的同一性和斗争性及其在事物发展中的作用""矛盾的普遍性和特殊性及其辩证关系"等。

（一）预设课堂教学目标

本节课教学目标很明确，旨在增强学生辩证思维意识，提高学生辩证思维能力。围绕思想政治理论课课堂教学的总体目标，分设下列三个层次的具体目标。

（1）知识性目标。借助课堂理论教学的实践过程，通过教师与学生之间的积极互动和沟通，帮助学生掌握对立统一规律的基本概念、核心内容和运用原则。

（2）能力性目标。通过课堂实践教学环节，在帮助学生准确把握对立统一规律基本内容的基础上，初步建立起运用对立统一规律分析问题和解决问题的思维模式，逐步提高学生应对复杂现实矛盾问题的能力。

（3）价值性目标。通过课堂教学环节的实施，帮助学生掌握矛盾普遍性与特殊性相统一的基本原理，引导学生正确认识马克思主义这一普遍原理与中国特色社会主义理论体系的关系，正确认识中国特色社会主义与世界社会主义道路选择的关系，正确认识社会主义初级阶段理论，帮助学生树立中国特色社会主义的理论自信、道路自信、制度自信和文化自信。

（二）设计课堂教学环节

1. 预备环节的设计

预备环节是课堂教学活动的前期准备阶段。在这一阶段中，教师与学生各自要完成自己的准备工作。教师的准备工作除了课堂教学必需的设备设施外，还需要做好如下几个方面的准备工作：一是对学生预备环节的任务预设。就本节课来说，学生在预备环节中，通过"逻辑矛盾"与"辩证矛盾"的关系辨析，帮助学生初步形成辩证矛盾观的基本印象，并让学生列举生活中存在的矛盾现象；以习近平总书记在党的十九大报告中关于我国社会主义初级阶段主要矛盾的论述，即"中国特色社会主义进入新时代,我国社会主要矛盾已经转化为人民日益增长的美好生活需要和不平衡不充分的发展之间的矛盾"为引子,引导学生通过查阅历史文献资料,梳理新中国成立以来我国社会主要矛盾及其变化原因。二是教师借助微信公众号平台,向学生推介相关文献资料,包括图书、文章、图片、视频等。三是教师运用微信或QQ等即时通信工具,与学生进行问题沟通,给学生以必要的指导。通过预备环节的各项准备工作,在教师与学生之间初步形成一个"问题导向"式的知识域,以增强课堂教学中师生互动沟通的契合与认同。

2. 探究环节的设计

(1) 组织形式。教师按照授课班级人数规模、授课教室及桌椅布置等客观情况,以及本节课教学内容和教学目标的具体情况把学生分组。本节课在实践环节,主要通过个人讲述和视频教学的方式进行,因此每个小组人数可在10人左右。

(2) 教学方式。探究环节的教学方式重在"教师指导"与"学生自学"相结合。教师在这一环节中的角色定位是引导者,学生是学习的主体,学生与学生之间就预备阶段准备的问题和观点,在小组内部展开讨论和交流。如就"什么是矛盾的同一性""什么是矛盾的斗争性"等核心问题各抒己见。通过深入探究,让小组内每一位学生都能正确理解和准确把握"矛盾""矛盾的同一性""矛盾的斗争性""矛盾的普遍性""矛盾的特殊性"等概念,并能够列举出现实生活中的案例来。例如:发生在学生与学生之间的矛盾,像打架、争辩、说服等;学生面临的两难选择问题,像考研还是就业、专业课与思想政治理论课等;学生面临的社会矛盾问题,像城市与农村、政府与民众、发展经济与环境保护等。运用理论联系实际的方法,贯穿于学生探究的具体过程之中,引导学生来关注社会现实发展,并为分析和解决其中存在的矛盾和问题提出自己的观点和看法。

3. 交流环节的设计

交流环节是对探究环节的进一步深入。经过小组探究环节之后，每个小组都对课堂教学基本内容形成了自己的观点。但由于每个小组的关注点不同，因而，得到的观点也不尽相同。如有的小组关注"矛盾的同一性"，沿着这个思路去发现问题并分析问题。有的小组则关注"矛盾的斗争性"，就是更加关注现实社会中的冲突、碰撞。有的小组更加关注"矛盾的特殊性"，从每一个人的个性特点、每一个事物与其他事物相区别的角度来发表看法。总之一句话，通过交流环节的教学过程，既能够通过其他小组同学的质疑、论辩来改进自己的观点，还可以在不同小组之间，形成互通有无、互相补充，让理论在辩论中越加清晰，让问题在沟通中加以解决。同时，通过交流环节的实施，帮助每一位学生，对"对立统一规律"知识的掌握更加全面，对规律及其应用更加娴熟。

4. 实践环节的设计

本节课的实践环节主要围绕新中国成立以来，我国社会基本矛盾及其变化规律来设计。具体来说，包括两种形式或两个阶段。

（1）讲述个人经历。在这一个阶段，每一个小组分别推荐一名来自农村的同学和一名来自城市的同学，让他们在课堂上，具体描述一下各自人生成长环境和变化。通过学生自己现身说法，既能够反映出我国农村和城市发展的巨大变化，又容易激起生活于同时代大学生们的共鸣，能够发挥较好地沟通效果。

（2）视频展示。教师把课前准备好的视频片断在课堂上播放，内容包括新中国成立之初，主要反映1949—1956年社会主义改造时期，我国社会主要矛盾和应对措施；改革开放之前，即1957—1978年，我国社会经济、政治和文化发展的基本样态；党的十九大之前，即1978—2018年，我国从改革开放到进入新时代，这一时期人们思想观念和社会总体发展上取得的历史性成就，重点突出人民群众生活状况发生的翻天覆地变化。通过上述几个发展阶段的对比，让学生充分感受到中国特色社会主义建设取得的巨大成就。

（3）教师总结。教师根据教学目标的基本要求、学生的整体表现，对本节课堂教学活动进行梳理和总结。通过教师总结，帮助学生在对教学内容的零星的、散乱的认识中，梳理出一条主线来，帮助学生从整体性、系统性上对"对立统一规律"形成完整的认识。通过教师总结，还可以帮助学生对课堂上呈现出来的各种现实问题进行更加科学、更加准确、更加清晰的剖析，达到提高学生分析、判断和解决现实问题能力的目的。

5. 拓展环节的设计

对立统一规律既是关于自然界、人类社会等领域客观辩证法的实质和核心，也是关于人的思维领域主观辩证法的实质和核心。因此，本节课堂教学的拓展环节放在课后进行，主要包括两个层面：一是理论层面的拓展。主要强化学生对微信公众号上推介的文献、资料的精读。通过再读经典文献，深化对课堂所学理论知识的理解，起到固本强基的作用。如对毛泽东《矛盾论》的再阅读，着眼点不再只是了解矛盾以及矛盾的特点，而是通过中国共产党带领中国人民夺取新民主主义革命伟大胜利的历史进程的学习，具体、现实地领会矛盾的特点、矛盾的普遍性与矛盾的特殊性、矛盾的主要方面与次要方面，在理论与实践的结合上把握对立统一规律的科学内涵。二是实践层面的拓展。学生借助新媒体技术平台，运用课堂所学理论知识，有意识有目的地分析网络生活和现实生活中出现的热点问题。如对大国关系感兴趣的同学，可以尝试去分析"中美贸易摩擦"事件；对大国军事感兴趣的同学，可以去分析叙利亚战争；对乡村振兴感兴趣的同学，可以去研究一下城乡协调发展问题。总之，在拓展环节，学生不必拘泥于课堂教学内容的局限，完全可以根据各自的喜好和特长，拓宽自己想要了解、感兴趣的任何内容。

就思想政治理论课课堂教学来说，经过预备环节、探究环节、交流环节、实践环节和拓展环节的依次展开，教学内容像一个主线贯穿于每一个环节当中，并在各个环节之间建立起承上启下的内在逻辑，确保教学内容的完整、系统。当然，由于新媒体技术平台在信息传播上的便捷性为教师和学生之间的沟通提供了十分方便技术支撑，因此，师生之间的思想沟通也伴随着课堂教学的每一个环节，随时随地地发生作用。教师通过这种如影随形般地"跟踪服务"，确保课堂教学在学生自主学习、自主研讨的过程中，始终坚持正确的政治方向，坚定的政治立场，始终保持在马克思主义理论和习近平新时代中国特色社会主义思想的指导下展开。

三 微视角下思想政治理论课课堂教学的案例示范

本部分在上述分析的基础上，以《对立统一规律是事物发展的根本规律》一节为例，授课以理科背景学院学生为对象，授课环境以常规教室为样本（具备多媒体教学的基本设施、可移动桌椅等）。按照微视角下思想政治教育沟通的基本逻辑，组织和编写一份完整的教学案例。

（一）预设教学目标

1. 知识性目标

准确把握对立统一规律或矛盾规律的内涵，辩证的分析矛盾同一性和矛盾斗争性的具体表现及各自在事物发展中的重要作用；准确把握矛盾普遍性和矛盾特殊性及其辩证统一的关系原理。

2. 能力性目标

能够正确运用矛盾同一性和斗争性原理、矛盾普遍和矛盾特殊性辩证关系原理来分析事物运动变化和发展的过程，熟悉运用矛盾分析方法特别是具体问题具体分析的方法，解决经济社会发展中的现实问题。

3. 价值性目标

能够正确分析和准确领会马克思主义普遍原理与中国特色社会主义理论之间的对立统一关系；能够从世界社会主义运动的普遍规律中，准确把握中国特色社会主义道路选择的客观性、必然性。

（二）教学体系构建

围绕上述教学目标，对教材相应部分进行分析，按照新的课堂教学理论和思想，重构教学内容，即完成从教材体系向教学体系的转化。

1. 教材内容分析

（1）教学内容的章节地位。对立统一规律是揭示物质世界运动发展规律的最根本的方法论原则，居于唯物辩证法的核心地位。

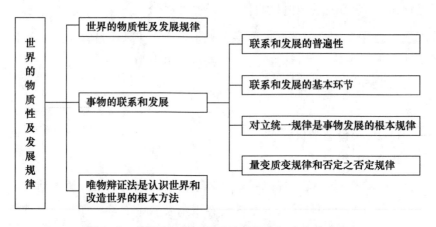

图 6-2　《世界的物质性及发展规律》内容构成图

从上图可见，对立统一规律位于教材第一章《世界的物质性及发展规律》第二节《事物的联系和发展》之中，它不仅是唯物辩证法的实质和核心，更是理解和解释物质世界普遍联系和永恒发展现象和规律的钥匙，还是理解和解释质量互变规律、否定之否定规律的关键。对立统一规律揭示了事物运动发展的动力源泉，质量互变规律重点描述了事物运动发展的形式和状态，否定之否定规律则阐述了事物运动发展的方向和道路。因此，我们说唯物辩证法是马克思主义哲学的核心构成，对立统一规律又是唯物辩证法的实质和核心，本节内容的重要性是不言而喻的。

（2）教材内容的逻辑构成。从教材安排来看，唯物辩证法的基本内容包括唯物辩证法的总的特征，即联系和发展的普遍性及基本环节，还包括了由对立统一、质量互变和否定之否定等三大规律，以及方法论等。三大规律上承联系和发展，下接方法论，既是理解物质世界普遍联系和永恒发展的根本方法，又是指导人们认识世界和改造世界的行动指南。

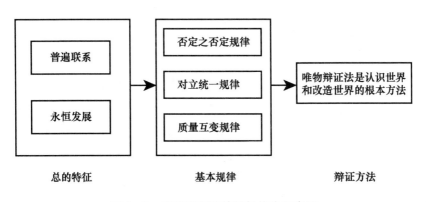

图 6 - 3　唯物辩证法的逻辑构成示意图

2. 教学内容建构

"教学体系是教师依据教学目的、学习对象、教学环境等因素的不同而构建的一套理论讲授表述体系。"[1] 因此，我们在建构《对立统一规律是事物发展的根本规律》这节课的教学内容体系时，除了与马克思主义理论学科体系保持一致外，还需要在遵循课程体系、教材体系的同时，重点突出课堂教学的目的、授课对象的情况以及实施课

① 李松林、李会先：《新时期高校思想政治理论课教学体系研究》，首都师范大学出版社 2014 年版，第 45 页。

堂教学的环境。基于培养学生辩证思维和能力的教学目标、理科专业背景、常规教学环境等因素，本节课教学主要包括如下内容。

（1）预备环节的内容。借助微信公众号，提前一周把下列内容推介给学生，供学生有选择的阅读。

一是经典著作方面，主要包括恩格斯《辩证法。量和质》（《马克思恩格斯文集 反杜林论》第 9 卷，人民出版社 2009 年版）；恩格斯《辩证法作为科学》（《马克思恩格斯文集 自然辩证法》第 9 卷，人民出版社 2009 年版）；列宁《谈谈辩证法问题》（《列宁专题文集 论辩证唯物主义和历史唯物主义》，人民出版社 2009 年版）；毛泽东《矛盾论》（《毛泽东选集》第 1 卷，人民出版社 1991 年版）；习近平《习近平在中共中央政治局第二十次集体学习时强调：坚持运用辩证唯物主义世界观方法论 提高解决我国改革发展基本问题本领》（《人民日报》2015 年 1 月 25 日）。

二是科学史方面，主要包括天文学史上哥白尼《日心说》战胜托勒密《地心说》的案例；光学发展史上"光的本质"中"微粒说"与"波动说"的论争；化学发展史上"燃烧本质"中"燃素说"与"氧化学说"的论争；地质学发展史上"灾变论"与"渐变论"的论争等。

三是近代以来，我国在新民主主义革命、社会主义改造、社会主义现代化建设、改革开放以来及当前社会发展中存在的基本矛盾和问题的相关文献资料。推荐电影《重庆谈判》《大决战》等。

（2）探究和交流环节的内容。本部分内容以厘清对立统一规律中涉及的基本概念和辩证关系为主，主要包括"什么是矛盾，辩证矛盾观与形而上学矛盾观的区别""矛盾的同一性和矛盾的斗争性及其辩证关系""矛盾的普遍性和矛盾的特殊性及其辩证关系"等内容。

（3）实践环节的内容。基于学生已经系统学习了《中国近现代史纲要》课程，对近代以来，尤其是国共第一次合作开始到新中国成立这段历史的了解，开展以《国共力量变化的动因》为主题的研讨。

（4）拓展环节的内容。本部分内容依据学生自己的兴趣和关注点来设置，教师重在引导学生学习和了解当今中国改革开放和中国特色社会主义现代化建设中面临的重大现实问题，如国家安全问题、民生问题、教育公平问题、创新创业问题等，教师不作具体指定或列举。

（三）实施教学过程

1. 课前预备环节的实施

设置预备环节的主要目的是为课堂教学环节奠定基础，在教学目标、教学内容、教师和学生之间建立一个思想信息库，为增进教师与学生之间的有效沟通提供知识背景和沟通基础。

实施《对立统一规律是事物发展的根本规律》这节课预备环节的主体是教师。这一阶段教师的主要工作包括三个相互关联的方面：一是制定目标，设置问题。包括"什么是矛盾""矛盾的同一性及其在事物发展中的作用""矛盾的斗争性及其在事物发展中的作用""运用矛盾分析方法分析自己感兴趣的历史或现实问题"。二是在微信公众号上建立网络课堂教学资源库，包括上文中列举的经典文献资料、科学史资料、近代以来我国历史发展的相关资料等。三是通过微信公众平台，对授课学生的思想政治素质、专业背景以及学生关注的社会热点问题等进行课前调研，为教师在备课中增加与学生需求的契合度奠定基础。

在预备环节，学生扮演十分重要的角色。每一位学生都要根据教师设定的预习目标和预设问题，有选择地在课堂教学资源库内选取一定的文献进行阅读、自主学习并深入反思。同时，就每位学生自己感兴趣的热点、难点问题，选取典型案例进行剖析。在课堂教学开始之前，每位学生都需要把自己未能解决的问题、对现实问题的思考等信息，在微信公众平台上提交。

2. 课堂教学环节的实施

（1）导入语。通过前面的学习，我们对于物质世界的存在状态有了初步的了解，唯物辩证法为我们展现了一幅普遍联系和永恒发展的生动图景。恩格斯说："要精确地描绘宇宙、宇宙的发展和人类的发展，以及这种发展在人们头脑中的反映，就只有用辩证的方法，只有不断地注意生成和消逝之间、前进的变化和后退的变化之间的普遍相互作用才能做到。"① 这段话转化成今天的语言就是"只有运用辩证分析方法，才能弄清楚宇宙发展、人类发展的过程"。今天我们要学习的对立统一规律，就是帮助我们理解物质世界生成与消逝、前进与后退现象的一把钥匙。接下来，我们暂时离开纷繁复杂、无限多样、精彩纷呈的客观世界，一起步入对立统一规律即矛盾规律的问题域内，共同探究其中蕴涵的精深和奥秘。

（2）探究环节的实施。教师根据班级规模把学生分成若干个小组，每个小组10左右（该小组可以在本学期初就分好），每个小组指定一位同学担任小组组长。教师根据教学内容为每个小组指定探究的核心问题，由各小组组长带领小组成员，进行深入探究和讨论，时间为10分钟。如：

A组重点讨论"辩证的矛盾观及其与形而上学矛盾观的区别"；

B组重点讨论"矛盾的同一性及其在事物发展中的作用，并辅以案例分析"；

C组重点讨论"矛盾的斗争性及其在事物发展中的作用，并辅以案例分析"；

D组重点讨论"矛盾同一性与矛盾斗争性的辩证关系，并辅以案例分析"；

E组重点讨论"矛盾普遍性及其表现，并辅以案例分析"；

F组重点讨论"矛盾特殊性及其表现，并辅以案例分析"；

G组重点讨论"……"

……

---

① 《马克思恩格斯文集》第9卷，人民出版社2009年版，第26页。

经过探究和讨论，每个小组就重点讨论的问题，达成共识，形成书面材料，为下一教学环节准备条件。

（3）互动交流环节的实施。结束小组探究后，教师组织全班同学进行互动交流。让每个小组选出一位学生代表，面对全班同学阐述本组讨论的基本观点、立论依据，接受并回答其他同学的质疑和提问。各个小组依次进行，时间控制在25分钟。

第一环节：各位陈述观点，时间共计20分钟。以A、B组为例，具体展示一下互动交流的过程。

A组代表陈述本组观点：

规律就是事物联系和发展过程中所固有的本质的、必然的、稳定的联系。对立统一规律又叫作矛盾规律，它揭示了事物普遍联系的根本内容和变化发展的内在动力。

举例：我们每一位同学从出生以后，都经历了一个由婴儿、幼儿、儿童、少年、青年、中年再到老年的人生过程。那么，推动这个过程的内在动力是什么呢？就是人体内每时每刻都在进行着的同化作用与异化作用的矛盾。当人们处于中年以前的年龄段时，身体内的同化作用往往大于异化作用，因而每天合成的有机物质就会多于因异化作用而分解掉的有机物质，从而使得身体不断、持续地长大。反之，中年以后，尤其是到了老年阶段，同化作用越来越弱，异化作用越来越强，身体内由同化作用合成的有机物越来越少，由异化作用消解掉的有机物却越来越多，导致身体日益衰老。因此，可以说，正是人体内同化作用与异化作用的对立与统一，决定着人体变化发展的基本趋势和方向。

形而上学认为万事万物、整个世界都是静止的、孤立的，事物发展的动力不是来自事物自身的矛盾变化，而是取决于外力的作用。在矛盾观上，就像寓言故事《自相矛盾》里所描述的那样，"以子之矛，戳子之盾，何如？"为了证明你的长矛是天底下最锋利的，你的盾是天底下最坚固的，不是从"矛"和"盾"的材料、工艺等方面去证明,而是以外部因素来证明。这就像生活中我们经常用于调侃的一句话,"说你行你就行,不行也行;说你不行就不行,行也不行"。这就是本组给同学们提供的基本观点,请大家不吝赐教。

某同学提问:如您所言,我今天穿了一件红色的衣服,同桌穿了一件蓝色的衣服,这两者之间是否构成了矛盾呢?

A组代表回答:当然是一对矛盾。对立统一规律认识,任何事物与事物、现象与现象之间,只要存在差别就存在矛盾,这是矛盾普遍性的具体表现。关于这个问题,等一会儿,请其他组的代表为您作进一步的解释。谢谢。

B组代表陈述本组观点:

所谓矛盾的同一性,是矛盾两种基本属性之一,即矛盾双方相互依存、相互贯通的性质和趋势。A组同学刚才在陈述中说过:"对立统一规律揭示了事物普遍联系的根本内容和永恒发展的内在动力。"我组同学认为,正是因为矛盾双方具有同一性,才为我们深入了解事物相互联系的根本内容,探索事物发展的动力机制,创造了条件。

首先,矛盾的同一性表现为矛盾双方相互依存、互为前提。对于任何事物来说,事物内部矛盾双方一旦失去了同一性,事物就会分崩离析、四分五裂,作为事物整体的矛盾共同体就会解体、消亡。如上与下、白与黑、好与坏等,当矛盾一方消失了,不存在了,那么另一方面也就失去了存在的依据,同样也会消失,就和我们经常说的"一个巴掌拍不响"是一个道理。其次,矛盾的同一性还表现为矛盾双方的相互贯通、相互转化。就如资本主义与社会主义之间的矛盾,两种社会形态之间,除了敌对、斗争之外,还存在着同一性,即两种社会形态、社会制度、社会发展模式之间的相互借鉴、相互学习。资本主义通过学习社会主义计划经济模式中宏观调控的优势和做法,来缓解资本主义经济发展中生产资料的私人占有与生产的社会化之间的矛盾;社会主义通过学习资本主义市场经济发展、先进企业管理以及科技创新等方面的经验,弥补本国经济发展中存在的缺陷和不足。最后，就矛盾同一性对于事物发展来说，矛盾双方的相互依存、相互贯通，甚至相互转化等趋势，对于事物来说，只表现在低一级层次之上，是我们认识事物发展过程的方法和途径。但是，对于事物整体来说，由于矛盾双方在相互贯通中，在彼此学习中都取得了进一步的发展，因而表现为事物整体的进步，即发展。借用 A 组同学关于人体成长的案例来说，正是由于同化作用与异化作用互为条件、相互贯通，同化作用的结果恰恰就是异化作用的前提，在同化作用中合成的有机物，正是异化作用分解的有机物；另一方面，异化作用所分解出来的二氧化碳、水等物质，进入新的循环周期后，再次成为同化作用的原材料。同化作用与异化作用的共同发展，使得人体不断成长、壮大，即发展。

举例：在光学发展史上，关于光的本质问题经历了"微粒说"与"波动说"之争。第一波论争。17 世纪，格里马第、波义耳、胡克等通过实验，提出了"光是以太的一种纵向波"的假说。随后，牛顿在其论文《关于光和色的新理论》中，以"不同颜色的微粒"来解释光的颜色理论，由此，关于光的本质问题的争端就进入了一个新的阶段。第二波论争。荷兰科学家惠更斯在仔细研究牛顿和格里马第的实验后，提出了光的本质是波的系统理论，与此同时，牛顿也在积极深化光是"物质微粒"的观点，把"微粒说"推广到整个自然界。随着惠更斯和胡克的相继去世，"波动说"的影响越来越小，而"微粒说"因牛顿在科学界的影响而越来越大，贯穿了整个 18 世纪。第三波论争。英国物理学院托马斯·杨通过光的干涉、衍射实验，重新提出了光是一种"纵向波"。拉普拉斯再一次用"微粒说"批驳了光的"波动说"。随后，杨氏提出了"横波"假设，再一次成功的解释了光的偏振现象，创立了全新的"波动说"。19 世纪末，物理学家麦克尔逊与化学家莫雷用"以太漂移"实验，证明了"以太是不存在的"，给波动说以釜底抽薪般地反击。随后，德国科学家赫兹发现光电效应，再一次证明了光的粒子特性。1921 年，爱因斯坦以"光的波粒二象性"揭开了光的本质的神秘面纱,结束了这场长达两个多世纪,涉及几代科学家的论争。

通过上述描述,我相信每一位同学都能够真切地感悟到矛盾同一性及其在事物发展中的作用。"微粒说"与"波动说"的支持者们,分别从各自的立场、各自的实验,不断地向对方的实验、观点发起挑战,每一方又都在应对挑战的过程中,不断地完善自己的实验和观点,最终把问题的探究推向深入并越来越接近"事实的真相",通过爱因斯坦的"波粒二象性"表达出来。正因为如此,爱因斯坦说,"自然界喜欢矛盾"。

本组观点陈述完毕,请大家批评指正。

接下来,C组、D组、E组、F组……,依次进行,教师注意掌握学生发言的时间和进度。

第二环节,教师做总结陈述,时间5分钟。当每个小组都依次陈述观点、回答问题之后,教师按照对立统一规律的内容组成和逻辑框架,对本节课堂教学内容作简要的总结陈述。

(4) 实践环节的实施

实践环节是通过情景模拟、影片观赏或主题研讨等方式,进一步增强学生对《对立统一规律》的认识和了解,并通过实践环节,进一步提高学生运用矛盾的同一性和矛盾的斗争性关系原理分析问题、解决问题的能力。本节课拟定以解放战争的《三大战役》为案例,开展主题研讨实践教学。时间设定为10分钟。

第一,在微信公众平台或课程网站上传《三大战役》的影视资料,供学生课前自主观看学习。

第二,教师引导下,由学生分析《三大战役》前、后国共两党军事力量的对比。解放战争初期,国共两党军事力量悬殊,国民党掌管的军队有420万人,其中还有一百多万美式装备军队和相当数量的海军、空军等。而同时期,共产党掌握的人民解放军只有90万人且装备以轻型武器为主,就算是普通的步枪,也不能保证人手一支。但是经过"辽沈战役""平津战役""淮海战役"三大战役,仅仅一年多的时候,双方力量就发生了逆转,速度之快超出了所有人的预料。

国共两党之间的相同点:①相同的建党背景:半殖民地半封建社会的旧中国时期,中国人民倍受欺凌,渴望国家独立与进步,在这样的渴求下一些进步团体纷纷成立,中国国民党和中国共产党也正是应革命需要相继成立。②相同的革命使命。都是为了中华民族的独立与进步。③相同的成员组成。两党的成立与发展都是一些进步的知识分子的推动。不同点:作为两个党派,他们有着不同的政治纲领,有着不同的指导思想,也有着不同的利益诉求,必然也有着相互对立的冲突与矛盾。

教师总结分析:通过大家分析可以看出,国民党与共产党在建立之初,就有着既对立又统一的相互联系。国民党与共产党正好构成了一对矛盾,两党各为矛盾的其中一个方面,由此可见,矛盾必须有两个方面构成,且这两个方面必须是即有对立性又有统一性的相互关系。事实上,不仅在建党之初,包括国共两党长期的斗争与合作过程在内,也充分地体现了矛盾的对立统一性。

第三,由教师主导分析国共两党在解放战争其间,双方在政治、经济和军事上的矛盾冲突,以《对立统一规律》为理论和方法,进一步揭示国共两党在军事力量上此消彼长,并最终实现颠覆式大逆转的原因。其间,重点强调两党的执政理念、阶级基础、民心向背等因素,帮助学生树立取得解放战争决定性胜利的关键原因是世界社会主义运动的大势所趋,是中国共产党的领导和人民群众的必然选择,也是中国近代以来基本国情的客观事实,突出思想政治理论课的价值引领作用。

纵观国共两党近代以来关系的演变历史,我们可以发现,国共两党好比中国近代社会的一对孪生子,他们之间的关系变化一直在影响着中国社会发展的历史进程。近代革命斗争的历史也表明,国共精诚合作、同仇敌忾之时,中国人民取得了近百年来第一次反帝斗争的胜利；国共对峙分裂时则严重影响国家独立统一、综合国力提升和国际地位的提高。当然，在这一过程中我们也应清醒地认识到，国民党才是挑起民族分裂、国家分裂的罪魁祸首。历史最终选择了中国共产党，是因为中国共产党能够将人民利益和国家利益置于自身利益之上，能够审时度势，以大局为重。以史为鉴，"兄弟同心，其利断金"，我们也相信未来国共关系及两岸关系也必将迎来一个更加美好的明天。以历史发展的客观进程来看，国共之间的两次合作都不是偶然的，必须具备一定的客观历史条件，如第一次合作是在大革命的历史背景下，第二次合作是中日矛盾上升为主要矛盾之后。合作也不是没有条件的，矛盾一方或双方必须做出一定的妥协和退让才能达成。

最后，教师对本节课教学内容进行梳理和概括，并为课后拓展学习做好部署。

3. 课后拓展环节的实施

课后拓展环节重在拓宽学生知识的领域，在课堂教学与社会实践之建立一个桥梁，有意识地帮助学生打开一个接触社会、了解社会的窗口。围绕《对立统一规律》的学习和应用，本环节主要围绕两个方面进行拓展。

（1）学生成长领域。我们经常讲"一屋不扫，何以扫天下"，前一句重在讲述学生当下的学习，后一句重在强调学生未来的理想和目标。现实与理想之间的相互支撑、相互联系、相互冲突的关系，促使学生不断地去思考、去学习，不断地通过努力去缩小两者之间的差距。因此，运用对立统一规律，结合学生自身学习生活实际，试分析如何实现自己理想和奋斗目标。

（2）社会发展领域。党的十一届六中全会基于人民群众的需要与社会发展的总体供给之间的矛盾，结合当时我国经济发展水平落后，归结出社会主要矛盾为"人民群众的物质文化需要同落后的社会生产之间的矛盾"，并以此为基础制定出"发展生产力"这一根本任务。十八大以来，人民群众不仅物质生活水平得到了极大的满足，而且文化生活也得到极大丰富，基于这一经济社会发展的客观现实，在党的十九大上，习近平总书记对我国社会主要矛盾已经发生转化的事实进行了理论概括，提出新时代我国社会主要矛盾是"人民日益增长的美好生活需要和不平衡不充分的发展之间的矛盾"。引导学生，结合我国改革开放以来中国特色社会主义现代化建设的最新进展，借鉴《对立统一规律》的理论和方法，尝试分析一下"党中央实施供给侧结构性改革的原因和策略"。

参考文献

一　文献资料

《邓小平文选》第1—3卷，人民出版社1994年版。

《改革开放三十年重要文献选编》，人民出版社2008年版。

《江泽民文选》第1—3卷，人民出版社2006年版。

《列宁选集》第1—4卷，人民出版社1995年版。

《马克思恩格斯文集》第1—10卷，人民出版社2009年版。

《马克思恩格斯选集》第1—4卷，人民出版社2012年版。

《毛泽东选集》第1—4卷，人民出版社1991年版。

《习近平治国理政》（第二卷），外文出版社2017年版。

《习近平总书记系列重要讲话读本》，学习出版社、人民出版社2016
  年版。

二　国内学者的著作

白显良：《思想政治教育的马克思主义理论基础研究》，人民出版社
  2014年版。

班华：《现代德育论》第二版，安徽人民出版社2006年版。

北京大学哲学系外国哲学史教研室编译：《西方哲学原著选读》，商

务印书馆 2005 年版。

曹清燕：《思想政治教育目的研究》，中国社会科学出版社 2011
　　年版。

陈力丹：《精神交往论：马克思恩格斯的传播观》，中国人民大学出
　　版社 2008 年版。

陈万柏、张耀灿：《思想政治教育学原理》，高等教育出版社 2015
　　年版。

陈小鸿：《论人的自由全面的发展》，人民出版社 2004 年版。

陈志勇：《新媒体时代的大学生思想政治教育》，中国文史出版社
　　2014 年版。

迟桂荣：《新媒体视野下当代大学生思想政治教育研究》，中国社会
　　科学出版社 2014 年版。

褚凤英：《思想政治教育活动研究》，人民出版社 2011 年版。

董雅华、徐蓉：《思想政治教育学科自觉与科学化研究》，复旦大学
　　出版社 2013 年版。

段建斌：《思想政治教育的本体维度》，社会科学文献出版社 2013
　　年版。

段建国、孟根龙：《构建大学和谐校园理论与实践》，社会科学文献
　　出版社 2006 年版。

方明：《缄默知识论》，安徽教育出版社 2004 年版。

方文、黄荣华：《网络环境下高校思想政治教育研究》，中国水利水
　　电出版社 2013 年版。

费宗惠、张荣华编：《费孝通论文化自觉》，内蒙古人民出版社 2009
　　年版。

风笑天：《社会研究方法》第四版，中国人民大学出版社 2013 年版。

冯刚：《探索思想政治教育发展的内生动力》，人民出版社 2017
　　年版。

傅敏、田慧生：《课堂教学叙事研究：理论与实践》，教育科学出版

社 2009 年版。

高秉江：《胡塞尔与西方主体主义哲学》，武汉大学出版社 2005
　　年版。

高伟：《回归智慧 回归生活》，教育科学出版社 2010 年版。

谷佳媚：《思想政治教育沟通的理论反思与建构》，人民出版社 2014
　　年版。

顾友仁：《中国传统文化与思想政治教育的创新》，安徽大学出版社
　　2011 年版。

郭纯平：《我国高校思想政治理论课实践教学研究》，世界图书出版
　　公司 2014 年版。

郭凤志、张澍军等：《思想政治理论课教学改革研究与实践》，沈阳
　　出版社 2013 年版。

郭湛：《主体性哲学》，云南人民出版社 2002 年版。

郝明君：《课程中的知识与权力》，重庆大学出版社 2009 年版。

贺祖斌等：《教师教育：从自为走向自觉》，广西师范大学出版社
　　2007 年版。

胡凯：《现代思想政治教育心理研究》，湖南人民出版社 2009 年版。

胡林英：《道德内化论》，社会科学文献出版社 2007 年版。

黄超：《高校网络思想政治教育研究》，世界图书出版社公司 2012
　　年版。

黄欣荣：《复杂性科学的方法论研究》，重庆大学出版社 2006 年版。

季海菊：《新媒体时代高校思想政治教育的解构与重塑》，东南大学
　　出版社 2014 年版。

蒋平：《哲学解释学视域中的高校思想政治教育对话转型》，人民出
　　版社 2015 年版。

金生鈜：《理解与教育》，教育科学出版社 1997 年版。

孔宪峰：《思想政治教育视野下儒家"和"文化研究》，中国书籍出
　　版社 2013 年版。

雷骥：《现代思想政治教育的人性基础研究》，人民出版社 2008
　　年版。

李才俊等：《网络视角下的思想政治教育方法新探》，西南交通大学
　　出版社 2014 年版。

李红革：《大学生思想政治教育思维模式研究》，中国文史出版社
　　2014 年版。

李松林、李会先：《新时期高校思想政治理论课教学体系研究》，首
　　都师范大学出版社 2014 年版。

李颖：《基于哲学解释学视角的思想政治教育接受研究》，浙江大学
　　出版社 2013 年版。

李友梅：《文化主体性与历史的主人》，上海人民出版社 2010 年版。

梁剑宏：《大数据时代思想政治教育环境新论》，光明日报出版社
　　2015 年版。

廖志诚：《思想政治教育创新动力论》，社会科学文献出版社 2012
　　年版。

刘合亮：《思想政治教育探本》，人民出版社 2007 年版。

刘宏达：《思想政治教育与大学生群体发展研究》，中国社会科学出
　　版社 2013 年版。

刘庆昌：《教育知识论》，山西教育出版社 2009 年版。

刘新庚：《现代思想政治教育方法论》，人民出版社 2008 年版。

刘韵清、周晓阳：《开放性教学论：高校思想政治理论课开放性教学
　　新模式研究》，巴蜀书社 2010 年版。

鲁品越：《深层生成论：自然科学的新哲学境界》，人民出版社 2011
　　年版。

陆小华：《新媒体观：信息化生存时代的思维方式》，清华大学出版
　　社 2008 年版。

陆有铨：《皮亚杰理论与道德教育》，北京大学出版社 2012 年版。

吕达等主编：《杜威教育文集》，人民教育出版社 2005 年版。

吕艳华：《思想政治教育公众参与研究》，中国文史出版社 2014 年版。

骆郁廷主编：《思想政治教育原理与方法》，高等教育出版社 2010 年版。

马俊峰：《马克思社会共同体理论研究》，中国社会科学出版社 2011 年版。

么加利：《走向复杂：教育视角的转换》，西南师范大学出版社 2002 年版。

闵永新：《大学生思想政治教育整体有效性问题研究》，中国社会科学出版社 2012 年版。

倪愫襄：《思想政治教育元问题研究》，中国社会科学出版社 2014 年版。

彭凯平，王伊兰：《跨文化沟通心理学》，北京师范大学出版社 2009 年版。

戚业国：《课堂管理与沟通》，北京师范大学出版社 2005 年版。

钱广荣：《思想政治教育学科建设论丛》，中国书籍出版社 2015 年版。

乔万敏、邢亮：《大学生思想政治教育质量提升模式研究》，人民出版社 2013 年版。

邱仁富：《思想政治教育话语论》，上海交通大学出版社 2013 年版。

盛跃明：《思想政治教育转型论：现代性的观点》，人民出版社 2015 年版。

司马云杰：《文化社会学》，华夏出版社 2011 年版。

宋元林：《网络思想政治教育》，人民出版社 2012 年版。

苏振芳：《当代国外思想政治教育比较》，社会科学文献出版社 2009 年版。

隋宁：《思想政治教育先在结构研究》，人民出版社 2015 年版。

孙立平：《社会现代化》，华夏出版社 1988 年版。

孙其昂：《思想政治教育学前沿研究》，人民出版社 2013 年版。

唐克军：《比较思想政治教育学》，华东师范大学出版社 2010 年版。

田保华：《教育即道德》，山东文艺出版社 2011 年版。

万光侠等：《马克思主义人学视域中的思想政治范式转换研究》，山东人民出版社 2014 年版。

万美容：《思想政治教育方法发展研究》，中国社会科学出版社 2008 年版。

王道俊、郭文安：《主体教育论》，人民教育出版社 2005 年版。

王德海：《传播与沟通教程》，中国农业大学出版社 2007 年版。

王虹、刘智：《新媒体时代高校思想政治教育创新研究》，中国社会科学出版社 2012 年版。

王嘉：《网络意见领袖研究：基于思想政治教育视域》，中国文史出版社 2014 年版。

王玲宁：《社会学视野下的媒介暴力效果研究》，学林出版社 2009 年版。

王荣发：德育的逻辑：思想政治教育有效性的逻辑进路研究》，华东理工大学出版社 2013 年版。

王天思：《微观认识论导论：一种描述论研究》，江西人民出版社 2003 年版。

王维荣：《跨文化教学沟通》，教育科学出版社 2013 年版。

王晓菲：《开放环境下的选择教育》，人民出版社 2014 年版。

王学俭、刘强：《新媒体与高校思想政治教育》，人民出版社 2012 年版。

王有炜等：《高校思想政治教育新模式"移动课堂"研究》，合肥工业大学出版社 2014 年版。

吴彤：《复杂性的科学哲学探究》，内蒙古人民出版社 2008 年版。

吴彤：《自组织方法论研究》，清华大学出版社 2001 年版。

吴亚林：《价值与教育》，北京师范大学出版社 2009 年版。

谢安邦：《师范教育论》，中国建材工业出版社1997年版。

熊建生：《思想政治教育内容结构论》，中国社会科学出版社2012年版。

徐锋：《新中国大学生思想政治教育研究》，人民出版社2013年版。

徐园媛等：《大学生思想政治教育心理接受机制构建》，西南交通大学出版社2013年版。

严文华：《跨文化沟通心理学》，上海社会科学院出版社2008年版。

杨春贵：《马克思主义与社会科学方法论》，高等教育出版社2012年版。

杨建义：《大学生理想信念教育路径研究》，社会科学文献出版社2009年版。

杨芷英：《思想政治教育心理学》，中国人民大学出版社2014年版。

于泉蛟：《思想政治教育接受结构研究》，人民出版社2015年版。

于伟：《现代性与教育》，北京师范大学出版社2006年版。

余清臣：《权力关系与师生交往》，北京师范大学出版社2009年版。

余文森、连榕等：《教师专业发展》，福建教育出版社2007年版。

宇文利：《现代思想政治教育课程论》，北京大学出版社2012年版。

张天宝：《主体性教育》，教育科学出版社2001年版。

张秀荣，韦磊：《高校思想政治教育研究热点问题》，北京师范大学出版社2010年版。

张耀灿、郑永廷等：《现代思想政治教育学》，人民出版社2006年版。

张瑜等：《高校网络思想政治教育发展与创新研究》，人民出版社2014年版。

赵惜群：《网络思想政治教育理论与实践研究》，湖南大学出版社2012年版。

郑晓云：《文化认同论》，中国社会科学出版社1992年版。

郑永廷：《人的现代化理论与实践》，人民出版社2006年版。

郑永廷：《思想政治教育方法论》，高等教育出版社 2010 年版。

郑永廷主编：《思想政治教育学原理》，高等教育出版社 2016 年版。

周围：《积极道德教育：积极心理学视域中的道德教育》，中国文史
　　出版社 2014 年版。

朱海松：《微博的碎片化传播：网络传播的蝴蝶效应与路径依赖》，
　　广东经济出版社 2013 年版。

朱旭东：《教师专业发展理论研究》，北京师范大学出版社 2011
　　年版。

三　国外学者的著作

［奥］恩斯特·马赫：《认识与谬误》，洪佩郁译，东方出版社 2005
　　年版。

［奥］冯·贝塔朗菲：《一般系统论》，林康义等译，清华大学出版社
　　1987 年版。

［奥］迈克尔·豪格、［英］多米尼克·阿布拉姆斯：《社会认同过
　　程》，高明华译，中国人民大学出版社 2010 年版。

［比］伊·普里高津：《确定性的终结》，湛敏译，上海科技教育出版
　　社 1998 年版。

［比］伊·普里戈金：《从存在到演化》，曾庆宏等译，上海科学技术
　　出版社 1986 年版。

［比］伊·普里戈金：《从混沌到有序》，曾庆宏等译，上海译文出版
　　社 1986 年版。

［德］O. F. 博尔诺夫：《教育人类学》，李其龙译，华东师范大学出
　　版社 1999 年版。

［德］斐迪南·滕尼斯：《共同体与社会：纯粹社会学的基本概念》，
　　林荣远译，北京大学出版社 2010 年版。

［德］胡塞尔：《欧洲科学的危机与超越论的现象学》，王炳文译，商

务印书馆2001年版。

［德］卡尔·雅斯贝斯：《时代的精神状况》，王德峰译，上海译文出版社2008年版。

［德］库尔特·勒温：《拓扑心理学原理》，高觉敷译，商务印书馆2003年版。

［德］威廉·狄尔泰：《精神科学引论》，艾彦译，译林出版社2014年版。

［德］雅斯贝尔斯基：《什么是教育》，邹进译，生活·读书·新知三联书店1991年版。

［法］E.迪尔凯姆：《社会学方法的准则》，狄玉明译，商务印书馆2011年版。

［法］埃德加·莫兰：《复杂思想：自觉的科学》，陈一壮译，北京大学出版社2001年版。

［法］埃德加·莫兰：《复杂性理论与教育问题》，陈一壮译，北京大学出版社2004年版。

［法］埃德加·莫兰：《复杂性思想导论》，陈一壮译，华东师范大学出版社2008年版。

［法］米歇尔·福柯：《规训与惩罚》，刘北成等译，生活·读书·新知三联书店2007年版。

［加］D.J.史密斯：《全球化与后现代教育学》，郭洋生译，教育科学出版社2000年版。

［捷］夸美纽斯：《大教学论》，任钟印译，人民教育出版社2006年版。

［美］A.麦金太尔：《德性之后》，龚群等译，中国社会科学出版社1995年版。

［美］L.科尔伯格：《道德发展心理学》，郭本禹等译，华东师范大学出版社2004年版。

［美］爱德华·伯内斯：《制造认同》，胡百精等译，中国传媒大学出

版社 2018 年版。

[美] 爱德华·希尔斯：《论传统》，傅铿、吕乐译，上海人民出版社
　　 2009 年版。

[美] 彼得·伯格、托马斯·卢克曼：《现实的社会构建》，汪涌译，
　　 北京大学出版社 2009 年版。

[美] 布鲁克·摩尔、理查德·帕克：《批判性思维》，朱素梅译，机
　　 械工业出版社 2014 年版。

[美] 道格拉斯·凯尔纳：《媒体文化》，丁宁译，商务印书馆 2013
　　 年版。

[美] 亨廷顿：《变化社会中的政治秩序》，王冠华、刘为译，生活·
　　 读书·新知三联书店 1992 年版。

[美] 吉尔伯特·罗兹曼：《中国的现代化》，国家社会科学基金“比
　　 较现代化”课题组译，江苏人民出版社 2003 年版。

[美] 凯文·瑞安，卡伦·博林：《在学校中培养品德：将德育引入
　　 生活的实践策略》，苏静译，教育科学出版社 2010 年版。

[美] 柯纳斯·詹姆斯：《内化》，王丽颖译，北京大学出版社 2007
　　 年版。

[美] 克利福德·格尔茨：《文化的解释》，韩莉译，译林出版社 2014
　　 年度。

[美] 罗纳德·阿德勒，拉塞尔·普罗科特：《沟通的艺术》，黄素菲
　　 译，世界图书出版公司 2010 年版。

[美] 马克·库坎南：《隐藏的逻辑》，李晰皆译，天津教育出版社
　　 2009 年版。

[美] 马斯洛：《动机与人格》，许金声等译，中国人民大学出版社
　　 2007 年版。

[美] 马斯洛：《自我实现的人》，许金声等译，生活·读书·新知三
　　 联书店 1987 年版。

[美] 迈克尔·托马塞洛：《人类沟通的起源》，蔡雅菁译，商务印书

馆 2012 年版。

［美］梅拉妮·米歇尔：《复杂》，唐璐译，湖南科学技术出版社 2011
年版。

［美］尼尔·布朗，斯图尔特·基利：《学会提问》，吴礼敬译，机械
工业出版社 2013 年版。

［美］萨托利：《民主新论》，冯克利、阎克文译，上海人民出版社
2008 年版。

［美］托马斯·库恩：《必要的张力》，纪树立等译，福建人民出版社
1981 年版。

［美］托马斯·库恩：《科学革命的结构》，金吾伦，胡新和译，北京
大学出版社 2003 年版。

［美］维塞尔：《普罗米修斯的束缚》，李昀、万益译，华东师范大学
出版社 2014 年版。

［美］小拉尔夫·弗·迈尔斯：《系统思想》，杨志信、葛明浩译，四
川人民出版社 1986 年版。

［美］小威廉姆·E·多尔：《后现代课程观》王红宇译，教育科学出
版社 2000 年版。

［美］约翰·杜威：《民主与教育》，薛绚译，译林出版社 2012 年版。

［美］约翰·霍兰：《隐秩序：适应性造就复杂性》，周晓牧、韩晖
译，上海科技教育出版社 2011 年版。

［美］约瑟夫·劳斯：《知识与权力》，盛晓明等译，北京大学出版社
2004 年版。

［瑞士］皮亚杰：《发生认识论原理》，王宪钿等译，商务印书馆 1996
年版。

［苏］尤·克·巴班斯基：《教学过程最优化》，张定璋等译，人民教
育出版社 2007 年版。

［英］阿·怀特海：《观念的冒险》，周邦宪译，译林出版社 2012
年版。

［英］阿·怀特海:《过程与实在》,杨富斌译,中国人民大学出版社 2013 年版。

［英］阿·怀特海:《教育的目的》,徐汝舟译,生活·读书·新知三联书店 2002 年版。

［英］安东尼·肯尼:《牛津西方哲学史》,韩东晖译,中国人民大学出版社 2006 年版。

［英］保罗·霍普:《个人主义时代之共同体重建》,沈毅译,浙江大学出版社 2010 年版。

［英］波兰尼:《个人知识》,许译民译,贵州人民出版社 2000 年版。

［英］柯林武德:《自然的观念》,吴国盛译,北京大学出版社 2006 年版。

［英］牛顿:《自然哲学之数学原理》,王克迪译,陕西人民出版社 2005 年版。

［英］维克托·迈尔·舍恩伯格、肯尼思·库克耶:《大数据时代:生活、工作与思维的大变革》,盛杨燕,周涛译,浙江人民出版社 2013 年版。

Aristotle, *The Nicomachean Ethics*, Oxford New York: Oxford University Press.

Chazan, Barry I., *Moral education*, New York: Teachers College Press, 1973.

Durkheim Emile, *Moral Education: a study in the theory and application of the sociology of education*, New York: Free press, 1961.

Hirst, P. H. (ed.), *Educational theory and its foundation disciplines*, London Rouledge & Kegan Paul, 1983.

John Dewey, *Ethics*, New York Henry Holt and Company, 1956.

John Dewey, *The school and society*, Carbondale: Southern Illinois University Press, 1980.

John Dewey, "Democracy and Education in the World of Today", *The Lat-*

er Words of John Dewey, Vol. 13, 1938.

John Rawls, *A Theory of Justice*, Cambridge, Mass: Belknap Press of Harvard Univeristy Press, 1999.

Pagels, Heinz R., *Dreams of Reason: The computer and the Rise of the Sciences of complexity*, New York: Simon and Schuster, 1988.

四 学术论文

白显良：《提升思想政治教育亲和力需把握的几重关系》，《思想理论教育》2017 年第 4 期。

蔡小玲：《高校思想政治教育过程中师生沟通问题研究》，硕士学位论文，南京师范大学，2013 年。

查雪珍：《基于交往理论的高校思想政治教育实效提升路径探索》，《大学教育》2013 年第 24 期。

陈爱梅、庞玉清：《浅论人的主体意识》，《内蒙古民族大学学报》2006 年第 3 期。

陈勇等：《立德树人：当代大学生思想政治教育的根本任务》，《思想理论教育导刊》2013 年第 4 期。

戴艳军、杨正德：《破解大学生思想政治教育热点难点问题的思考》，《大连理工大学学报》2009 年第 4 期。

邓达：《知识论域下的高校德育课程》，西南大学，博士学位论文，2008 年。

丁玉峰：《关于高校意识形态教育生活化的实践思考》，《思想政治教育研究》2018 年第 4 期。

都基辉等：《改革开放以来大学生社会实践的历史、经验和启示》，《思想教育研究》2015 年第 3 期。

冯刚：《以问题为导向推进思想政治教育创新发展》，《思想教育研究》2013 年第 6 期。

耿俊茂：《大学生思想政治教育中人文关怀与心理疏导机制探析》，《思想理论教育导刊》2014 年第 1 期。

谷佳媚：《论思想政治教育沟通关系的本真》，《河南社会科学》2011 年第 5 期。

郭红明、王永灿：《基于微博的高校思想政治教育互动模式》，《高校教育管理》2013 年第 6 期。

韩一松、田轶：《"新媒体"时代青年意识形态教育的策略》，《人民论坛》2018 年第 16 期。

洪波：《话语与思想政治教育的有效沟通》，《教育评论》2011 年第 1 期。

胡凯：《思想政治教育生活化》，博士学位论文，复旦大学，2007 年。

胡树祥，谢玉进：《大数据时代的网络思想政治教育》，《思想教育研究》2013 年第 6 期。

黄发友：《交往理论视阈下思想政治教育模式转换研究》，《思想教育研究》2012 年第 9 期。

季明、高明：《新媒体对大学生思想政治教育的影响》，《江苏高教》2015 年第 4 期。

贾举：《传播学视野下思想政治教育沟通路径研究》，《今传媒》2013 年第 10 期。

蒋德勤、侯保龙：《高校思想政治教育实践育人创新路径》，《思想理论教育导刊》2016 年第 2 期。

赖荣珍：《加强高校马克思主义意识形态教育的若干思考》，《学术论坛》2013 年第 10 期。

李德福：《高校开展网络思想政治教育的困难及对策研究》，《思想教育研究》2014 年第 1 期。

李桂花、张媛媛：《超越单向度的人：论马尔库塞的科技异化批判理论》，《社会科学战线》2012 年第 7 期。

李金：《"互联网＋"背景下高校思想政治教育有效路径选择》，《学术论坛》2016 年第 2 期。

李璇:《传播学理论视角下高校思想政治教育的有效性》,《南都学坛》2011 年第 2 期。

廖小平:《改革开放以来价值观的变迁及其双重后果》,《科学社会主义》2013 年第 1 期。

刘胡权:《论教师专业发展的"精神"转向》,《当代教育科学》2016 年第 1 期。

刘建萍:《加强微信在高校思想政治教育中的作用》,《黑龙江高教研究》2014 年第 7 期。

刘隽:《哈贝马斯的交往行为理论对思想政治教育的启示》,《理论与改革》2013 年第 1 期。

刘刊:《沟通理论视阈下思想政治教育沟通优化策略研究》,硕士学位论文,华中师范大学,2013 年。

刘玄:《大学生思想政治教育的心理沟通支持研究》,硕士学位论文,湖南师范大学,2012 年。

鲁凤:《自媒体环境下高校思想政治教育的境遇解析与路径探究》,《黑龙江高教研究》2014 年第 6 期。

路强:《思想政治教育论域下的社会主义核心价值观》,《东北师大学报》2015 年第 1 期。

马湘桃:《论大学生沟通主体意识的培养》,《当代教育理论与实践》2009 年第 6 期。

农毅:《加强高校意识形态教育的网络话语体系创新探究》,《学术论坛》2016 年第 5 期。

秦记洪:《论"中国梦"与大学生思想政治教育》,《广西社会科学》2013 年第 6 期。

丘有光:《论思维定势的形成及其运行机制》,《哲学原理(人大复印资料)》2000 年第 1 期。

任小龙,沈强:《自媒体与大学生思想政治教育路径创新研究》,《中国青年研究》2014 年第 7 期。

尚亿军、马加名：《"微时代"大学生网络思想政治教育新阵地的探索与构建》，《思想政治教育研究》2014 年第 4 期。

神彦飞、金绍荣：《提升大学生网络思想政治教育实效性的困境与路径》，《思想理论教育导刊》2015 年第 7 期。

石立美：《论大学生思想政治教育沟通及其优化策略》，硕士学位论文，西南大学，2008 年。

史宏波：《简论马克思交往理论与思想政治教育》，《理论月刊》2013年第 10 期。

史向军、夏玉汉：《增强高校思想政治教育的时代性》，《思想理论教育》2017 年第 12 期。

汪馨兰、戴钢书：《新媒体环境视域下的高校思想政治教育》，《思想教育研究》2013 年第 2 期。

王庚：《新媒体视域下高校思想政治教育工作的创新研究》，《思想教育研究》2014 年第 8 期。

王海兰：《论新媒体对传统传播学理论的影响》，《北京联合大学学报》2014 年第 2 期。

王立仁：《思想政治教育内容逻辑展开模式》，《长春工业大学学报》2008 年第 2 期。

王先述：《大学生素质结构探微》，《吉首大学学报》1999 年第 4 期。

王贤卿：《论传播学受众理论与思想政治教育创新》，《思想理论教育导刊》2009 年第 11 期。

王晓丽：《基于传播学理论模式的高校思想政治教育渠道研究》，《国家教育行政学院学报》2014 年第 9 期。

王学俭、刘珂：《融入日常生活：思想政治教育的微观建构》，《思想教育研究》2015 年第 2 期。

王铮、徐志远：《微信对大学生思想政治教育的影响及对策探析》，《思想理论教育导刊》2014 年第 12 期。

吴林龙：《高校思想政治教育对象有效及理路》，《思想理论教育导刊》2016 年第 2 期。

吴忠民：《中国现阶段社会矛盾凸显的原因分析》，《马克思主义与现实》2013 年第 6 期。

向军、徐建军：《群体人际互动理论视角下思想政治教育沟通功能拓展》，《湖南科技大学学报》2012 年第 5 期。

项久雨：《培育文化自信与价值观自信：当前大学生思想政治教育的着力点》，《思想理论教育》2016 年第 10 期。

徐文：《沟通在学校思想政治教育中的有效运用》，《内蒙古师范大学学报》2009 年第 4 期。

薛花：《高校意识形态教育的情感视角探析》，《思想理论教育》2014 年第 10 期。

闫艳：《交往视阈下思想政治教育原则新探》，《求实》2013 年第 1 期。

杨艳茹、石晶：《施拉姆沟通模型下思想政治教育沟通的有效性研究》，《吉林省教育学院学报》2011 年第 7 期。

叶澜：《让课堂焕发出生命活力：论中小学教学改革的深化》，《教育研究》1997 年第 9 期。

宇文利：《论思想政治教育本质：政治价值观的再生产》，《马克思主义与现实》2013 年第 1 期。

张浩：《互融共生：思想政治教育内容建构研究》，《河南师范大学学报》2015 年第 6 期。

张明明：《微博、微信网络环境下高校思想政治教育研究》，《思想理论教育导刊》2014 年第 4 期。

张耀灿、曹清燕：《论马克思主义人学视野中思想政治教育的目的》，《马克思主义与现实》2007 年第 6 期。

赵志鸿：《马克思主义交往观对思想政治教育现代变革的启示》，《东岳论丛》2012 年第 7 期。

郑双荣:《多元文化:作用及误解》,《河南师范大学学报》1999年第5期。

郑永廷、曹群:《坚持思想政治教育学科的话语权与主导权》,《思想理论教育》2015年第3期。

钟洪:《论校园文化建设与高校德育环境》,《湘潭工学院学报》2002年第4期。

周炯:《论微时代情境下高校思想政治教育话语权建构》,《湖南师范大学教育科学学报》2015年第3期。

附　　录

（一）高校思想政治教育沟通主体现状调查问卷（教师卷）

各位老师：您们好！

本调查问卷是 2013 年国家社科基金研究项目《"微"视角下思想政治教育沟通机制创新研究》的一部分，旨在了解思想政治理论教育沟通中教师的基本情况，进行学术研究，探讨教育教学规律，提出建设性意见和建议。调查不涉及个人隐私，对问题的回答无对错之分，所有资料仅供统计汇总，请您根据各自了解的本校实际情况独立填写答案，将您认定的答案字母填在相应的括号内。我们将对您的个人资料予以绝对保密，请您不必担心。

对于您的支持和协助，我们表示衷心感谢！

一　基本情况

1. 您的性别是（　　　　）？

A. 男　　　　　　　　B. 女

2. 您所在学校的类别是（　　　　）？

A. 公办　　　　　　　B. 民办　　　　　　　C. 二级学院

3. 您的年龄是（　　　　）？

A. 35 岁以下　　　　　B. 35—45 岁

C. 45—60 岁　　　　　D. 60 岁以上

4. 您的职称是（　　　　）？

A. 助教　　　　　　　B. 讲师

C. 副教授　　　　　　D. 教授

5. 您是（　　　　）？

A. 思想政治理论课专职教师

B. 辅导员或班主任

6. 您所学的专业是（　　　　）？

A. 思想政治教育　　　B. 心理学

C. 其他（请注明）

二　主体部分

1. 您愿意与大学生沟通吗（　　　　）？

A. 非常愿意　　　　　B. 愿意

C. 不太愿意　　　　　D. 不愿意

E. 很不愿意

2. 在课堂上您经常主动和学生交流吗？（　　　　）。

A. 经常　　　　　　　B. 偶尔

C. 几乎不　　　　　　D. 从不

3. 您是否在课后与学生主动交流？（　　　　）？

A. 经常　　　　　　　B. 偶尔

C. 几乎不　　　　　　D. 从不

4. 您经常和班委沟通吗（　　　　）？

A. 经常　　　　　　　B. 偶尔

C. 几乎不　　　　　　D. 从不

5. 您认为担任班委，下列哪个条件最重要（　　　　）？

A. 学习成绩　　　　　　B. 个人能力

C. 与老师的关系　　　　D. 其他

6. 当学生遇到困难或问题向你请教时，你通常是（　　　　）？

A. 非常热情　　　　　　B. 居高临下

C. 敷衍　　　　　　　　D. 不耐烦

7. 沟通后问题没有解决，您还会继续与学生沟通吗（　　　　）？

A. 会　　　　　　　　　B. 不会

C. 不一定会

8. 您能与不太熟悉的人正常聊天吗（　　　　）？

A. 完全没问题　　　　　B. 努力一下可以

C. 勉强能　　　　　　　D. 不可能

9. 您的朋友大都是哪些人（　　　　）？

A. 同学　　　　　　　　B. 老乡

C. 同事　　　　　　　　D. 其他（请注明）

10. 您主要通过什么方式提高自己的沟通能力（　　　　）？

A. 看书　　　　　　　　B. 讲座

C. 培训　　　　　　　　D. 跟人聊天

E. 其他（请注明）

11. 如果有沟通方面的专题培训或讲座，您愿意参加吗（　　　　）？

A. 愿意　　　　　　　　B. 不愿意

12. 如有机会，您希望增强哪些方面的沟通能力（　　　　）？

A. 表达能力　　　　　　B. 争辩能力

C. 倾听能力　　　　　　D. 其他（请注明）

13. 您更喜欢和哪种类型的学生进行交流（　　　　）？

A. 主动型　　　　　　　B. 被动型

14. 您希望与学生交流哪些方面的问题（　　　　　）？（最多选2项）

A. 国际国内形势　　　　B. 上课所讲知识

C. 个人生活　　　　　　D. 社会热点

E. 其它

15. 您最喜欢通过哪种方式与学生交流（　　　　　）？（最多选2项）

A. 面谈　　　　　　　　B. 书信

C. 电话　　　　　　　　D. 短信

E. 网络

16. 与学生沟通时，您经常使用哪些语言表述方式（　　　　　）？（可多选）

A. 你应该　　　　　　　B. 你必须

C. 你最好　　　　　　　D. 你怎么

E. 你以为　　　　　　　F. 你知道

G. 你不可以　　　　　　H. 如果你

I. 我明白　　　　　　　J. 你觉得

K. 你似乎　　　　　　　L. 你的想法是

M. 让我们　　　　　　　N. 我认为

O. 我赞成　　　　　　　P. 我的理解是

17. 在与学生沟通时，您与学生通常是（　　　　　）？

A. 老师占据主导　　　　B. 大家平等，互相讨论协商

C. 以学生为中心

18. 课堂教学中，您经常采用的教学方法是（　　　　　）？

A. 灌输式教学，老师讲，学生听

B. 讨论式教学，老师提出问题与学生一起探讨

C. 角色互换式教学，学生主讲，老师点评

D. 案例式教学，围绕现实案例分析解决问题

20. 您认为造成教师不愿意与学生沟通的原因有哪些 (　　　) ?

A. 学生素质低　　　　　B. 自己性格所致

C. 沟通内容不感兴趣　　D. 找不到合适方法

21. 在学校,经常与您沟通的学生多吗 (　　　) ?

A. 很多　　　　　　　　B. 多

C. 不多　　　　　　　　D. 没有

22. 您觉得学生与你沟通时显得拘束吗 (　　　) ?

A. 不拘束　　　　　　　B. 有点拘束

C. 很拘束

23. 您觉得学生在与您沟通后,他们的问题解决了吗 (　　　) ?

A. 完全解决　　　　　　B. 略有改善

C. 没有变化

24. 您认为影响思想政治教育沟通效果最主要的因素是 (　　　) ?

A. 沟通主体问题　　　　B. 沟通内容问题

C. 沟通环境问题

D. 沟通方法问题　　　　E. 其它

(二) 高校思想政治教育沟通主体现状调查问卷 (学生卷)

各位同学:您们好!

本调查问卷是 2013 年国家社科基金研究项目《"微"视角下思想政治教育沟通机制创新研究》的一部分,旨在了解思想政治理论教育沟通中学生的基本情况,进行学术研究,探讨教育教学规律,提出建设性意见和建议。调查不涉及个人隐私,对问题的回答无对错之分,所有资料仅供统计汇总,请您根据各自了解的本校实际情况独立填写答案,将您认定的答案字母填在相应的括号内。我们将对您的个人资料予以绝对保密,请您不必担心。

对于您的支持和协助,我们表示衷心感谢!

一　基本情况

1. 您的性别（　　　　）？

A. 男　　　　　　　　　　B. 女

2. 您是（　　　　）年级学生？

A. 一　　　　　　　　　　B. 二

C. 三　　　　　　　　　　D. 四

3. 您是（　　　　）学生？

A. 本科院校　　　　　　　B. 专科

C. 职业技术院校

4. 您是（　　　　）学生？

A. 文科　　　　　　　　　B. 理工科

C. 艺术、体育类

5. 您是否担任班干部（　　　　）？

A. 是　　　　　　　　　　B. 否

二　主体部分

1. 您经常主动与思想政治理论课教师交流吗（　　　　）？

A. 经常　　　　　　　　　B. 有时

C. 偶尔　　　　　　　　　D. 从不

2. 您认为大学阶段开设思想政治理论课是否有必要（　　　　）？

A. 很有必要　　　　　　　B. 有必要

C. 可开可不开　　　　　　D. 没有必要

E. 完全没有必要

3. 在思想政治理论课课堂上，您的状态是（　　　　）？

A. 大部分时间认真听课

B. 一半时间听课，一半时间干其它事情

C. 大部分时间干其它事情

4. 在思想方面有疑问时，您通常会寻求（ ）的帮助？

A. 思想政治理论课教师或辅导员

B. 同学和好友

C. 班干部

D. 自己解决

5. 班委在您心目中的威信如何（ ）？

A. 非常高 B. 高

C. 不太高 D. 低

E. 很低

6. 您认为要竞选班委，下列条件中哪个最重要（ ）？

A. 学习成绩 B. 个人能力

C. 与老师的关系 D. 其他

7. 班干部经常与您沟通吗（ ）？

A. 经常 B. 偶尔

C. 不经常 D. 从不

8. 假如您对思想政治理论课教学内容有疑惑，会主动找老师请教吗（ ）？

A. 会 B. 偶尔会

C. 视情况而定 D. 从不

9. 您能与不太熟悉的人正常聊天吗（ ）？

A. 完全没问题 B. 努力一下可以

C. 勉强能 D. 不可能

10. 您喜欢结交班级以外或不同学校的朋友吗（ ）？

A. 非常喜欢 B. 喜欢

C. 不太喜欢 D. 不喜欢

E. 很不喜欢

11. 您经常参加学校组织的课外活动或社团活动吗（ ）？

A. 经常 B. 有时

C. 偶尔　　　　　　　　D. 从不

12. 您希望通过什么方式提高自己的沟通能力（　　　　　）？

A. 看书　　　　　　　　B. 讲座

C. 培训　　　　　　　　D. 跟人聊天

E. 其他（请注明）

13. 如果有思想政治教育沟通方面的培训或讲座，您愿意参加吗（　　　　　）？

A. 愿意　　　　　　　　B. 不愿意

14. 您希望沟通能力培训时，主要讲授哪些内容（可多选）（　　　　　）？

A. 表达能力　　　　　　B. 争辩能力

C. 倾听能力　　　　　　D. 其他（请注明）

15. 您更喜欢与哪种类型的思想政治理论课教师交流？（　　　　）

A. 风趣幽默　　　　　　B. 博学严谨

C. 亲切和蔼

D. 其他（请注明）＿＿＿＿＿＿＿＿＿

16. 您希望与思想政治理论课教师交流哪些方面的问题（　　　　）？

A. 国际国内形势　　　　B. 上课所讲知识

C. 个人生活　　　　　　D. 社会热点

E. 其它

17. 您最喜欢通过哪种方式与思想政治理论课教师交流（　　　　）？

A. 面谈　　　　　　　　B. 书信

C. 电话　　　　　　　　D. 短信

E. 网络

18. 与思想政治理论课教师沟通时，您最希望他们使用哪些语言表述方式（　　　　）？（可多选）

A. 你应该　　　　　　　B. 你必须

C. 你最好　　　　　　　D. 你怎么

E. 你以为 　　　　F. 你知道

G. 你不可以 　　　H. 如果你

I. 我明白 　　　　J. 你觉得

K. 你似乎 　　　　L. 你的想法是

M. 让我们 　　　　N. 我认为

O. 我赞成 　　　　P. 我的理解是

19. 您与思想政治理论课教师沟通时，他们的态度是（　　　　）？

A. 非常热情 　　　　B. 居高临下

C. 敷衍 　　　　　　D. 极不耐烦

20. 思想政治理论课教学中，教师经常采用的教学方法是（　　　　）？

A. 灌输式教学 　　　B. 讨论式教学

C. 角色互换式教学 　D. 案例式教学

21. 您认为影响您与教师沟通的主要因素是（　　　　）？

A. 个人性格问题 　　B. 老师人格魅力

C. 沟通内容 　　　　D. 找不到合适方法

22. 与思想政治理论课教师沟通后，您的问题解决了吗（　　　　）？

A. 完全解决 　　　　B. 略有改善

C. 没有变化

23. 对思想政治理论课教师给出的建议，您是否接受（　　　　）？

A. 接受 　　　　　　B. 有选择地接受

C. 不接受

24. 与思想政治理论课教师沟通后，如果问题没有得到解决，您还会进一步与他沟通吗（　　　　）？

A. 会 　　　　　　　B. 不会

C. 不一定会

（三）高校思想政治教育沟通客体现状调查问卷（通用卷）

各位教师、同学：您们好！

本调查问卷是 2013 年国家社科基金研究项目《"微"视角下思想政治教育沟通机制创新研究》的一部分，旨在了解思想政治理论教育沟通中学生的基本情况，进行学术研究，探讨教育教学规律，提出建设性意见和建议。调查不涉及个人隐私，对问题的回答无对错之分，所有资料仅供统计汇总，请您根据各自了解的本校实际情况独立填写答案，将您认定的答案字母填在相应的括号内。我们将对您的个人资料予以绝对保密，请您不必担心。

对于您的支持和协助，我们表示衷心感谢！

1. 您对大学阶段开设的思想政治理论课满意吗（　　　）？

A. 很满意　　　　　　　　B. 满意

C. 不满意　　　　　　　　D. 无所谓

2. 您对思想政治理论课的态度是（　　　）？

A. 很喜欢　　　　　　　　B. 喜欢

C. 一般　　　　　　　　　D. 不喜欢

3. 您对下列哪方面的思想政治理论课内容最感兴趣（　　　）？

A. 政治思想　　　　　　　B. 法制道德

C. 形势政策　　　　　　　D. 心理健康

4. 您选择第 3 题答案的原因是（　　　）？

A. 这方面知识欠缺，想了解

B. 个人的兴趣和爱好

C. 作为公民有学习的义务

D. 仅仅是为了应付考试

5. 您对下列哪方面的内容最不感兴趣（　　）？

A. 政治思想　　　　　　B. 法制道德

C. 形势政策　　　　　　D. 心理健康

6. 您选择第5题答案的原因是（　　）？

A. 对自己没有什么帮助

B. 与高中学习内容重复太多

C. 理论与现实有差距，不能让人信服

D. 授课形式单一枯燥

7. 教师在课堂教学过程中最常用的教学方法是（　　）？

A. 启发式　　　　　　　B. 灌输式

C. 以灌输为主　　　　　D. 以启发为主

8. 您对教师在课堂教学中使用的教学方法满意吗（　　）？

A. 很满意　　　　　　　B. 满意

C. 不太满意　　　　　　D. 很不满意

9. 您获得思想政治教育信息的主要途径是（　　）？

A. 课堂所学　　　　　　B. 校园文化宣传

C. 新闻报纸　　　　　　D. 网络

10. 您对思想政治理论课教师所讲内容认同吗（　　）？

A. 完全认同　　　　　　B. 认同

C. 还行　　　　　　　　D. 不认同

11. 您觉得同学们对思想政治理论课教学内容的接受情况如何
（　　）？

A. 很好　　　　　　　　B. 好

C. 一般　　　　　　　　D. 不好

12. 课后，您会反思思想政治理论课课堂所学内容吗（　　）？

A. 经常会　　　　　　　B. 会

C. 偶尔会　　　　　　　D. 不会

13. 对您来说，思想政治理论课上最大的收获是什么（　　　）？

A. 获得知识　　　　　　B. 提高认识

C. 指导实践　　　　　　D. 应付考试

E. 没有收获

14. 您会留意或关注课堂之外的思想政治信息吗（　　　）？

A. 经常会　　　　　　　B. 会

C. 偶尔会　　　　　　　D. 不会

15. 对网络上思政类信息的选择，您遇到的最大问题是（　　　）？

A. 海量信息、良莠不齐

B. 自己知识能力所限

C. 缺乏正确指导

D. 信息传播环境缺乏监管

16. 对网络上思政类信息的形式，您最喜欢哪种（　　　）？

A. 文本形式　　　　　　B. 图片形式

C. 视频形式

D. 不在乎具体形式，视内容而定

17. 在课外，您对哪类思政类信息更感兴趣（　　　）？

A. 正能量信息

B. 社会负面信息

C. 与自己生活密切相关的信息

D. 并不会对某类信息给予特别关注

18. 当您面对某些社会热点、焦点问题时，您会（　　　）？

A. 人云亦云　　　　　　B. 分析思考

C. 不感兴趣，不评价　　D. 随便听听

19. 您认为思想政治理论课课堂上影响学生学习的主要原因是

（　　　）？

A 老师因素　　　　　　B 学生自身因素

C 内容本身及其传授方法

D 环境因素

20. 谈谈您对高校思想政治理论课教学内容的基本认识？

（四）高校思想政治教育沟通环境现状调查问卷（通用卷）

各位教师、同学：您们好！

本调查问卷是 2013 年国家社科基金研究项目《"微"视角下思想政治教育沟通机制创新研究》的一部分，旨在了解思想政治理论教育沟通中学生的基本情况，进行学术研究，探讨教育教学规律，提出建设性意见和建议。调查不涉及个人隐私，对问题的回答无对错之分，所有资料仅供统计汇总，请您根据各自了解的本校实际情况独立填写答案，将您认定的答案字母填在相应的括号内。我们将对您的个人资料予以绝对保密，请您不必担心。

对于您的支持和协助，我们表示衷心感谢！

1. 您认为环境是否会影响思想政治理论课教学工作 （　　　）？

A. 影响很大　　　　　　B. 有一定关系

C. 影响不大　　　　　　D. 没有影响

2. 您所在学校的地理位置如何 （　　　）？

A. 地处郊区，比较偏僻

B. 地处繁华闹，交通复杂

3. 您所在学校周边的治安状况如何 （　　　）？

A. 良好　　　　　　　　B. 一般

C. 不太好，常有不法分子出没

4. 您所在学校周边都有哪些设施机构 （　　　）？

A. 网吧　　　　　　　　B. 歌厅

C. 游戏厅　　　　　　　D. 学校

E. 社会公共服务设施

5. 您认为校园周边环境对大学生价值观念是否产生影响（　　）？

A. 影响很大　　　　　　B. 有一定关系

C. 影响不大　　　　　　D. 没有影响

6. 下列环境因素中，影响思想政治教育效果的主要因素有（　　）？（限选三项）

A. 自然环境　　　　　　B. 经济环境

C. 学校环境　　　　　　D. 政治环境

E. 家庭环境　　　　　　F. 文化环境

G. 信息网络环境

7. 您所在学校内部育人环境如何（　　）？

A. 很好　　　　　　　　B. 较好

C. 一般　　　　　　　　D. 较差

E. 很差

8. 您认为下列哪些因素对思想政治教育效果有积极作用（　　）？（限选三项）

A. 学校能及时解决学生生活学习上的困难

B. 公平民主的评估奖励机制

C. 学校服务满足学生成都需要

D. 教师的熏陶

E. 各种校内社团活动

F. 校园文化的熏陶

9. 您认为下列哪些因素对思想政治教育效果有消极作用（　　）？（限选三项）

A. 评奖中不平等、不透明现象

B. 形式主义、口号

C. 教师授课不认真

D. 学校服务不到位，推诿扯皮

E. 经济压力，同学攀比

F. 班级凝聚力不够

10. 您所在学校环境方面存在哪些问题（　　）？（多选）

A. 学校硬件设施建设不完备

B. 学校政治教育科研水平低

C. 学校思想政治教育师资力量薄弱

D. 思想政治教育管理不科学

E. 学校校风学风日益世俗化

F. 社会不良风气影响

G. 学校规章制度不健全

H. 其他方面

11. 您所在高校经常借助哪些载体开展思想政治教育工作（　　）？（多选）

A. 传统载体（谈话开会和理论学习）

B. 管理载体（党委团委管理等）

C. 文化载体（物质精神文化等）

D. 活动载体（院校班团活动等）

E. 大众传播载体（共青团网站·报刊杂志等）

12. 您所在高校的思想政治教育载体存在哪些问题（　　）？（多选）

A. 管理上过于政治化

B. 活动存在形式化

C. 宣传的片面化

D. 载体使用的盲目化

13. 您认为影响高校思想政治教育工作的主要社会环境因素有（　　）？（限选三项）

A. 祖国山河历史名胜等自然环境吸引力渐弱

B. 价值取向多元化

C. 社会公共道德意识

D. 理想信念摇摆不定

E. 国际政治环境的冲击

F. 国内政治环境复杂性

G. 社会舆论多元导向性

H. 信息网络的普及化

J. 其他方面：＿＿＿＿＿＿＿＿

14. 您认为下列哪些主要社会因素对思想政治教育产生积极作用
（ ）？（限选三项）

A. 惩治贪污腐败

B. 改革开放

C. 促进大学生就业

D. 政府在处理重大事件中的突出表现

E. 社会保障体系的不断完善

F. 民主法制建设的加强

15. 您认为下列哪些主要社会因素对思想政治教育产生消极作用
（ ）？（限选三项）

A. 官员贪污腐败，违法乱纪现象

B. 大学生就业形势严峻

C. 社会贫富差距加大

D. 社会保障体系不健全

E. 传言、网络不良信息

F. 自然环境的破坏

16. 下列哪些家庭环境因素会影响您对思想政治教育的态度
（ ）？

A. 家庭成员的政治思想观念

B. 家庭的的经济文化水平

C. 家庭成员之间的社会行为

D. 家庭的教育氛围

E. 其他方面：＿＿＿＿＿＿＿

17. 下列影响思想政治教育的因素中，影响最大的依次是（　　），影响最小的依次是（　　）？（各限选 3 项）

A. 社会主流文化　　　　　B. 校园文化

C. 思政工作者的关心程度

D. 同僚群体　　　　　　　E. 家庭状况

F. 校园制度文化　　　　　G. 家庭成员思想状况

H. 大众媒介　　　　　　　I. 校园物质文化

J. 西方思想文化

18. 您认为当前高校思想政治教育环境中，亟需改善的要素是（　　）？（限选 3 项）

A. 社会主流文化

B. 思政工作者的工作态度

C. 网络文化

D. 家庭教育环境

E. 校园精神文化

F. 宿舍文化

19. 对学生思想政治素质的形成产生影响的各类环境因素中，影响权重分别是：社会环境（　　），学校环境（　　），网络环境（　　）？

A. 20% 以下　　　　　　　B. 20%

C. 40%　　　　　　　　　D. 60%

E. 60% 以上

后　记

　　本书是国家社科基金一般项目"'微'视角下思想政治教育沟通机制创新研究"的最终成果，是在方法论层面上对新媒体时代思想政治教育新情况的积极回应。高校思想政治教育既是一个广受诟病的现实问题，又是一个充满挑战的时代主题，它必然随着时代发展、社会进步和青年大学生的自我觉醒而不断拓展。一是把理论研究的成果转化为更具可操作性的程式，用以指导"微"媒体时代下的思想政治教育实践活动；二是把大数据、物联网、区块链等新技术、新理论整合、融入理论研究之中，不断创新更具时代特征的思想政治教育沟通机制和方法，这也是本书下一步拓展研究的方向。

　　在课题论证、开题、研究和结项过程中，课题组全体成员都付出了艰辛的劳动。张苏峰教授、孙体楠教授、黄兴华副教授、朱惠娟副教授、师曼副教授及其他成员在课题研究中，既有分工又有协作，他们的共同努力确保了课题地顺利完成，在此一并致谢。

　　在课题选题和论证过程中，周口师范学院贾滕教授、李本同副教授还就课题论证的理论基础、内在逻辑等方面提供了专业性意见和建议。李清臣教授、陈寒冰教授作为所在部门领导，在工作上为我提供了诸多便利。对于他们所给予的帮助，深表感谢。

　　在课题研究的过程中，借鉴或引用了学界专家们的论著或观点，对此，特向他们表达最诚挚的谢意。

　　本研究得到河南省高校科技创新人才（人文社科类）支持计划项

目（2016 – CX – 005）和周口师范学院国家基金项目科研配套经费资助，深表感谢。

本书付梓，得到了中国社会科学出版社编辑王莎莎老师的鼎力相助，十分感谢。

最后，由于本人能力所限，书中肯定会有不少错误疏漏之处，敬请批评指正。

张浩

2020 年 4 月 12 日于周家口